Ligurien

Zeit für das Beste

Highlights – Geheimtipps – Wohlfühladressen

»Von Lerici bis nach Turbia hin

ist selbst der schroffeste Absturz eine Steige,

Bequem und frei zugänglich gegen ihn.«

Dante Alighieri, Göttliche Komödie,

Purgatorium III., 49-51

BRUCKMANN

Ligurien

Zeit für das Beste

Nana Claudia Nenzel
Daniel Schoenen

BRUCKMANN

Oben: Musik als Lebensunterhalt
Mitte: An den terrassierten Hängen von Corniglia in den Cinque Terre gedeiht noch immer Wein.
Unten: In Genuas Altstadtgassen haben sich viele orientalische Läden etabliert.

INHALTSVERZEICHNIS

VON GENUA NACH WESTEN

RIVIERE DEI FIORI

AUSFLÜGE

REISEINFOS

Oben: Ligurien bietet von allem etwas – heimelige Gassen wie in Cervo …
Mitte: … lange sandige Strände wie in Alassio …
Unten: … und sakrale Kunst vom Feinsten wie in Genuas Museo del Tesoro der Kathedrale.

DIE TOP TEN

GENUA (S. 32)

Liguriens Regionalhauptstadt, die Superba, wie man sie gerne nennt, die Stolze, ist wirklich prächtig! 2004 wurde sie als Europäische Kulturhauptstadt gefeiert. Kein Wunder, denn ihr historisches Zentrum strotzt vor Palästen, Kirchen und heimeligen engen Gassen, ihr historischer Hafen prunkt mit einem großartigen Aquarium und Renzo Pianos Panoramaaufzug Bigo sowie seiner Glaskugel namens Biosfera. Und direkt hinter der Stadt beginnen die Seealpen nach oben zu klettern.

CAMÓGLI (S. 82)

Am schönsten ist die alte Seefahrer- und Fischerstadt bei Sonnenuntergang, wenn sich die Fassaden der Häuser, die sich den Hang hochstapeln, goldgelb färben. Und am aufregendsten ist Camógli beim großen Fischessen für alle.

PORTOFINO (S. 90)

Der winzig kleine frühere Fischerort mit seiner engen Bilderbuch-Bucht gehört schon lange dem Jetset bzw. demjenigen, der sich hier einen Aufenthalt leisten kann. Doch als Ausflugsziel – möglichst mit etwas Zeit, um sich auf der Piazza im Angesicht schicker Luxusjachten einen Kaffee zu gönnen - bleibt es für jedermann ein *must*.

CINQUE TERRE (S. 120)

Fünf Orte, die in einem Atemzug mit Liguriens schönster Steilküste genannt werden, wollen erobert werden. Am besten zu Fuß bei einer Tageswanderung oder mit der Bahn, die in wenigen Minuten die zauberhaften Fischernester Riomaggiore, Manarola, Corniglia, Vernazza und Monteroso miteinander durch Tunnel verbindet.

PORTOVÉNERE (S. 138)

Das Pendant zu den Cinque Terre, dafür aber kompakt mit wunderbar ummauerter Altstadt und einladender Hafenpromenade ist der Festungsort am Eingang zum Golfo di La Spezia. Das schwarz-weiß gestreifte Kirchlein San Pietro an der Spitze bietet den schönsten Sonnenuntergang und ist beliebt als Hochzeitskirche.

LÉRICI (S. 150)

Diesen hübschen Ort auf der Ostseite des Golfo di La Spezia haben mehrere Dichter berühmt gemacht. Darunter die Briten Lord Byron und sein Freund Shelley, der hier mit seinem Segelboot verunglückte. Kein Wunder, dass die Bucht daher werbewirksam Golfo dei Poeti genannt wird

NOLI (S. 178)

Die kleine Seerepublik westlich von Genua, dicht am Meer gebaut und auf der Landseite von einem Kastell beschützt, gilt heute insbesondere auch als Schlemmernest. Italienische Urlauber lieben Noli allerdings so sehr, dass man vor allem während der dortigen Schulferien zwischen Mitte Juni und Mitte September einen Bogen darum machen sollte.

GROTTEN VON TOIRANO (S. 196)

Zwei miteinander durch einen Tunnel verbundene Grottensysteme, in denen vor 20 000 Jahren Höhlenbären und vor rund 12 000 Jahren mehrere Familien des Homo sapiens lebten. Diese Tropfsteinhöhlen gehören zu den größten Naturattraktionen Liguriens.

ALBENGA (S. 206)

Ihre hohen Türme sind das Markenzeichen des hübschen Städtchens, das auf eine interessante Geschichte zurückschauen kann. Mit einem sehr sehenswerten sakralen Zentrum und einer einladenden Strandpromenade. Ein kulinarisches Nest ist Albenga außerdem, denn es ist umgeben von sehr fruchtbaren Äckern mit oftmals biologisch angebautem Obst und vor allem Gemüse.

SAN REMO (S. 236)

Spielcasino, Schlagerfestival, einstige russische Kolonie – so könnten die Schlagworte lauten, die San Remo charakterisieren. Eine russische Zarin fühlte sich hier so wohl, dass sie dem Ort eine Palmenallee schenkte. Während der historische Kern La Pigna zu einem der größten Italiens zählt, gibt sich der Ort zu seinen Füßen mit Hotels der Belle Époque sehr urban, und der lange Sandstrand signalisiert schlicht Badeferien.

Oben: Apricale gehört zu den schönsten Dörfern des ligurischen Hinterlandes.
Mitte: Sehr dekorativ ist der Sarazenenturm am Strand von Alassio.
Unten: Wie aus dem Mittealter ins Heute versetzt wirkt das historische Dolceácqua.

Ligurien – nur Küste und Berge?

Kaum eine andere italienische Region lebt so sehr von Kontrasten wie Ligurien, was ihren besonderen Reiz ausmacht. Da sind die langen, feinsandigen Strände wie die von Alassio im Westen, gefolgt von denen San Remos, das mit seinen Hotels der Belle Époque prahlt. Im Osten dagegen locken die kleinen Nester an der Steilküste mit ihren atemberaubend schönen Ausblicken. Über allem spannt sich der rund 400 Kilometer lange Bergkamm der Seealpen mit gut ausgebauten Wanderwegen und winzig kleinen Dörfern. Highlight in der Mitte: die Seefahrerstadt Genua.

In einem großen Bogen spannt sich die Region von Ost nach West an der Mittelmeerküste entlang auf einer Länge von 320 Kilometern, im Norden sind es die Höhen der rund 400 Kilometer langen Seealpen, die Ligurien in etwa 50 Kilometer Entfernung vor kühlen Winden schützen. Die ligurische Mittelmeerküste ist besser bekannt unter dem Namen italienische Riviera. Riviera di Levante im Osten, Riviera di Ponente im Westen, und diese wiederum touristisch werbewirksam in kleinere Küstenabschnitte unterteilt, die bei manchen Italien-Urlaubern glänzende Augen verursachen: Golfo dei Poeti und Cinque Terre sowie Costa Tigullio im Osten, Riviera delle Palme und Riviera dei Fiori im Westen. Ob in den Bergen oder an den Steilküsten – befestigte Dörfer prägen das Bild der Landschaften, immergrüne Macchia, oft an steilen Hängen Weinberge, die ihre Farben je nach Jahreszeit wechseln: grün, bräunlich, rostrot. Olivenhaine auf mühsam terrassiertem Grund, aber auch Obst- und Gemüsegärten.

Steckbrief Ligurien

Lage: Die Region Ligurien liegt im Nordwesten Italiens, umgeben von den italienischen Nachbarregionen Piemont und Emilia-Romagna im Norden sowie der Toskana im Osten, jeweils durch die Seealpen getrennt, die eine Höhe von rund 2000 Meter erreichen. Da die Region sehr schmal ist, wirkt sie zwischen Küste und Bergen wie eine Mondsichel. Im Südwesten grenzt Ligurien an Südfrankreich.

Fläche: Die Gesamtfläche Liguriens (drittkleinste Region Italiens) beträgt 5421 km^2. Davon entfallen gut 1800 km^2 auf die Provinz Genua, 1100 km^2 auf Imperia, 881 km^2 auf La Spezia und 1500 km^2 auf die Provinz Savona.

Einwohner: Die gesamte Region weist nach der letzten Zählung Mitte 2013 gut 1,6 Millionen Einwohner auf. Die Hälfte der Ligurer lebt in der Provinz Genua mit der dicht besiedelten Regionalhauptstadt Genua.

Geografie: Die kleine Region ist sehr schmal und bildet einen Bogen zwischen Frankreich und der Toskana, im Zentrum der Golf von Genua. Den Nordrand bilden die bis zu 2000 Meter hohen Seealpen, die Ligurien vor kalten Winden schützen. Geprägt ist die Region von steilen Hängen, auf denen mühsam u. a. Wein angebaut wird; speziell im Westen gibt es eine Reihe von Sandstränden.

Region und Verwaltung: Ligurien ist in vier Provinzen eingeteilt: Genua mit der gleichnamigen Regionalhauptstadt, im Osten an der Grenze zur Toskana die kleinste Provinz La Spezia, im Westen Savona und Imperia, Letztere als Grenzprovinz zu Frankreich. Insgesamt gibt es 235 Gemeinden mit vielen kleinen Ortsteilen und vor allem in den Seealpen winzigen Dörfern.

Flagge:

Wirtschaft und Tourismus: Haupteinnahmequelle der Region ist der Dienstleistungssektor, wozu der Tourismus und alles damit verbundene, auch die Landwirtschaft zählt. Mit hochwertigen, streng kontrollierten Produkten wie Olivenöl, Oliven (z.B. die berühmten von Tággia!), Wein, Viehzucht und Käse; im Westen die Blumenzucht der Blumen-Riviera. Wichtig sind aber auch die drei großen Hafenstädte Genua, La Spezia und Savona sowie die Fischerei entlang der langen Küste. Der Tourismus spielt vor allem in den Cinque Terre und im Tigullio sowie im Westen mit den schönen Sandstränden wie in Alassio oder San Remo die wichtigste Rolle. Aber auch das Hinterland lockt immer mehr mit großartigen Panoramen und Wanderwegen, Sport und Kulinarischem. Nicht zu vergessen: die Kolumbus-Stadt Genua mit ihren großartigen Palästen und interessanten Museen, auch und vor allem dem kolossalen Acquario.

Religion: Überwiegend katholisch

Oben: Südlich von Savona breitet sich der einladende Strand der Provinzhauptstadt aus.
Unten: Wie hier bei Sestri Levante liegen in Ligurien Strände direkt vor den Orten. Das hat seinen Reiz.

Viele der ligurischen Strandorte werden seit Jahren mit der Blauen Europaflagge für ihre Bemühungen belohnt, saubere und gut ausgestattete Strände anzubieten. Die Sommer sind niemals allzu schwül, dafür sorgen Meeresbrisen und die frische Luft zuführenden Seealpen. Die Winter schließlich machten die ligurische Riviera schon früh berühmt – mit mildem Klima und dazu blühenden Gärten sowie hohen Palmen. Das zog vor allem englische und russische Reisende an, die dort touristische Pioniere waren.

Hohe Anerkennung für die Region: Genua war 2004 Europäische Kulturhauptstadt, was viele Verschönerungsaktionen brachte, die die große Hafenstadt aufgewertet haben. Und die Cinque Terre wurde zusammen mit Portovénere als Kulturerbe der Menschheit unter UNESCO-Schutz gestellt.

Schon im Römischen Reich wurde die Region als *Liguria* bezeichnet, die im Mittelalter in mehrere Stadtstaaten aufgeteilt war. Der bekannteste war die Republik Genua, die bereits gegen Ende des 14. Jahrhunderts die einzelnen Gebiete der heutigen Region unter einen Hut bringen konnte. Sie blieb jedoch nicht immer italienisch. 1797–1815 gehörte Liguria zu Frankreich, danach zu Sardinien-Piemont, das schließlich 1861 Teil des neu gegründeten Königreiches Italien wurde.

Genua, La Superba

Die Regionalhauptstadt hockt ziemlich genau in der Mitte Liguriens und ist mit Bestimmtheit die interessanteste Stadt der Region. Sie besitzt die vielleicht größte historische Altstadt des Landes - mit engen Gassen und großartigen Palästen, Kirchen voller Schätze und Museen zum Abheben. Speziell die Via Garibaldi, wo während der Renaissance wahre Kathedralen des Geldes entstanden, steht ein architektonisches Prunkstück neben dem anderen. Heute befinden sich unter anderem Museen darin mit den wohl bedeutendsten Bildersammlungen der Stadt. Genua erschließen Richtung Seealpen Aufzüge (!), ist man oben angekommen, rücken auch die Festungen näher, die Genua einst von Land her schützen sollten.

Passend zu einer so wichtigen Stadt, einst immerhin eine der vier Seerepubliken Italiens, gibt es hier ein riesiges, wunderbares Aquarium und ein Museum, das sich speziell mit der Seefahrt beschäftigt. Die Altstadt mit ihren *caruggi*, den engen Gassen, wirkt teilweise wie ein Stück Orient, die Kirchen, meist zwischen Romanik und Barock erbaut, bergen kostbare sakrale Schätze, allen voran die Kathedrale San Lorenzo mit dem gläsernen Kelch, der Christi Blut aufgefangen haben soll.

Eine tolle Einkaufsstadt ist Genua auch noch, nicht nur entlang der städtebaulich raffiniert in der Tiefe gebauten Via XX Settembre. Und Genua

Oben: Einkaufsbummel in der geradezu mondänen Via XX Settembre unterhalb der Kirche Santo Stefano
Unten: Das Museo del Risorgimento erinnert an Giuseppe Mazzini und dessen Beitrag zum italienischen Freiheitskampf.

Oben: Wandertipp auf der Halbinsel von Portofino – San Rocco
Mitte: Bei einer Mánie-Tour darf man das hübsche Borgio Verezzi nicht auslassen.
Unten: Ganz anders Varigotti, das orientalisch wirkende, einstige Fischernest

gilt als die Stadt des Amerika-Entdeckers Kolumbus, auch wenn er vielleicht nur in der Nähe geboren wurde – ein vermeintliches Geburtshaus gibt es jedenfalls. Marco Polo wird ebenfalls mit Genua in Verbindung gebracht, doch das ist eine weniger ruhmreiche Geschichte: Im Gefängnis des Palazzo San Giorgio diktierte der Venezianer seine abenteuerlichen Geschichten – *Il Millione*.

Budello und maurische Fischerdörfer

Während die winzig kleinen Fischerdörfer an den Steilküsten des Ostens Liguriens keinen städtebaulichen Planer brauchten, um so zauberhaft kompakt zu wirken, folgen die meisten Fischerdörfer im Westen einem bestimmten Baumuster. Jedenfalls ist in ihrem historischen Kern eine stets ähnliche Hauptgasse erhalten geblieben, schmal und von Hausbogen überspannt, die beide Gassenseiten miteinander verbinden: *Budello* heißt so eine Gasse, auch wenn einige inzwischen andere Namen tragen wie etwa in *Alassio* die Via XX Settembre. Bei den Einheimischen ist und bleibt sie ihr *budello*, italienisch für Schlauch oder Darm ...

Andere Fischerdörfer, denn an Liguriens Küste gab es entweder Seefahrer- oder Fischerorte, wirken sehr orientalisch. Ein Paradebeispiel dafür ist mit Sicherheit das wunderhübsche Varigotti südlich von Savona, mit kleinen, pastellfarben gestrichenen Häusern am Strand, die sich besonders hübsch am Morgen zeigen, wenn die ersten Sonnenstrahlen sie aufleuchten lassen. Ihre höchste Wirkung entfaltet eine andere Seefahrerstadt dagegen im Abendlicht: Camóglis *goldgelbe und orangefarbene* Schönheit ist dann kaum zu überbieten! Es gehört wie das viel kleinere, aber umso stärker befestigte Noli zur Reihe der einst selbstständigen Seerepubliken.

Doria, Grimaldi und andere Familienclans

Die Macht in Genua und somit in Ligurien besaßen ab dem Mittelalter Familienclans. Ihnen hat man Stadtpalazzi zu verdanken, aber auch ganze Dörfer, befestigte natürlich. Zu den Großen gehörten die Doria, angeführt vom großen Admiral Andrea Doria (1466–1560). Ja, er wurde tatsächlich sehr alt, starb kurz vor seinem 94. Geburtstag. Sein Weg war vorgezeichnet als Spross einer Adelsfamilie aus Genua, die bereits große Flottenführer hervorgebracht hatte. Er kämpfte für Genua nicht nur gegen die französischen Nachbarn, sondern auch gegen nordafrikanische Piraten und gegen die Osmanen.

Nicht in die Wiege gelegt wurde ihm allerdings seine Rolle als Reformator der Genueser Verfassung, wofür er zuvor die seit dem Mittelalter immer wieder aufkeimenden Querelen zwischen den guelfischen und den ghibellinischen Familienclans befrieden musste. Kein Wunder, dass Andrea Doria, selber ein Ghibelline, den Titel *Liberator et Pater patriae* – Befreier und Vater des Vaterlandes tragen durfte. Die Doria hinterließen in Genua einen kleinen hübschen Platz, umgeben von Wohnpalästen und der eigenen Kirche, aber auch einen geradezu imperialen Palazzo gegenüber dem heutigen Passagierhafen, wo ihre Nachfahren zumindest zeitweise noch immer leben. Auf dem

Oben: Reich freskiert ist die Fassade von Genuas Palazzo San Giorgio.
Mitte: Andrea Dorias Konterfei hängt in seinem noch immer im Familienbesitz befindlichen Palazzo del Principe …
Unten: … dessen Räume teilweise einer Pinakothek gleichen.

Oben: Ligurien ist mit prächtiger Architektur gesegnet – wie etwa in Finale Ligure …
Unten: … oder in Genua mit dem imposanten Palazzo Reale.

Land aber sind es Castelli mit Wehrdörfern zu ihren Füßen wie das bezaubernde Dolceácqua, wo ihnen die Lust am »Recht der ersten Nacht« gründlich vermiest wurde. Laut einer Legende hat ein angehender Bräutigam dem Herren gedroht, ihn zu erschlagen, sollte er auf sein Recht bestehen. Seit dem Schwur galt die Regel nicht mehr.

Die guelfischen Grimaldi, die man heute untrennbar mit Monaco in Verbindung bringt, werden erstmals im 12. Jahrhundert in Genua erwähnt. Als Vater der Grimaldi, die früher anders hießen, wird Oberto Grimaldi (ca. 1252 verstorben) betrachtet. Alle waren sie irgendwie in Genua politisch aktiv. Als sie sich jedoch in die Kämpfe zwischen Guelfen und Ghibellinen einmischten, wurden sie nach einer Niederlage aus Genua vertrieben und ließen sich nicht allzu weit jenseits der heutigen französischen Grenze nieder – eben in Monaco. Seit der Ahnherr Francesco 1297 ein genuesisches Kloster durch heimtückische List erobern konnte, seit mehr als 700 Jahren also, herrschen dort die Grimaldi. Aus dem Kloster machten sie eine trutzige Festung und diese zum Sitz ihres kleinen Fürstentums am Mittelmeer. Ja, Fürsten! Das sind sie nach vielem Hin und Her seit dem Jahr 1612.

Die Fieschi dagegen, ebenfalls Guelfen, also papsttreu, waren eher dem Handel zugetan, wurden reich auch durch Geldgeschäfte und große Ländereien. Sie stellten sogar zwei Päpste, nämlich Innozenz IV. und Adrian V. Eigentlich waren die Fieschi Grafen von Lavagna, wurden aber zu einer der vier einflussreichsten Familien Genuas. Eindrucksvollstes Überbleibsel des Familienclans bleibt die wunderhübsche Basilica dei Fieschi in Cogorno (Mitte 13. Jahrhundert). Sie beherrschten das ganze Fontanabuona-Tal im Hinterland des Tigullio bis nach Lórsica in den Seealpen und mit der Halbinsel von Portofino am Mittelmeer.

Wieder ganz anders waren die Spinola, die sich zu den Ghibellinen bekannten. Ihr Ahnherr beziehungsweise der erste Spinola, der geschichtlich überliefert ist, Guido Spinola, kämpfte während der Kreuzzüge und war in der Zeit zwischen 1102 und 1121 mehrfach Konsul von Genua. Der Clan war so reich, dass er 1340 das toskanische Lucca für sage und schreibe 30 000 Gulden kaufen

Diese Brücke von Dolceácqua malte Claude Monet mehrfach.

Oben: Es waren die großen Familienclans Liguriens, die Sehenswürdigkeiten hinterließen wie die Basilica dei Fieschi bei Chiavari …
Mitte: … und das befestigte Bajardo im Hinterland.
Unten: Das »Schmuckstück« Castello d'Albertis bei Genua

Oben: Auch in Genua manifestierten Adelsfamilien ihre Macht mit Prachtgebäuden wie dem Palazzo Spinola di Pelliceria …
Unten: … und dem Palazzo Doria an der wunderbar einheitlich gestalteten Piazza San Matteo.

konnte – eine ganze Stadt! Und 1453 wurde Antonio Spinola der erste genuesische Gouverneur auf Korsika.

Eine besonders interessante Familiengeschichte haben die Durazzo, die 1389 aus dem gleichnamigen Ort in Albanien geflüchtet waren und in Messina von einem Genovesen als Sklaven erworben wurden. Wie auch immer freigekommen, erreichten sie Genua, stiegen zu Seidenhändlern auf und brachten es 1573 bis zum genovesischen Dogenstuhl, wohl durch Heirat. Bedeutende Durazzo gab es fortan eine ganze Menge, und sie besaßen viel Macht. Als Girolamo Durazzo 1809 als – französischer – Ehrenlegionär starb, wurde sein Herz im Pantheon von Paris bestattet.

Mittelalterlich gestreift bis edel barock

Bei der sakralen Baukunst beherrschen die schwarz-weiß gestreiften Kirchen des Mittelalters die Region. Aus derselben Zeit (12./13. Jahrhundert) stammt die dicht bebaute Altstadt Genuas, die zu den größten in Europa zählt. Da hat die schlichte Farbigkeit auch auf die Palazzi abgefärbt – besonders hübsch an der Piazza San Matteo zu beobachten, die dem Familienclan der Doria zu verdanken ist. Die nächsten Akzente setzten Renaissance und Barock, auch Letzterer ohne in allzu verspielte Üppigkeit oder Dekorationswut zu verfallen. Paradebeispiele gibt es eine ganze Menge, allen voran in Genuas Via Garibaldi, die ursprünglich Strada Nuova hieß, weil sie wirklich eine neue Straße war, die man durch Abriss mittelalterlicher Häuser schuf: mit Großpalästen, die man schon damals Kathedralen des Geldes nannte und die heute neben dem stilvollen Rathaus der Stadt einige ihrer wichtigsten Bildergalerien beherbergen.

Von der Belle Époque bis heute

Mit der Entdeckung von Liguriens Stränden in Zusammenspiel mit dem im Winter milden, oft sonnigen Klima (speziell im Westen!) geht eine rege Bautätigkeit in der Belle Époque und im Jugendstil einher. Hotels mussten hochgezogen werden, die den illustren Badegästen aus den Adels- und Königshäusern Europas adäquate Bleiben garantieren sollten. Denn man blieb tatsächlich mehrere Wochen lang vor Ort. Oder baute sich gleich eine eigene Villa, um an der Riviera zumindest die milden und von üppiger Blumenpracht begleiteten Winter standesgemäß und luxuriös zu verbringen. Alfred Nobel gilt als stolze Palmenallee (Viale Imperiatrice) der ligurienverliebten Zarin Maria Alexandrowa zu verdanken hat, die hier den Winter 1874 verbrachte.

Dem Architekten Renzo Piano, geboren 1937 in Genua, ist der Sprung seiner Geburtsstadt und damit Liguriens ins 21. Jahrhundert zu verdanken. Architektonisch und optisch zumindest. Die U-Bahn-Stationen sind sein Werk, die nicht unumstrittene Umgestaltung des Alten Hafens ebenso wie der gesamte Masterplan Hafen von Genua – vom Pariser Centre Pompidou und dem Berliner Potsdamer Platz sei hier ebenso wie von den unendlich vielen internationalen Projekten nicht die Rede, es geht ja schließlich um Ligurien.

Oben: Genuas Porto Antico bietet alles, was zu einer historischen Hafenstadt gehört.
Mitte: Wohnen wie es einem gefällt – ob im Imperiale Palace in Santa Margherita Ligure …
Unten: … oder in der hübschen Villa Elisa in Bordighera.

Oben: Einer der hübschesten, küstennahen Orte ist mit Sicherheit Cervo mit seinen klassischen Sommerkonzerten.
Unten: Bei Cordiali in Zoágli wird Brokat noch auf traditionellen Webstühlen hergestellt.

Blühendes Kunsthandwerk

Brokat aus Lórsica, Velour aus Zoágli und Töpferwaren aus Albisola – was in Ligurien handwerklich auch angefasst wird, es wird zur Perfektion gebracht. Dazu darf man auch einen Stararchitekten wie Renzo Piano zählen. Und dazu muss man selbstverständlich die sogenannten einfacheren Arbeiten rechnen von Webern und Töpfern, Schreinern und Schmieden beispielsweise.

Kostbare Brokatstoffe mit traditionellen Mustern werden bis heute im winzigen Lórsica in den Seealpen gewoben, auf historischen Webstühlen. An der Küstenstraße nahe Rapallo werden in Zoágli in einer ebenfalls historischen Werkstatt Velourstoffe produziert. Immer in kleinen, familiengeführten Werkstätten. Wundervoll bemalte Töpferwaren gibt es zwar in Italien vielerorts, aber im ligurischen Albisola sind sie zu Hause, und die Tradition wird auch im Ort sichtbar – durch die Künstlermeile entlang der Küstenpromenade etwa.

Von Dichtern und Malern geliebt

Claude Monet kam an die (West-)Riviera und malte sie natürlich. Am bekanntesten dürfte die Brücke von Dolceáqua sein. Die angelsächsischen Dichter Shelley, Lord Byron und Huxley liebten die Ost-Riviera, genauer den Golf von La Spezia zwischen Portovénere und Lérici, der bald nach ihnen Golfo dei Poeti genannt werden sollte. Der französische Schriftsteller Guy de Maupassant kam 1889 nach Portofino und schwärmte ganz überwältigt davon. 1914 war es Kaiser Wilhelm als Gast des Champagnerbarons Alfons von Mumm. Ligurien wurde vor allem durch diese und weitere ausländische Autoren und Maler bekannt. Allerdings hat schon Alighieri Dante diesen Küstenstrich gefeiert.

Unter den zeitgenössischen ligurischen Autoren sei vor allem Maurizio Maggiani (*1951 in der Provinz La Spezia) genannt, der erst auf vielen (Berufs-)Umwegen zum Schreiben kam. Mit seinem italienischen Verlag Feltrinelli hat er einen guten Fang gemacht (oder der Verlag mit ihm!). Immerhin hat er in den letzten Jahren eine ganze Menge Literaturpreise gewinnen können. Einige seiner Werke wurden bereits ins Deutsche übersetzt, darunter *Der Mut des Rotkehlchens* (Berlin-Verlag, 1991), in der Hamburger Edition Nautilus erschienen *Königin ohne Schmuck* 2001, *Die Liebe ist ein Schwindel. Erzählungen* 2007 sowie *Himmelsmechanik* 2012. Direkt auf Genua bezieht sich sein Werk *Mi sono perso a Genova*, das noch nicht ins Deutsche übertragen wurde. Auch in seinem Buch *Königin ohne Schmuck* ist die vitale

Oben: Lórsicas Spezialität ist traditionell gewebter Damast.
Mitte: Auch in so einem hübschen Ort wie Lérici muss man irgendwo die Wäsche aufhängen.
Unten: In Bardineto hat ein Sammler ein ganzes Museum der Handwerke zusammengetragen.

Oben: Den leichten Stühlen von Chiavari begegnet man überall, wie hier im feinen Portofino.
Unten: Seeleute, einfache Bootsfahrer oder richtige Kapitäne haben an der ligurischen Küste ein gutes Auskommen.

Recht groß ist der nördlich vom Ort ausgebaute Yachthafen von Alassio.

Hafenstadt Genua Kulisse für eine zauberhafte Liebesgeschichte zwischen einem Kohlenprinzen und der Safrankönigin, die nichts besitzt außer dem Stolz auf ihr Leben.

Der Liedermacher Sergio Alemanno wurde 1941 in Genua geboren. Markenzeichen lange grau-weiße Mähne und Gitarre im Arm – so erobert er die Herzen der Zuhörer mit Liedern über Genua – im Dialekt. Dabei scheut er sich nicht, den vergangenen Stolz der Stadt zu bedauern, nach dem Motto, es war einmal ...

Vom Jetset entdeckt

Im 20. Jahrhundert entdeckten Filmgrößen die Schönheit der ligurischen Küstenorte. »I found my love in Portofino« sang Herzensbrecher Rex Harrison und machte gleich nach dem Zweiten Weltkrieg die dortige Bar an der schmalen, wunderhübschen Bucht weltberühmt, in der er abzusacken pflegte. Gewohnt hat er damals in den eigenen vier Wänden einer Villa, die er ausbauen ließ. Er war der Letzte, der noch eine Baugenehmigung in Portofino erhielt. Zu seinen Gästen zählten der Autor Truman Capote sowie Vivien

Ausgefallen und neugotisch ist so manche Villa in Santa Margherita Ligure.

Oben: *Motorino* (Moped) und *Telefonino* (Handy) – ein italienisches *must have*
Unten: Ohne Einkauf auf dem Lebensmittelmarkt geht es einfach nicht – wie hier in La Spezia.

Flagge zeigen bei einer Bootstour die Küste entlang

Leigh und Lawrence Olivier. Zwischen den 1950er- und den 1970er-Jahren kamen auch Clark Gable und Ava Gardner, Linda Christian und Frank Sinatra, Brigitte Bardot und Catherine Deneuve sowie Elisabeth Taylor und Humphrey Bogart, Rita Hayworth und Tyrone Power und sicher noch viele andere nach Portofino. Der berühmte griechische Reeder Aristoteles Onassis schaute sich das Ganze von seiner Luxusjacht aus an, mit dabei auch schon mal ein Staatsmann wie Winston Churchill.

Das Land ist wieder gefragt

Während im 19. und zu Beginn des 20. Jahrhunderts viele Ligurer ihr damals wirtschaftlich unterentwickeltes Land verließen und nach Nord- oder Südamerika auswanderten, erlebte die Region nach dem Zweiten Weltkrieg eine Umkehrung der Verhältnisse. Nun war Ligurien durch die Zuwanderung aus Süditalien geprägt, durch Menschen, die Arbeit in der Industrie und in den Häfen fanden. Genua wurde dank seines Hafens zu einem wichtigen Teil im nun wirtschaftlich aufblühenden Dreieck mit Mailand und Turin. Das führte allerdings zu völlig unkontrolliertem Bauen, das der Landschaft nicht gerade dienlich war. Rapallisieren nannte man die chaotischen Zustände, von der einst kleinen Stadt Rapallo an der Küste abgeleitet, die sich endlos in die Umgebung ausdehnte, ohne Rücksicht auf Infrastruktur und Natur.

Da kann man fast schon von Glück reden, dass die Bevölkerung beispielsweise Genuas geschrumpft ist. Die Stadt bekommt Luft zum Atmen, kann sich neu organisieren. Und viele Menschen ziehen wieder aufs Land, vielleicht dorthin, wo sie geboren wurden. Nicht nur, weil man auf dem in Ligurien gar nicht so flachen Land günstiger leben, sondern dort auch mit Ruhe und naturnah Kinder großziehen kann. Das macht die neue Arbeitswelt möglich, Schlagwort Home Office ...

Natur und Umwelt

Ligurer gelten als besonders naturlieb, was nicht nur für Wochenendausflüge gilt. Immer mehr besinnen sie sich auf naturnahen, ja biologischen Anbau nicht nur von Obst und Gemüse. Auch Wein lässt sich bio wunderbar vermarkten, Olivenöl, Käse und Wurstwaren. Ganze Täler und Bergdörfer rücken bei diesem Thema zusammen, wie etwa die Olivenbauern um Tággia (*taggiasche*, gesprochen taggias-ke, heißen die kostbaren kleinen Oliven) im Westen oder die Viehzüchter und Landwirte im Vara-Tal im Osten der Region, die ihre Produkte etwa mit einem gemeinsamen Logo auf dem Markt von La Spezia vermarkten.

Zur Naturliebe der Ligurer gehört ihre besondere Vorliebe für Naturparks aller Kategorien. Am bekanntesten dürfte der Naturpark der Cinque Terre sein, der sich nicht nur um die Pflege der Dörfer kümmert, sondern auch um die Erhaltung der wegen der steilen Hänge schwierigen Landwirtschaft, sprich des Weinanbaus – und um die schulische Erziehung zum Naturschutz. Angeschlossen ist das Meeresschutzgebiet Cinque Terre vor Monterosso

Oben: Der biologische Weinanbau erfordert mühsame Handarbeit ...
Mitte: ... dagegen gedeihen die Esskastanien in den Bergen fast ohne menschliches Zutun.
Unten: Die Ölbäume wiederum brauchen auch vor der Ölpressung viel Pflege.

13

mit überhängenden Felsformationen unter Wasser, felsigem Meeresboden mit großen Sandflächen dazwischen und reicher Flora *(Posidonia oceanica)* und Fauna (Korallen, Seeanemonen und Gorgonien).

Vor Portofino breitet sich zwischen dem Golfo Paradiso und dem Golfo di Tigullio das gleichnamige Meeresschutzgebiet aus mit dichten Kolonien von Posidonia (Neptungras), Edelkorallen, Schwämmen und wieder Gorgonien (Hornkorallen oder Seefächern, also einfacheren Korallen).

Allein drei Naturreservate hat die westliche Provinz Savona zu bieten, zwei davon im Meer: die Mittelmeermöwenkolonie auf der Insel Bergeggi und die gesamte macchiabewachsene Insel Gallinara mit ihren zahlreichen Wildrosen (*Rosa Gallinariae)*. Und das Meer vor der Küste ganz Liguriens gehört zum sogenannten Heiligtum der Wale. Strenger Schutz ist also überall angesagt. Und wer sich's ganz bequem machen möchte mit der Besichtigung eines Botanischen Gartens, dem sei der Park der Villa Hanbury in Ventimiglia ganz im Westen empfohlen. Aber es gibt noch eine ganze Menge anderer Gärten in der Region, speziell westlich und östlich von Genua, ziemlich stadtnah, also in Voltri sowie in Nervi.

Logisch, dass es in einer Region, deren Geschichte so sehr vom Meer bestimmt wurde, an Meeresmuseen nicht mangeln darf. Genuas Acquario ist ein Pflichtbesuch, das nahe Meeresmuseum Galata ebenfalls, das sich mit der maritim geprägten Geschichte Genuas beschäftigt. Doch auch das Seemannsstädtchen Camógli lockt mit einem Schifffahrtsmuseum, das allerdings eher etwas für die lokale Bevölkerung ist. Und in La Spezia mit seinem bedeutenden Militärhafen ist es das dazu passende Museo Tecnico Navale della Marina Mili-

Oben: Die Wunderwelt des Meeres im Acquario von Genua
Mitte: Die blaue Winde gedeiht im milden Klima besonders gut.
Unten: Leuchtfeuer in La Spezias Meeres-Museum
Links: Der Kaktusgarten von Pallanca bei Bordighera beeindruckt.

Oben: Gehört zu Genuas Topadressen – die »Pasticceria Cavo«, wo man feinstes Gebäck und gute Drinks gleich an der Bar genießen kann.
Unten: Frischeres aus dem Meer als im »Ristorante Pernambucco« kann man in Albenga kaum finden.

tare, also der maritimen Militärgeschichte. An der Westküste befindet sich das an sich bescheidene Internationale Schiffsmuseum des westlichen Ligurien am Domplatz von Imperia, das einer privaten Stiftung zu verdanken ist.

Auch kulinarisch ganz vorn

Olivenöl, Tággia-Oliven, *Pesto genovese* (möglichst aus Wildbasilikum mit Olivenöl und Pinienkernen sowie Pecorino), *Focaccia* (eine Art dickere Pizza, ursprünglich mit schlichtem Belag aus Zwiebeln und Oliven, aber variationsreich verändert), *Farinata* (hauchdünner Fladen aus Kichererbsenmehl), würzige Wildkräuter. Als Pasta kleine *Trofie* oder die *Pansoti* (kleine Maultaschen mit Gemüsefüllung und aromatischen Kräutern). Fisch, Fisch und nochmals Fisch gibt es an der langen

Küste der Region, ganz einfach gebraten oder gegrillt oder zur berühmten Fischsuppe namens *Burrida* verarbeitet. Fleisch spielt eine untergeordnete Rolle. Es gibt dennoch ein paar Spezialitäten, etwa die *Cima ripiena*, gefüllte und gebackene Fleischtasche vom Kalb. Wenn man in Ligurien auf der Speisekarten Fleischgerichte angeboten bekommt, dann stammt die *materia prima* meistens aus der dafür bekannten Nachbarregion Piemont. Dann aber der Käse: aus Kuh-, Schaf- oder Ziegenmilch und in vielen Variationen. Zum Abschluss Süßes: am liebsten den *Pandolce*, was süßes Brot heißt, ein relativ flacher Hefekuchen mit Rosinen, kandierten Früchten und Pinienkernen.

Passend zur beliebten Fischküche sind die trockenen Weißweine der Region wie der Vermentino oder der Pigato di Albenga aus dem Hinterland, schwer und fruchtig sind die Roten Rossese di Dolceácqua und der Ormeasco aus dem Hinterland von Albenga und Imperia. Ein Dessertwein, der es in sich hat, ist der Sciacchetrà der Cinque Terre – wunderbar zum schon erwähnten *Pandolce alla genovese* ... Aber auch Vermentino und Pigato gehören zu den DOC-Weißweinen der magischen fünf Dörfer. Wer authentisch ligurisch

Ohne Fisch geht natürlich nichts – auch Sardellen sind lecker.

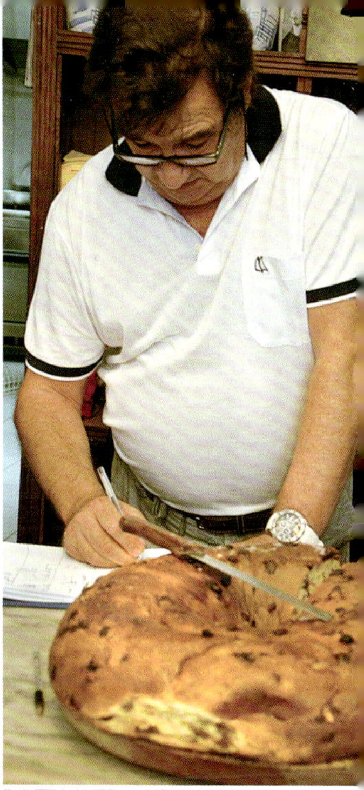

Oben: Der Stolz des Wirtes Dino Clerici von der »Osteria del Carugio« in Portovénere ist sein *Pandolce*, das echt-ligurische Gebäck.
Unten: In den ligurischen Seealpen liebt man eine reiche Auswahl an Antipasti wie hier in Bardineto.

Oben: Ligurien zu genießen, helfen Wirtsleute wie Sabrina Fill vom »Café Meditteraneo« in Cervo …
Unten: … und Eindrücke wie eine Hafenszene in Impéria.

kochen möchte, sollte sich den sehr hübschen Band von Larissa Bertonasco anschauen (s. rechts).

Ganz Ligurien auf einmal?

Das dürfte ziemlich schwierig sein und ist auch sicher nicht die richtige Art, Ligurien zu erkunden und vor allem zu genießen. Also sollte man sich die Region am besten aufteilen, was in diesem Fall ganz einfach ist: in Ost- und Westligurien, und dabei Genua, genau in der Mitte, ruhig zweimal besuchen. Bei Städtetouren ist die Bahnanreise zu empfehlen, weil man mit dem Wagen wenig anfangen kann und das Parken mit hohen Kosten verbunden ist. Sonst ist man auf ein Vehikel angewiesen, in den Bergen am besten huckepack ein Mountainbike. Oder die Wanderstiefel angeschnallt. Es werden zahlreiche Wandertouren von Experten oder Ligurien-Liebhabern, auch in Verbindung mit der Unterkunft angeboten, eintägige oder gleich für eine ganze Woche oder mehr. Stichwort Alta Via, den ganzen Kamm der Seealpen entlang, mit mehr als 440 Kilometer Länge.

Naturkatastrophen treffen leider auch Ligurien

Doch Vorsicht: Leider macht Ligurien immer wieder negative Schlagzeilen, die mit der geologischen Situation der Region zu tun haben. So zuletzt am 25. Oktober sowie 4. November 2011, als wieder einmal sintflutartige Regenfälle und dadurch ausgelöste Schlammlawinen furchtbare Schäden speziell im Osten der Region verursacht haben. Auch Menschenopfer hat das gefordert und manche Schäden werden noch eine Weile brauchen, bis sie völlig beseitigt sind. Aber die touristische Infrastruktur wurde in den meisten Fällen sehr schnell wieder hergestellt. Schließlich sorgt sie für die sichersten Einnahmen.

Literatur zum Vorherlesen und für unterwegs

Gottfried Aigner: *Familienreiseführer Ligurien.* Verlag Companions, Hamburg 2014. Spezielle Tipps für die ganze Familie mit Touren, Attraktionen und familienfreundlichen Stränden.

Larissa Bertonasco: *La nonna La cucina La vita* – Die wunderbaren Rezepte meiner Großmutter. Verlag Gerstenberg, Hildesheim 2011. Schön in Kindheitserinnerung aus Finale Ligure verpackte ligurische Rezepte mit lustigen Illustrationen.

Dorette Deutsch: *Madonnen blicken über das Meer – Ligurische Küstengeheimnisse.* Picus Verlag, Wien 2001. Reportagen aus Ligurien.

Annie Hawes: *Die Oliven von San Pietro. Ein italienisches Abenteuer.* Goldmann, Random House, München 2003. Eine freie englische BBC-Redakteurin und ihre Schwester verlieben sich in ein Stück Ligurien und erleben dort das Abenteuer ihres Lebens.

Emi Zopf: *Finale.* Limmat Verlag, Zürich 2010. Ein Krimi um die Bergführerin Andrea Stamm.

Claudio Paglieri: Mehrere Krimis des in Genua geborenen Autors, die hauptsächlich in seiner Heimatstadt spielen, den Commissario Luciani als Ermittler haben und in deutscher Übersetzung im Aufbau-Verlag Berlin seit 2007 erschienen sind wie *Kein Espresso für Commissario Luciani, Kein Schlaf für Commissario Luciani, Keine Pizza für Commissario Luciani* oder *Kein Grappa für Commissario Luciani.* Da Paglieri mit seinen Beschreibungen der Ligurer fast kein einziges gutes Haar an ihnen lässt, wundert sich so mancher, dass er ungeschoren davon kommt.

Oben: Bilder, die Ferien signalisieren: Blumenpracht in Cervo, …
Mitte: … Meeresvergnügen unter Aufsicht des *bagnino* …
Unten: … und bummeln in so engen Gassen wie in Portovénere

Geschichte im Überblick

Vor etwa 350 000 Jahren Erste Höhlenmenschen hinterlassen ihre Spuren in den Bergen von Toirano an der Westküste Liguriens.

200 000–40 000 v. Chr. Funde in der Grotte Arma della Mànie im Hinterland von Varigotti an der Westküste und in den Höhlen von Toirano bezeugen das Leben der Neandertaler in diesem Gebiet.

Ca. 10 000 v. Chr. Steinzeitliche Behausungen und Fußabdrücke eines nackten Fußes, von Fingerkuppen und Knien in einigen der insgesamt 70 Grotten von Toirano beweisen, dass dort Menschen Zuflucht gefunden haben, zeitgleich wie der Höhlenbär; nachgewiesen durch den gefundenen Bärenfriedhof mit Resten von etwa einhundert Tieren.

Ca. 2800 v. Chr. Mehr als 50 000 prähistorische Felsgravuren zeigen künstlerisch wertvolle Darstellungen von Tieren mit großen Hörnern an der Grenze zwischen Ligurien und Frankreich rund um den Monte Bego, der seit 1947 zu Frankreich gehört. Gleichzeitig findet man im Osten der Region, heute in der Region Toskana, in der Lunigiana am Oberlauf des Magra-Flusses Stelenstatuen mit eindeutig menschlichen Formen, sowohl männlich als auch weiblich. Seitdem spricht man von Früh-Ligurern.

2.-1. Jh. v.–1. Jh. n. Chr. Rom kontrolliert die ligurische Küste. Sie erhält den Namen Liguria. Die Region bildet unter Augustus ein riesiges Gebiet, das u. a. auch die Nordseite der Seealpen umfasst, denn allmählich weitet sich Liguria nach Norden aus, reicht bis Mailand und ins Piemont.

3. Jahrhundert Unter Diokletian wird die Region Liguria etwa auf ihre heutige Größe reduziert, die Wasserscheide der Seealpen bildet die Grenze.

409 Nach dem Ende des römischen Kaiserreiches wird Ligurien ständig von Barbaren überfallen, so vom Gotenkönig Alarich, der das heutige Albenga und Ventimiglia zerstört.

568–774 Langobardische Herrschaft, während der Ligurien die meiste Zeit byzantinisch war.

1096 Genua nimmt am ersten Kreuzzug teil.

1162 Genua wird selbstständiger Stadtstaat. Es wird die Blütezeit als Seerepublik eingeläutet, die sich aber mit den drei anderen großen Seerepubliken auf italienischem Boden, Venedig, Pisa und Amalfi ständig bekriegt.

1284 Sieg der Seerepublik Genua über die Seerepublik Pisa bei Meloria (ca. 7 km vor dem Hafen von Livorno, Toskana), was die Vorherrschaft der Stadt im westlichen Mittelmeer begründete. Diese Seeschlacht galt als die größte des Mittelalters überhaupt und war die zweite vor dem mit vielen Untiefen gefährlichen Felsen; die erste hatte 1241 stattgefunden, und zwar zwischen der Flotte von Kaiser Friedrich II. zusammen mit dem

Bündnispartner Pisa und der Republik Genua. Damals hatte der Kaiser gesiegt.

1339 In Genua wird der erste Doge gewählt: Simone Boccanegra.

1381 Venedig erobert Genua.

1451 Christoph Kolumbus wird geboren, vermutlich in der Nähe von Genua.

1492 Der Seefahrer Kolumbus entdeckt in Diensten der spanischen Krone Amerika, die Neue Welt – im Glauben, Indien auf dem Seeweg erreicht zu haben.

1499 Frankreich unter Ludwig XII. erobert Genua.

1522 Kaiser Karl V. erobert Genua.

1528 Der erfolgreiche genuesische Admiral Andrea Doria (1466-1560) hat das Sagen in Genua, reformiert die Verfassung und richtet in der Stadt eine Art aristokratische Regierungsform ein.

1553–1555 Genua besiegt unter der Leitung des bereits greisen Admirals Doria die Franzosen auf der vorgelagerten Insel Korsika.

1684 Frankreich bombardiert Genua.

1746 Österreich ergreift sich Genua.

1797 Gründung der Republik Genua.

1815 Ligurien wird als Herzogtum Teil des Königreiches Sardinien.

1821–1861 Freiheits- und Einigungsbewegung Italiens (Risorgimento).

1846 Ausrufung der Italienischen Republik.

1888 Ausbau des Hafens von Genua, der seitdem immer mehr an Bedeutung gewinnt. Ebenfalls Ausbau des Militärhafens von La Spezia in der dafür sehr gut geeigneten, engen Bucht.

1939-1945 Der Zweite Weltkrieg fügt Genua, gerade wegen seiner Häfen (dazu gehört auch der zuletzt ausgebaute von Savona) Zerstörungen zu.

1948 Verfassung und Gebietsreformen, Ligurien wird eine der 20 Regionen Italiens.

2010 Bei den Regionalwahlen gewinnt das Mitte-Links-Bündnis mit 52,14 % der Stimmen.

2013 Die vorgezogenen Parlamentsneuwahlen bringen das Mitte-Links-Bündnis knapp an die Regierungsspitze Italiens. Bildung einer großen Koalition aus Mitte-Links und Mitte-Rechts. In Ligurien bekommt die neu gegründete Protestbewegung *Cinque Stelle* des aus Ligurien stammenden Beppo Grillo mehr als 32%.

2014 Fast alle Wanderwege der durch Erdrutsche stark in Mitleidenschaft gezogenen Cinque Terre sind wieder hergestellt, alle bis auf die Via dell' Amore zwischen Manarola und Riomaggiore.

GENUA

B&B Al Piccolo Principe
Castello d'Albertis
Corso Dogali
Piazzale Brignole
Via Pastore
Grand Hotel Savoia
Piazza Acquaverde
Stazione Principe
Continental Genova
Salita
Corso Dogali
Via Brig de Ferrari
Palazzo del Principe
Via Andrea Doria
Da Mario
Piazza Principe
San Giovanni di Pré
Trattoria Lupo
Via Balbi
Pietraminuta
Via di Pè
Via Alpini d'Italia
Albergo Parigi
Funicolare
Strada Aldo Moro
Via Antonio Gramsci
Palazzo Reale
Pal. Durazzo
Via Rubattino
Via Marina d'Italia
1
3
Santissima Annunziata
Polleri
Calata Demari
Sopraelevata
Pal. Balbi
Via Balbi
Galata Museo del Mare
Unterseeboot S518 Nazario Sauro
B&B Albatros
Palazzo Belimbau
Via de Prè
Via Sottoripa
Stazione Marittima
Aldo Moro
Darsena
Via d. Fontane
Porta dei Vacca
Gaia Vini Cucina
Via del Campo
Ponte Morosoni
(Hochstraße)
71 Music Shop di Judica Paolo
Via di Fossatello
Siro
Ponte Parodi
Al Veliero
5
Casa Mazzini
Via
Le Maschere
Best Western Hotel Porto Antico
NH Marina
Via S. Luca
Bacino Porto Antico
Sottoripa
Ponte Spinola
Acquario di Genova
IAT Caricament
Piazza Caricamento
Biosfera
Palazzo San Giorgio
Piazza Banchi
Palazzo Morali – Bed Breakfast
Ombre
2
Bigo
Via San
Città dei Bambini
Porto Antico
Piazzale Mandraccio
Locanda Palazzo Cica
Il Marin
Porta Siberia
Via Turati
Centro Congressi Expó
Museo Nazionale dell'Antartide
Via dei
Mura del Molo
Via del Molo
Strada Aldo Moro
Antica Osteria di Vico Palla
Piazza Cavour
Via San Bernardo
Il Grillo Parlante
S. Ma di Cas
Mura delle
Bacino delle Grazie
Sehenswürdigkeit, Denkmal
Aktivität, Ausgehen, Theater
Museum, Galerie
Shopping
Restaurant, Bar, Café
Übernachtungsmöglichkeit
Kirche
0
200 m
N

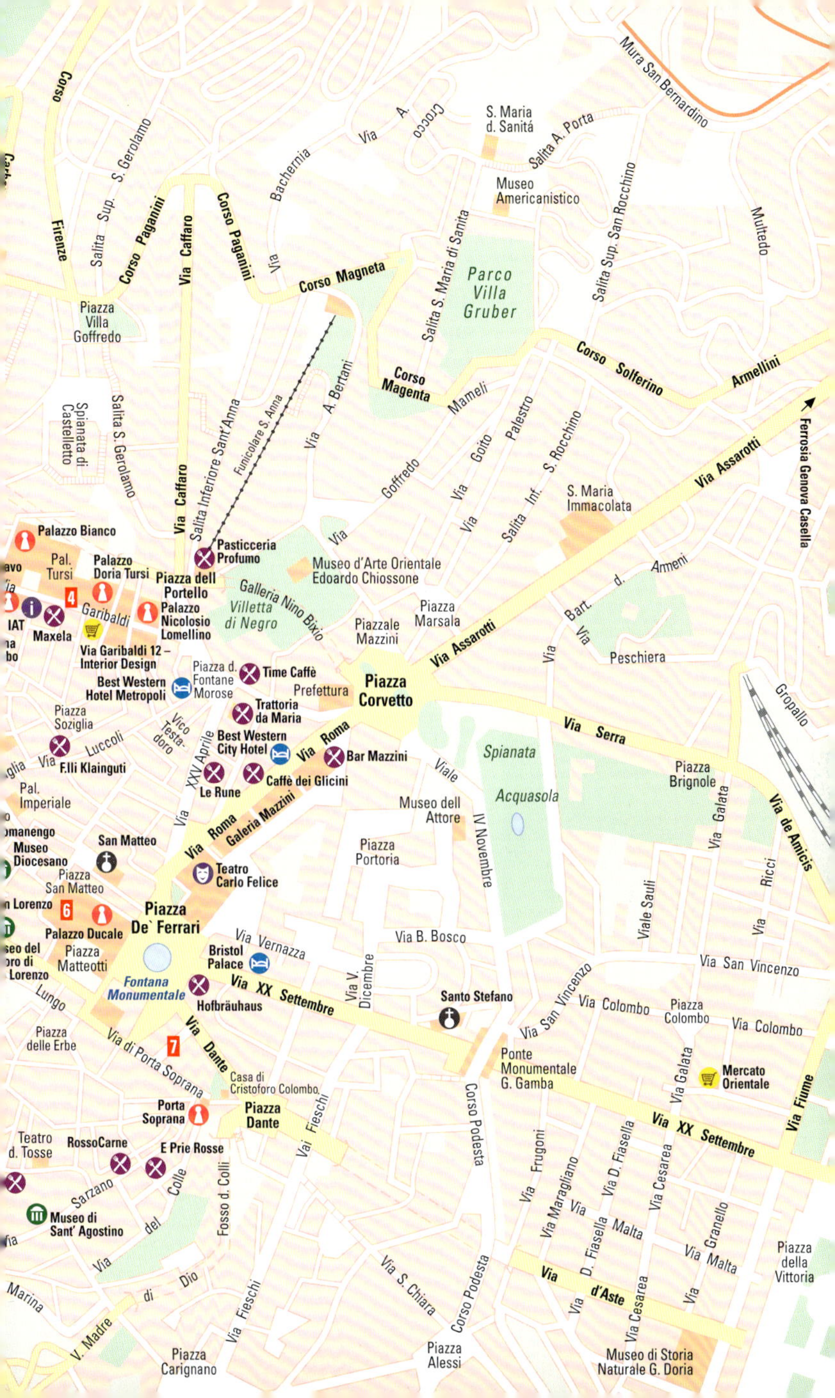

Corso Firenze
Salita Sup. S. Gerolamo
Corso Paganini
Via Caffaro
Corso Paganini
Via Bacherenia
Via A. Crocco
S. Maria d. Sanitá
Salita A. Porta
Mura San Bernardino
Museo Americanistico
Salita Sup. San Rocchino
Multedo
Corso Magneta
Salita S. Maria di Sanita
Parco Villa Gruber
Piazza Villa Goffredo
Spianata di Castelletto
Salita S. Gerolamo
Corso Magenta
Corso Solferino
Armellini
Mameli
Via A. Bertani
Funicolare S. Anna
Salita Inferiore Sant'Anna
Via Caffaro
Via Goffredo
Via Goito
Palestro
Via S. Rocchino
Salita Inf.
Ferrosia Genova Casella
Via Assarotti
S. Maria Immacolata
Palazzo Bianco
Pal. Tursi
Palazzo Doria Tursi
Piazza dell Portello
Pasticceria Profumo
Museo d'Arte Orientale Edoardo Chiossone
Galleria Nino Bixio
Villetta di Negro
Via Bart. d. Ameni
4
IAT
Maxela
Garibaldi
Palazzo Nicolosio Lomellino
Via Garibaldi 12 – Interior Design
Piazzale Mazzini
Piazza Marsala
Via Assarotti
Via Peschiera
Best Western Hotel Metropoli
Piazza d. Fontane Morose
Time Caffè
Prefettura
Piazza Corvetto
Trattoria da Maria
Piazza Soziglia
Vico Testa-doro
Via Luccoli
F.lli Klainguti
Best Western City Hotel
Via Roma
Bar Mazzini
Via Serra
Spianata
Gropallo
Piazza Brignole
Pal. Imperiale
Via XXV Aprile
Le Rune
Caffè dei Glicini
Viale
Acquasola
Museo dell Attore
IV Novembre
Via Galata
Via de Amicis
Via Roma
Galleria Mazzini
San Matteo
Museo Diocesano
Piazza San Matteo
Teatro Carlo Felice
Piazza Portoria
Viale Sauli
Via Ricci
6
Piazza De' Ferrari
Palazzo Ducale
Piazza Matteotti
Via Vernazza
Bristol Palace
Via B. Bosco
Via V. Dicembre
Via San Vincenzo
Fontana Monumentale
Via XX Settembre
Hofbräuhaus
Lungo
Santo Stefano
Via San Vincenzo
Via Colombo
Piazza Colombo
Via Colombo
Piazza delle Erbe
Via di Porta Soprana
7
Via Dante
Casa di Cristoforo Colombo
Ponte Monumentale G. Gamba
Mercato Orientale
Via Galata
Porta Soprana
Piazza Dante
Via Fieschi
Corso Podesta
Via Fiume
Teatro d. Tosse
RossoCarne
E Prie Rosse
Via XX Settembre
Via D. Fiasella
Via Cesarea
Via Frugoni
Via Maragliano
Via Malta
Via Granello
Via Malta
Piazza della Vittoria
Museo di Sant' Agostino
Sarzano
Via del Colle
Fosso d. Colli
Via di Dio
Via D. Fiasella
Via d'Aste
Via Cesarea
Via S. Chiara
Corso Podesta
Marina
V. Madre
Via Fieschi
Piazza Carignano
Piazza Alessi
Museo di Storia Naturale G. Doria

Seiten 32/33: Genuas Casa Colombo erinnert an die Kindheit des Seefahrers.
Oben und unten: Das Meeresmuseum Genuas ist äußerlich wenig ansehnlich verkleidet, umso eindrucksvoller ist die Sammlung.
Rechts oben: Der alte Hafen

1 Das Hafengebiet

Zum Verständnis einer Seemacht

Für die Beherrscherin der Meere hat der Hafen schon immer eine große Rolle gespielt, mit ihm sollte man daher einen Besuch Genuas beginnen. Das Galata-Museum erzählt hier von den Anfängen der Seefahrt und natürlich von Kolumbus. Die nahe Commenda war für das religiöse Leben der Stadt bedeutend, hier wurden die Reliquien des heiligen Johannes der Täufer aufbewahrt, bevor sie in die Kathedrale überführt werden konnten.

Das Galata-Museum ist ein guter Startpunkt für das Verständnis der Regionalhauptstadt, die ihre Bedeutung schließlich dem Meer verdankt. Denn es führt den Besucher durch 28 Säle auf rund 10 000 Quadratmetern auf eine Reise durch die Geschichte der Seefahrt. So ist es selbstverständlich, dass man in einem solchen Museum in Genua im Erdgeschoss mit dem Thema Christoph Kolumbus empfangen wird, u. a. mit den vermutlich echten Porträts. Wie sah er wirklich aus? Stimmen eher die Jugendbilder oder die des älteren Seefahrers? Man sollte sich allein schon dafür Zeit nehmen. Durch Rekonstruktionen wird die Geschichte der Seefahrt zum Anfassen präsentiert: eine genovesische Galeere aus dem 17. Jahrhundert ist zu sehen, auf der man das Leben auf einem solchen Schiff nachvollziehen kann, oder ein Schmuggler-Segelboot aus dem 19. Jahrhundert.

Rund 4300 Originalstücke erzählen von der Entdeckung der Meere durch den Menschen. MEM nennt sich eine Abteilung, die sich mit der Zu- und Abwanderung befasst (MEM = *Memoria e*

Migrazione). Logisch, dass es bei einer Region, die lange unter der Auswanderung ihrer Bevölkerung gelitten hat, auch um das Ausbluten eines Landes geht, das einst seine vielleicht besten Köpfe hat ziehen lassen müssen, weil sie zu Hause in Ligurien wirtschaftlich kein Fortkommen sahen. In der Sektion Überseefahrten wird eine turbulente, furchterregende Simulation eines Unwetters am Kap Hoorn simuliert. – Wechselausstellungen machen das Galata-Museum immer aufs Neue interessant. Das stets im Wandel befindliche Museum besitzt u.a. das Unterseeboot S518 Nazario Sauro, das in der Werft davor – als schwimmender Teil des Museums – verankert ist. Zum Abschluss des Besuches empfiehlt sich Mira Genova, die Dachterrasse des Galata, die einen großartigen Blick auf Genua und den Hafen ermöglicht.

Kommt einem der Name Galata nicht bekannt vor? Tatsächlich heißt ein Stadtviertel von Istanbul Galata – und daher die dortige Fußballmannschaft Galata Saray; dort lebte bis zum 15. Jahrhundert eine der bedeutendsten genovesischen Gemeinschaften im Mittelmeerraum. Als man am Ende des 19. Jahrhunderts in Genua eine neue Hafenanlage mit kommerziellen Docks errichtete, gab man dem ältesten, noch von früher erhalte-

AUTORENTIPP!

GENUA VOM WASSER AUS

Wer verstehen will, wie wichtig Genuas Hafen für die Stadt ist, der sollte, auch weil man dabei wundervolle Anblicke genießen kann, eine Bootstour buchen. Mehrsprachig werden alle wichtigen Punkte erklärt und natürlich angefahren, die zu Genuas Ruhm als eine der bedeutendsten Hafenstädte des Mittelmeeres beitrugen. Die Touren dauern je nach Anbieter eine gute Stunde und finden täglich meist mehrmals statt. Noch interessanter wird ein Bootsausflug, der nicht nur durch den Alten Hafen führt, sondern weiter bis in die Cinque Terre oder nach Portovénere. Fahrtzeit einfach drei Stunden, Pause in den Cinque Terre oder in Portovénere; nur im Sommerhalbjahr.

Consorzio Liguria ViaMare.
Tel. 010 25 67 75 oder
010 26 57 12, www.liguriaviamare.it
sowie **Golfo Paradiso.**
Tel. 01 85 77 20 91,
www.golfoparadiso.it

Oben: Mit einer schlichten Bogenfront schaut die Commenda San Giovanni di Prè auf den Hafen.
Mitte: Der schöne Innenraum der Kirche überrascht.
Unten: Wie auf einem Schiff mitten im Hafen fühlt man sich auf der Terrasse des NH-Hotels La Marina.

nen und nun integrierten Teil den Namen Galata zur Erinnerung an die alte Kolonie. Im alten Hafen wurden schon früh die Galeeren der Republik Genua gebaut. Doch die wirtschaftliche Bedeutung des Platzes ging allmählich verloren, sodass man Ende der 1990er-Jahre beschloss, hier das Meeresmuseum einzurichten. Die Umbauarbeiten fanden mithilfe des spanischen Architekten und Professors an der Universität Sevilla Guillermo Vázquez Consuegra (*1947 in Sevilla) statt, die Einweihung war anlässlich der Ernennung Genuas zur Europäischen Kulturhauptstadt 2004.

Johannesreliquien und Hospiz

Die Commenda di San Giovanni di Prè reizt schon durch die akkuraten Bögen der ersten beiden Stockwerke und die Loggia mit geradem Abschluss obenauf, die sich seit dem Umbau während der Renaissance zum Hafen hin öffnen, zu einem Besuch. Zudem ist sie hochinteressant für die Geschichte Genuas. Erst einmal aus religiösen Gründen: In diesem ab 1180 errichteten Komplex wurden bis zur Fertigstellung der Johannes-Kapelle in der Kathedrale San Lorenzo die Reliquien des Täufers aufbewahrt. Der Platz war bewusst ausgewählt: an der Stelle der noch älteren Heiliggrab-Kirche (Santo Sepolcro) mit dem Kreuzfahrer-Hospiz des Jerusalem-Ordens, dem im 15. Jahrhundert der Malteser Ritterorden folgte. Dort versammelten sich während des dritten Kreuzzuges die Kreuzfahrer unter der Führung des Königs von Frankreich vor ihrer Überfahrt ins Heilige Land. Nicht wundern, dass die kleine romanische Kirche keine Fassade aufweist – früher wurde sie von der Commenda aus betreten. Eigentlich sind es zwei Kirchen: eine untere und eine obere, Letztere allerdings ist nur selten zugänglich. Dass man sich heute in der Commenda umsehen kann, verdankt man der Umwidmung in Ausstellungsräume.

Infos und Adressen

SEHENSWÜRDIGKEITEN

Galata Museo del Mare. Das größte Meeresmuseum Italiens, März-Okt. Mo-So 10-19.30, Nov.-Feb. Di–Fr 10–18, Sa, So, Fei 10–19.30 Uhr, Calata de Mari 1, Tel. 010 234 56 55, www.galatamuseodelmare.it

San Giovanni di Prè. Eine der ältesten Kirchen der Stadt innerhalb des historischen Hospizes der Commenda. Di–Fr 10–17, Sa, So, Fei 10–19 Uhr, Piazza della Commenda s/n, Tel. 010 557 36 81.

ESSEN UND TRINKEN

Da Mario. Bei den Einheimischen beliebte, schlichte Trattoria mit sehr preiswerten Tagesmenüs (Getränke inbegriffen), dennoch alles ligurische Küche, Do–Di 12–15, 19–22 Uhr, Salita San Paolo 28r, Tel. 010 275 76 27.

Pizzeria Franco. Freundliche Pizzeria mit buntem Ambiente, Pizza auch ohne Gluten sowie Spezialitäten aus Recco wie Farinata und Focaccia, Di–So 18.30–22.30 Uhr, Via Balbi 22/r, Tel. 010 645 22 55, www.pizzeriafranco.it

ÜBERNACHTEN

Albergo Parigi. Einfaches Stadthotel in Bahnhofsnähe, familiär. Via di Prè 72, Tel. 010 25 21 72, www.albergoparigi.eu

B&B Albatros. Etwas für Junggebliebene, die 100 Stufen ohne Aufzug zu meistern in der Lage sind, um ins fünfte Geschoss zu gelangen. Via di Prè 10, Handy 349 762 62 73, http://en.bbdormire.com/bed-and-breakfast-albatros-genova.htm – oder gleich mailen: albatros@albatrosgenova.it

Continental. Geschmackvoll im Jugendstilpalazzo. Via Arsenale di Terra 1, Tel. 010 26 16 41, www.hotelcontinentalgenova.it (Schwesterhotel des Savoia, s. S. 51)

B&B Al Piccolo Principe. Nettes B&B mit nur drei einfachen, aber netten Zimmern in einem aufgelassenen Kloster aus dem 16. Jahrhundert, an einer der berühmten Treppengassen Genuas. Salita della Providenza 2/2, Tel. 010 25 21 17, www.bedandbreakfast-genova.it

Die Casa Mazzini ist etwas für Kenner der italienischen Geschichte.

Oben: Verwirrender Anblick am Porto Antico – wo hören die Schiffsmasten auf und beginnen die Arme des Bigo, der einen Panorama-Aufzug in die Höhe hievt. **Unten:** Im Acquario di Genova staunen die Besucher nicht schlecht.

2 Porto Antico

Topfiter alter Hafen

Der historische Handelshafen Genuas, heute als Porto Antico bezeichnet, besticht mit allem, was der kreative genuesische Architekt Renzo Piano hier geschaffen hat: dem Acquario, der Biosfera genannten Glaskugel und dem vielarmigen »Aufzug« Bigo für alle, die den alten Hafen aus der Vogelperspektive betrachten möchten. Den Süden markieren die Ex-Baumwolllager der Republik, heute Kongresszentrum und Sitz der »Kinderstadt«.

Erst einmal zum *Bigo*, um Genuas Hafengebiet und mehr aus der Vogelperspektive zu betrachten. Wie ein richtiger Kran für die Verladung der Schiffe im Hafen hat Renzo Piano dieses siebenarmige Monument geschaffen, dessen Aufzug mit der Drehkabine aus 40 Meter Höhe einen 360-Grad-Rundumblick ermöglicht. Einfach faszinierend! Piazza delle Feste heißt die Mole an dieser Stelle und dient, wie ihr Name verspricht und wie es sich für eine so sehr dem Meer zugewandte Stadt gehört, Genua als Festplatz.

Zweitgrößtes Aquarium Europas

Auf einer anderen, noch viel längeren Mole namens Ponte Spinola ein Stück weiter nach Norden breitet sich im Porto Vecchio das *Acquario* aus. Nach dem Aquarium im spanischen Valencia ist das von Genua das zweitgrößte Europas, wird zusammen mit den anderen Attraktionen am Porto Antico unter dem Namen *AcquarioVillage* verwaltet und bietet daher Erlebnisse für mehr als nur einen Tag. Weshalb es auch lobenswert ist, dass manche Hotels der Innenstadt den Übernachtungspreis inklusive *Acquario* anbieten. Das ist wohl bedacht, denn die meisten Besucher Genuas zieht es erst einmal dorthin, im Jahr durchschnittlich 1,2 Millionen. Die Zahlen sind imposant: rund 10 000 Quadratmeter Fläche, sechs Millionen Liter Wasser in 39 Ausstellungsbecken, 200 Pflanzenbecken, 200 Becken für die Pflege und Aufzucht der Meeresbewohner. Angeblich kann man hier an die 10 000 Meerestiere aus 800 Arten bewundern, an die mindestens 20 000 Kilogramm Fisch verfüttert werden.

Besonders beeindruckend sind die fünf Riesenbecken, die man von beiden Stockwerken aus betrachten kann. Neben einer Vielzahl kleinerer Fische leben darin Delfine und Haie, Seerobben und Wasserschildkröten sowie Karibik-Lamati, eine unglaublich unförmige Seekuhart. Falls wenige Delfine zu sehen sein sollten, so liegt das daran, dass diese in drei Becken immer wieder umgesiedelt werden, von denen nur eines für die Besucher sichtbar ist. Die jüngste Erweiterung der Anlage sind nach oben offene Becken, und in einigen von ihnen dürfen die Meeresbewohner und solche aus Flüssen und auch aus Binnenseen angefasst werden. Einmal im Monat können Kinder von sieben bis 13 Jahren eine Nacht im *Acquario* verbringen, im Angesicht der Haifischbecken. So haben sie die Chance, das nächtliche Verhalten der Meeresbewohner zu erleben. Schlafen die Fische überhaupt, was tun die Meeresschildkröten, wohin verschwindet die Seekuh? Glückliche Kinder!

Eine Bolla für die Biosphäre

Anscheinend kann man sich in Genua nicht einigen, ob man Renzo Pianos Kugel auf gut Italienisch einfach *Bolla* nennen oder ob man eher *Biosfera* dazu sagen sollte, was auch wieder stimmig wäre, weil es sich um eine Art Biosphärenre-

AUTORENTIPP!

ZU HAUSE BEIM GRÜNDUNGSVATER DER REPUBLIK ITALIEN

Giuseppe Mazzini (1805–1872), ein gebürtiger Genueser, war Patriot, Politiker, Philosoph und Journalist, vor allem aber wurde er zum »Vater des italienischen Staates«, zum Vorkämpfer des *Risorgimento*.

Sein Wohnhaus in der Via Lomellini ist seit 1934 Sitz des Mazzini-Museums, das zahlreiche für die italienische Freiheitsbewegung und somit für die Geschichte Italiens wichtige Dokumente und Zeugnisse besitzt, darunter das Originalmanuskript der italienischen Hymne von Goffredo Mameli (1827–1849), erstmals am 10. Dezember 1847 in Genua gesungen. Aber auch sehr persönliche Gegenstände Mazzinis finden sich in der Ausstellung, darunter seine Lieblingsgitarre – Mazzini und Musik? Tatsächlich liebte er die Musik sehr und wäre sicher froh zu wissen, dass seine Gitarre zu besonderen Anlässen gespielt wird. Seine Lieblingskomponisten: das Dreigestirn Rossini, Donizetti und Mayerbeer.

Ein eindringliches Bild von Tetar van Elven (1823-1896) zeigt den Augenblick vor dem Abmarsch der *Spedizione dei Mille* vom Felsen im Vorort Quarto in der Nacht zwischen dem 5. und 6. Mai 1860.

Casa Museo Mazzini. Di–Fr 9–19, Sa 10–19 Uhr, Via Lomellini 11, Tel. 010 246 58 43, www.istitutomazziniano.it

Oben: Es gibt viel zu sehen am Porto Antico wie die Biosphären-Kugel des Architekten Piano ... **Mitte:** ... oder das Piratenschiff Galeone Neptune, eine Filmkulisse. **Unten:** Und immer wieder das Acquario, in dem Quallen geradezu attraktiv wirken.

servat handelt. Im Durchmesser 20 Meter groß ist die aus Glas und Stahl gebaute Kugel 60 Tonnen schwer. Gebaut wurde sie für tropische Flora und Fauna, eine Vorliebe Genuas, das schon immer über eine große Sammlung speziell tropischer Bäume verfügte, darunter Baumfarne, die größten, die jemals in Töpfen, also nicht im Freien, gezogen wurden. Zu den tropischen Nutzpflanzen gehören Vanille und Zimt, Kaffee, Bananen und Tamarinden.

Besonders hübsch ist es, dass hier exotische Vögel frei herumfliegen, Fische in kleinen Teichen schwimmen und diverse Insekten schwirren. Alles in allem will man hier die Besucher die Fragilität der tropischen Wälder nachempfinden lassen, die durch den Vormarsch des Menschen gefährdet sind. Das Klima in der *Bolla* (oder *Biosfera*) wird computergesteuert, nicht nur die Temperatur, sondern auch Luftfeuchtigkeit und Luftströme werden so geregelt, um ein möglichst naturnahes Mikroklima zu schaffen.

MAL EHRLICH

WIE VIELE MUSEEN SCHAFFT MAN?

Zugegeben, der City Pass ist eine wunderbare Einrichtung, man kann mit ihm 22 städtische, staatliche sowie private Museen Genuas kostenlos besichtigen; weitere Museen können mit einem Nachlass von zehn bis 40 Prozent besucht werden. In der Version Musei+Bus kann man sogar kostenlos die öffentlichen Verkehrsmittel benutzen. Zu haben für 24 Stunden (12 €, mit Bus 13,50 €), 48 Stunden (16 €, mit Bus 20 €), als Jahreskarte (40 €, Jahreskarte für Schüler und Studenten 25 €). Aber wer schafft in 24 oder 48 Stunden so viele Museen? Also gleich die Jahreskarte nehmen! Infos und Online-Bestellung unter www.mentelocale.it, www.happyticket.it und www.getyourguide.com.

Nicht allzu Museales für Kinder

La Città dei Bambini e dei Ragazzi heißt ein 3000 Quadratmeter großer Bereich in den historischen Baumwolllagern am Porto Antico, der ganz Kindern und Jugendlichen gewidmet ist. Im ersten Stockwerk sind elf Themeninseln mit Animationen und Laboratorien eingerichtet, die sich kindergerecht mit Biologie, Chemie und Physik befassen beziehungsweise spielerisch erste Annäherung an diese Fächer ermöglichen. Geeignet für Kinder und Jugendliche von zwei bis 14 Jahren. Spaß bereiten kann es aber auch älteren Jugendlichen und jung gebliebenen Erwachsenen. – Zum Frösteln ist das neu eröffnete Museo Nazionale dell'Antartide in der Nähe quasi unter den *Sopraelevata Aldo Moro*, der an sich grauenhaften und störenden, aber verkehrstechnisch unabdingbaren Hochstraße, die Genua von Ost nach West im »Überflug« erschließt. Es kann bei allzu hohen Sommertemperaturen allein vom Thema her für Abkühlung sorgen. Wobei sich dieses Museum speziell mit der Biologie und Ökologie des eisigen Gebietes beschäftigt.

Noch ein Wort zur *Sopraelevata.* Dieses fünf Kilometer lange Straßenmonster wurde in den 1960er-Jahren gebaut, in einer Zeit, in der man »autoselig« war. Seither werden Alternativen erwogen. Vernünftig, aber teuer sind Tunnelpläne, die konkret seit 2003 vorliegen.

Oben: Schattenspiele in der Città die Bambini e die Ragazzi, die nicht nur Kindern und Heranwachsenden Spaß bereiten.
Unten: Schon die Fassade der Città die Bambini macht neugierig – eine Stadt für Kinder?

CP 276

Infos und Adressen

SEHENSWÜRDIGKEITEN

Acquario. Riesengroßes, interessantes Meeresaquarium. Jan. bis Feb. Mo–Fr 9.30–19.30 Uhr, Sa, So, Fei 9.30–20.30 Uhr, März, April Mo–Fr 9–19.30 Uhr, Sa, So, Fei 8.45–20.30 Uhr, ab 24. April bis Juni Mo–Fr 9–19.30 Uhr, Sa, So, Fei 8.45–21 Uhr, Juli, Aug. Mo–So 8.30–22.30 Uhr, Sept., Okt. Mo–Fr 9–20 Uhr, Sa, So, Fei 8.45–21 Uhr, Nov., Dez. Mo–Fr 9.30–20 Uhr, Sa, So, Fei 9.30–21 Uhr (letzter Eintritt 90 Minuten vor Schließung), Porto Antico, Tel. 010 234 51, www.acquariodigenova.it

Bigo. Aufregender Aufzug als Aussichtsplattform am historischen Hafen. Nov. bis Feb. Sa, So, Fei (1.–6. Januar täglich) 10–17, März, April, Sept., Okt. Mo 14–18, Di–So 10–18, Juni bis Aug. Mo 16–23, Di–So 10–23, Okt. während der *Settimana del Nautico* 10–20 Uhr, Porto Antico, Tel. 010 248 57 11.

Biosfera. Genuas Botanischer Garten in einer einzigen Glas- und Stahlkugel. Mo–So Dez. bis März 10–17, April bis Nov. 10–19 Uhr, Porto Antico, Ponte Spinola, Tel. 010 234 56 59, www.biosferagenova.it

La Città dei Bambini e dei Ragazzi. Das größte Museum für Kinder und Jugendliche in Italien. Di–So Juli bis Sept. 11.30–19.30, Okt. bis Juni 10–18 Uhr; letzte Sept.- und erste Oktoberwoche geschlossen, Magazzini del Cotone, 1. Obergeschoss, www.cittadeibambini.net

Museo Nazionale dell' Antartide. Ganz der Antarktis gewidmetes Museum. Di–So 10–18 Uhr, an Feiertagen sowie April, Mai und Aug. auch Mo geöffnet, Palazzina Millo, Area Expo Porto Antico, Tel. 010 247 06 53, www.mna.it

ESSEN UND TRINKEN

Al Veliero. Im maritimen Look eingerichtetes Fischrestaurant, dessen Speiseplan sich nach dem Tagesfang richtet. Di–So 12–14.30, 20–22.30 Uhr. Via Ponte Calvi 10/r, Tel. 010 246 57 73, www.alvelierogenova.com

Antica Osteria di Vico Palla. Informell und freundlich, mit guter Fischküche. Di–So 12.30–14.30, 19.30–22.30 Uhr, Vico Palla 15/r, Tel. 010 246 65 75, www.vicopalla.it

Il Marin – Eataly. Panoramarestaurant mit Pizzeria im dritten Stockwerk des Edificio Millo am historischen Hafen. Mo–Do 12–15, 19–22, Fr bis 22.30, Sa, So 11.45–15, 18.45–22/22.30 Uhr. Porto Antico, Calata Cattaneo 15, Tel. 010 869 87 21/22, www.genova.eataly.it/?page_id=164 (mit vielen guten kulinarischen Tipps für Ligurien)

ÜBERNACHTEN

NH Marina. Ein wunderbares Hotel wie ein geankertes Schiff im Alten Hafen, mit gutem Restaurant und Tiefgarage. Molo Ponte Calvi, Tel. 010 253 91, www.nh-hotels.com

Ein Piratenschiff, das zum Erobern einlädt

Oben: La Lanterna, die historische Laterne, die den Schiffen seit dem Mittelalter den Weg in den Hafen von Genua weist
Unten: Trugoli di Santa Brigida, von der Via Balbi abgehende Gasse zum historischen Marktplatz

3 Zwischen Via Balbi und Hafen

Oben eine Prachtstraße, unten purer Orient

Der Bahnhof Principe ist ein guter Ausgangspunkt für den Bummel oberhalb des Hafens, die Via Balbi eine Schnurgerade mit ansehnlichen Palästen – zum Wohnen, zum Unterkommen als Gast oder zum Repräsentieren. Darunter das Gebäude der traditionsreichen Universität und ihr gegenüber der prächtige Palazzo Reale mit seinem schönen Garten, von dem aus man einen Blick auf die darunterliegende Via Prè werfen kann, sozusagen aus der Vogelperspektive.

Neoklassizismus pur, das ist der 1860 vom Architekten Alessandro Mazzucchetti (1824–1894) errichtete Bahnhof Principe an der Piazza Acquaverde, der auch die Bahnhöfe von Alessandria und Turin (Porta Nuova) im Piemontesischen gebaut hat. Witzigerweise gibt es in diesem westlichen Bahnhof (Genua besitzt ja noch einen östlichen, die Stazione Brignole) nur die Bahngleise elf bis 20; die ersten zehn sind im Laufe der Zeit eliminiert worden. Bis Dezember 2013 wurde der Bahnhof total umgebaut, um dem Fernverkehr ebenso gerecht zu werden wie der Metro, die beide Bahnhöfe der Stadt miteinander verbindet (mit weiteren Stationen nach Ost und nach West). Auf der Piazza begrüßt ein Kolumbusdenkmal von 1862 die Ankommenden. Kolumbus ist als junger Entdecker dargestellt, vor ihm knien Frauen, die die damals bekannten Erdteile symbolisieren, dazu eine weitere mit Federschmuck – das von Cristoforo Colombo entdeckte Amerika darstellend.

An der Stazione Principe grüßt Kolumbus die Ankommenden.

Der wunderbare Bau des früheren Hotels Columbia wurde zum Sitz der umfangreichen Universitätsbibliothek von Genua umgebaut und im Sommer 2013 in dieser neuen Funktion wieder eröffnet. Der Umbau hat acht Jahre gedauert und 26 Mio. Euro verschlungen. In der obersten Etage finden die Besucher ein Café-Restaurant und eine riesige Terrasse mit einem grandiosen Blick!

Gleich hinter dem Bahnhof beginnt Genua den Hang hochzuklettern, das machte Treppengassen und später Aufzüge notwendig sowie ideenreiche Architekten, die der Platznot gehorchend mit der Hanglage fertig zu werden hatten. Diese Aufgabe war auch beim Bau des Palazzo dell´ Università, der ab 1623 zunächst als Jesuitenkloster entstanden war, an der neu geschaffenen, heute Via Balbi genannten Straße (damals noch Via Guastato) zu lösen. Architekt war Bartolomeo Bianco (1590–1657), der sich an die Bauideen beim Palazzo Doria Tursi an der Via Garibaldi (s. S. 52) anlehnte: zwei Säulenordnungen, Atrium, hängender Garten und theatralische Freitreppen. Doch die Jesuiten blieben nicht lange hier, schon 1775 übernahm den Prachtbau die 1481 gegründete Universität von Genua, die ihre Wurzeln in verschiedenen sogenannten Akademien hatte, die

AUTORENTIPP!

BUMMELND ZUM HISTORISCHEN LEUCHTTURM

Diese Laterne, die den Schiffen den Weg in den Hafen von Genua wies und noch immer als Wahrzeichen der Seefahrerstadt gilt, wurde 1326 errichtet, doch einen Turm mit der gleichen Funktion gab es bereits 1128 wohl an derselben Stelle. Wer weiß schon, dass sich im Leuchtturm ein Museum befindet! Dieses sollte man sich anschauen. Am besten schlendert man zu Fuß dahin: über die Passeggiata della Lanterna, die an der Via Milano zwischen dem Parkplatz des Shopping Center del Terminal Traghetti, der Fähren und dem Hotel Columbus Sea entlang führt. Rund 600 Meter Passage mit historischen Bildern vom Kohleverladen u. ä. – allemal sehenswert!

Der Leuchtturm, dessen Leuchtfeuer in einem Umkreis von 50 Kilometer zu sehen ist und der 1543 seine heutige Form bekam, ist 77 Meter hoch, steht auch noch auf einem 40 Meter hohen Felsen, was nach Adam Riese 117 Meter Gesamthöhe ergibt. Besucher können nur bis 76 Meter über Meereshöhe gelangen, wenn sie 172 Stufen erklommen haben. Für Gehfaule: Das Museum befindet sich in der Basis und gleicht einem riesigen Archiv mit Filmen und Audioguides.

La Lanterna. Historischer Leuchtturm, das Wahrzeichen Genuas, mit Museum. Sa, So, Fei April–Okt. 10–19 Uhr, Nov.–März 10–18 Uhr, Porto, Tel. 010 91 00 01, lanterna@muvita.it

AUTORENTIPP!

DER DORIA-PRACHTPALAST

Keine andere Familie hat Genua so nachhaltig geprägt wie die Doria, oder doch fast keine. Dem bedeutendsten Doria, dem Admiral Andrea, hat die Republik seinerzeit einen Palazzo mitten in der Stadt geschenkt (s. S. 58), doch hat der Beschenkte diesen niemals bezogen. Denn er bewohnte bereits seinen von ihm selbst konzipierten, noch viel edleren und größeren Palast oberhalb des Hafens. Mit springbrunnengeschmücktem hängendem Garten und genügend Räumen auch für die Dienerschaft. Dieser Palazzo Doria befindet sich noch immer im Besitz der Familie und kann nach endlich abgeschlossenen Restaurierungsarbeiten, wenn die Doria gerade woanders weilen, fast in Gänze, sonst nur in Teilen besichtigt werden.

Palazzo Andrea Doria – Villa del Principe. Mo–So 10–18 Uhr, Eingang von der Piazza del Principe 4 (gegenüber der Stazione Maríttima), Tel. 010 25 55 09, www.dopart.it/genova

schon seit dem 13. Jahrhundert existierten. Heute befinden sich in diesem Gebäude noch das Rektorat und die juristische Fakultät. Die Universitätsbibliothek ist inzwischen ins Ex-Columbia (s. o.) umgezogen. In den öffentlich zugänglichen Bereich kommt man daher normalerweise problemlos hinein. Heute gilt die Universität Genua als die fünftbeste des Landes.

Palazzo Reale – noch prächtiger

Klar, dass der königliche Palast gegenüber, auch Balbi Durazzo genannt, noch prächtiger ausfallen musste. Allein schon das Entree, der durchgestylte Garten, dessen Boden mit kleinen Kieselsteinchen zu einem ornamentalen Mosaik gefügt wurde, zeigt diesen Ehrgeiz. Vom Eingang her lockt geradeaus eine weißmarmorne Brüstung – sie bildet den Abschluss des, wie sich herausstellt, hängenden Gartens. Von hier aus blickt man in die Tiefe, auf die Via Prè, mitten hinein in den Orient. Die Einheimischen nennen diesen Straßenzug die Kasbah Genuas, mit kleinen Läden, geprägt von den vielfach nordafrikanischen Zuwanderern. Darüber also beherbergt der Palast mit seinen beiden Beletagen aus dem 16./17. Jahrhundert eine Bildergalerie mit Werken genuesischer Maler, außerdem u. a. von Guercino, Tintoretto, Luca Giordano und dem in Genua seinerzeit viel beschäftigten Anthon Van Dyck. Doch der Palast selber ist schon sehenswert, besitzt er doch die noch ursprünglichen Fresken wie *La Fama dei Balbi* (»Der Ruhm der Balbi«, denen der Palast früher gehörte) und Stuckarbeiten sowie einen Großteil der Originalmöbel, die aus Frankreich, dem Piemont sowie aus Genua stammen, aus einer Zeitspanne vom 17. bis zum 20. Jahrhundert.

Santissima Annunziata und Palazzo Belimbau

Schlendert man die Via Balbi zwischen ansehnlichen Wohnpalästen, einige mit Pensionen in den oberen Geschossen, weiter Richtung historisches Zentrum, steht man bald linker Hand vor der Kirche Santissima Annunziata an der gleichnamigen Piazza. Bereits die Fassade verrät ihre Entstehungszeit im Klassizismus, aber ihr Inneres erstrahlt goldglänzend, vor allem in den Gewölben der drei Kirchenschiffe, die auf hohen kannelierten Pfeilern mit korinthischen Kapitellen ruhen. Dabei hat diese Kirche ihren Ursprung in einer winzig kleinen der Frati Umilati (der bescheidenen Brüder) aus der Lombardei, die sie 1228 bauen ließen als Chiesa di Santa Maria del Prato. So klein, dass ihr Platz den Chorraum für die neue Kirche abgab. 1520 traten die Franziskaner auf den Plan und übernahmen es, eine neue Kirche (San Francesco del Guastato) zu bauen, die, ganz nach dem Vorbild von San Francesco in Assisi, dreischiffig und spätgotisch werden musste. Allerdings erhielt sie schwarz-weiß gestreifte Stützen, wie man sie damals in Genua liebte. Doch dabei blieb es nicht lange, die Kirche wurde danach mehrfach umgestaltet und erhielt schließlich im 19. Jahrhundert die neoklassizistische Fassade.

Dieser gegenüber erhebt sich an der Südseite des Platzes der breite Palazzo Belimbau von

Oben: In den einladenden Innenhof des Palazzo Reale kann man tagsüber einfach hineinspazieren …
Mitte: … um die Prunkräume und die Bildersammlung zu bewundern.
Unten: Die Basilica della Santissima Annunziata ist prunkvoll und kostbar ausgestattet.

Oben: Die Fresken im Palazzo Belimbau erzählen von den Reisen des Christoph Kolumbus, der als der Entdecker Amerikas gilt.
Unten: Eines der beiden mittelalterlichen Stadttore Genuas ist die Porta dei Vacca unweit des Hafens.

1594–1611. Noch nie gehört? Kein Wunder, denn ein Forschungszentrum der Universität, der es seit 2001 gehört, möchte nicht unbedingt gestört werden. Es steckt übrigens eine schöne, wahre Liebesgeschichte hinter dieser Schenkung: Rossana Iannoni, verwitwete Belimbau und Letzte dieser genuesischen Adelsfamilie, hatte ihren Mann Enrico Luigi Belimbau an der Universität von

MAL EHRLICH

VIA PRÈ BEI NACHT?

In Genuas »Orient« der Via Prè haben wir drei Polizisten auf Streife gefragt, ob es denn wirklich gefährlich sei, nachts durch diese Gasse zu schlendern. Auf die Frage, warum wir denn in der Nacht wiederkommen wollten, gaben wir zu, einen Reiseführer zu verfassen und es daher für unsere Leser genauer zu recherchieren. »Bitte bei Nacht bloß keine Fremden hierher schicken!«, antworteten sie und erklärten uns: Keiner wolle einem Fremden etwas antun, aber die Fehden zwischen verschiedenen Immigrantengruppen arteten immer wieder aus und daher gingen auch sie, die Polizisten, lieber zu zweit oder zu dritt. Und außerdem habe Genua doch so viele schöne Ecken zu bieten. Also: Lieber nur am hellen Tag durchbummeln.

Perugia kennen- und lieben gelernt. Der wissenshungrigen Jugend wollte sie daher den Palast überlassen. Auf keinen Fall sollte er zu einem Hotel werden, das übliche Schicksal solcher Immobilien in großartiger Zentrumslage in historischen Städten. – Es lohnt sich, um Einlass zu bitten, zumindest in den Prunksaal, den ein ganz besonderer Freskenzyklus schmückt: Lazzaro Tavarone hat 1627–1629 in allegorischen Szenen die Reisen des Christoph Kolumbus festgehalten. Diese Fresken wurden in mehreren Palästen der Stadt nachgeahmt, standen ihnen sozusagen Modell.

Von der Torre dei Vacca in den »Orient«

Was man von oben, vom Garten des Palazzo Reale gesehen hat, mutet einen bei näherem Hinsehen tatsächlich recht orientalisch an. Die Via Prè ist begrenzt von meist schmalbrüstigen, dunklen Wohnhäusern, in deren Erdgeschoss kleine Läden mit ihren Auslagen eher an Nordafrika denn an Europa erinnern. Aber die hoch aufragende Torre dei Vaca, nach dem genuesischen Geschlecht benannt, das hier das Sagen hatte, zeigt ein Stück Genua aus dem Mittelalter; Fortsetzung jenseits des Tores, des zweiten Genuas, das von der mittelalterlichen Stadtbefestigung erhalten geblieben ist, sind die Portici di Sottoripa: die breiten, gedrungenen Bogengänge unter den Palästen aus dem 12. und 13. Jahrhundert, die in diejenigen aus dem 19. Jahrhundert übergehen. Diese Portici di Sottoripa hatten noch eine Art Gesims vorgelagert als Stütze für den Aquädukt, der Genua mit dem kostbaren Nass versorgte (s. S. 80). Dieser letzte Teil brachte das Wasser zu den Schiffen und zu den wichtigen öffentlichen Gebäuden an der Piazza Corvetto mit der Provinzialverwaltung und der Präfektur, zur Porta dei Vacca, schließlich zum Brunnen der Piazza Sarzano.

Infos und Adressen

SEHENSWÜRDIGKEITEN

Palazzo Belimbau. Kolumbus-Fresken im Prunksaal, jetzt im Besitz der Universität von Genua; es lohnt sich an der Pforte um Einlass zu bitten. Piazza Nunziata 2

Palazzo Reale. Früherer königlicher Palast mit prächtig ausgestatteten Räumen sowie einem über der Via Prè weit oben hängenden Garten. Di, Mi 9–13.30 Uhr, Do–So 9-19 Uhr, Via Balbi 8–10, Tel. 010 271 02 36, www.palazzorealegenova.it

ESSEN UND TRINKEN

Gaia Vini Cucina. Gutes Preis-Leistungs-Verhältnis – mit Tischen im Freien. Mo–Fr 12.30–15, 19.30–23.30 Uhr, Sa nur abends. Vico dell' Argento 13r, Tel. 010 246 16 29.

Le Maschere. Familiäre Trattoria, auch vegetarische Gerichte. Mo–Sa 12.30–14.30, 19–22 Uhr, Via Ponte Calvi 2-6, Tel. 010 246 55 03.

Pasticceria Liquoreria Marescotti. Traditionsreiches Lokal von 1906, eine winzige Bar mit eigener Gebäck-Produktion und berühmtem Aperitivo Marescotto. Mo–Sa 8–20 Uhr, Via di Fossatello 35r–37r, Tel. 010 209 12 26, www.cavo.it

ÜBERNACHTEN

Grand Hotel Savoia. Großartig renoviertes Hotel mit Raffinesse in der Einrichtung. Via Arsenale di Terra 5, Tel. 010 277 21, www.grandhotelsavoiagenova.it

Porto Antico. Hat sich auf Familien spezialisiert – Restaurant, Garage in der Nähe. Via al Ponte Calvi 5, Tel. 010 251 82 49, www.hotelportoantico.it

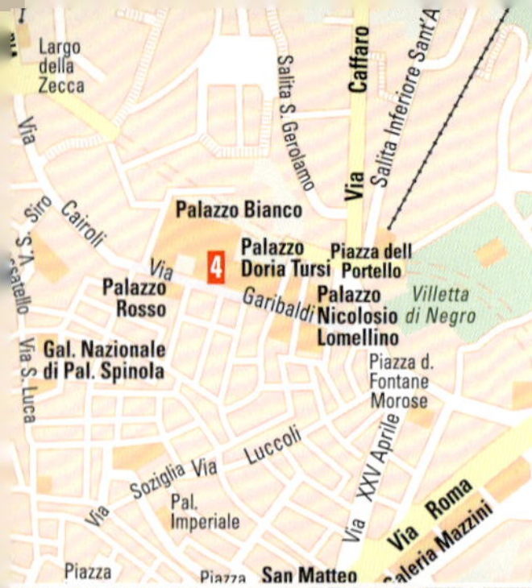

Überall Prunk entlang der Via Garibaldi, die auf beiden Seiten von den vielleicht prächtigsten Palästen Genuas flankiert wird – und zwar seit der Renaissace, als man dafür ein mittelalterliches Viertel komplett abriss.

4 Via Garibaldi

Ein Palazzo am anderen

Strada Nuova nannte man sie auch, weil mittelalterliche Häuser abgerissen wurden, um für sie ausreichend Platz zu schaffen. Von vornherein war die Via Garibaldi als Prunkstraße konzipiert und von den Palästen derjenigen flankiert, die es sich leisten konnten. Heute sind drei beziehungsweise vier der Palazzi als Museen jedermann zugänglich, auch das Rathaus gehört dazu, sonst residieren dort Banken.

Im 11. und 12. Jahrhundert war Genua als Seerepublik eine mächtige Rivalin Venedigs und Pisas, im 13. Jahrhundert beherrschte sie das Mittelmeer und wurde so bis zum 16. und 17. Jahrhundert die wohl reichste Stadt Europas. Also musste man das zeigen, indem man entsprechend großartig bauen ließ. Dort, wo man dafür das armselige Dirnenviertel der Stadt abreißen ließ. In diesem an sich kurzen Abschnitt entstand ein idealer Straßenzug nach den Ideen der Renaissance. Schön, dass man, da der Verkehr in den dahinterliegenden Tunnel in den Hang hinein verlegt wurde, die Via Garibaldi zur Fußgängerzone erklären konnte. Seit 2006 ist sie zudem Weltkulturerbe.

Wie an der Via Balbi wurden die Paläste auf der Nordseite der Via Garibaldi quasi an den Hang gelehnt. Der vornehme Eingangsbereich führt zur Freitreppe, und diese zum höher gelegenen Arkadenhof, alles in einer Achse und dadurch mit sehr vornehmer Wirkung auf den Eintretenden. Oben führen seitliche Treppenaufgänge zu den Räumen, zur offenen Loggia und zum obligatorischen hängenden Garten. Von den insgesamt 13 Palästen entlang dieser kurzen Prachtstraße

Einer der Prunkpaläste an der Via Garibaldi ist der Palazzo Rosso.

sind drei als Musei di Strada Nuova zugänglich, die man mit einem Sammelticket bequem besuchen kann (s. S. 57).

Die Sammlung der Herzogin im Palazzo Rosso

Der von außen rote, frühere Familiensitz der Brignole Sale steht von der Via Balbi kommend am westlichen Anfang der Straße, aber er wurde als Letzter der Strada Nuova 1671–1677 gebaut, also nicht mehr im Renaissancestil, sondern im Barock und gilt als Genuas schönster Palast überhaupt. Also nichts wie hin und selber urteilen! Das Wunderbare an ihm ist, dass er noch seine Originaleinrichtung besitzt, nicht nur die herrlichen Fresken, sondern auch das Mobiliar, weil er sehr lange bewohnt geblieben war, bis die letzte Nachfahrin alles der Stadt vermacht hat, mitsamt ihrer großen und kostbaren Bildersammlung. Die Dame trug einen kompliziert langen Namen, der die Verbindung zu den anderen Adelsgeschlechtern zeigt, Herzogin Brignole Sale de Ferrari, Duca di Galliera. In ihrer Sammlung befanden sich u. a. Werke von Dürer, Guarcino, Veronese und Van Dyck, der sich in Genua darauf spezialisiert hatte, die hohen Herrschaften zu porträtieren. – Im Auditorium des

AUTORENTIPP!

DIE VERSTECKTEN DECKENFRESKEN

Einer der interessantesten Paläste der Strada Nuova wurde erst jüngst der Öffentlichkeit zugänglich gemacht: der Palazzo Nicolosio Lomellino, der 1563–1569 vom lombardischen Architekten und Maler Giovanni Battista Castello, genannt il Bergamasco (ca. 1526–1569), erbaut und ausgestattet wurde. Wie in Genuas Prachtstraße gerne gesehen mit zwei *Piani nobili*, wobei das zweite etwas höher dimensioniert wurde. Obendrauf ein ausgebautes Dachgeschoss. Die Fassade zur Edelstraße Genuas zeigt reiches Stuckdekor

Seinen eigentlichen Ruhm verdankt der Palast aber den Fresken des genuesischen Malers Bernardo Strozzi (1582–1644) im ersten *Piano nobile*, die erst 2004 bei Renovierungsarbeiten wiederentdeckt wurden. Man hatte sie, weil es zwischen Auftraggeber und Maler zu Differenzen gekommen war (angeblich wegen der schlechten oder schleppenden Bezahlung), durch eine herabgehängte Decke einfach verschwinden lassen. Hauptthema: Kolumbus und die Entdeckung der Neuen Welt. Nicht verpassen sollte man den Besuch des hängenden Gartens dahinter, dessen Farben auf die Fassaden des Palazzo abgestimmt sind!

Palazzo Nicolosio Lomellino. Via Garibaldi 7, Handy 393 824 62 28 für Besuche außerhalb der offiziellen Öffnungszeiten jeden ersten Sa des Monats 10-18 Uhr

Roten Palastes werden zeitgenössische Wechselausstellungen ebenso organisiert wie wichtige Konferenzen.

Die Pinakothek im Palazzo Bianco

Das wiederum war der erste der Paläste an der Strada Nuova, der 1530–1540 für Luca Grimaldi errichtet wurde. Er sah mehrere Besitzer, meist als Nachfahren derselben Familie, und erlebte mehrere Umbauten, speziell innen. Schon seit dem Ende des 19. Jahrhunderts ist auch dieser Palast als Pinakothek der Öffentlichkeit zugänglich – dank der großzügigen Stiftung derselben Herzogin von Galliera, die der Stadt auch den Palazzo Rosso gegenüber vermacht hat. Auch dieser, der mit seinen beiden Piani nobili anzeigt, dass er für zwei Familien gebaut wurde, beherbergt eine so große Bildersammlung, dass man ihn als Pinakothek be-

Oben: Weiter geht es mit den Prunkbauten der Via Garibaldi, hier den Palazzi Rosso und Bianco. **Mitte und unten:** Der Pallazo Bianco ist lichtdurchflutet und ideal für eine Bildergalerie mit einigen der bedeutendsten Bildersammlungen Genuas.

MAL EHRLICH

VIA MADDALENA AM SONNTAG MEIDEN!

Da wird mit Kultur in der langen engen Altstadtgasse geworben, aber was man beim harmlosen Schlendern entdeckt, sind fast barbusige Damen jeden Alters, die sich in eindeutiger Pose anbieten – man befindet sich auf dem inoffiziellen, aber nicht verbotenen Straßenstrich Genuas. Und dies parallel zur Via Garibaldi, die sich ja kein Genua-Besucher entgehen lassen darf. Kein Protest von Kulturinitiativen hat bislang genützt, schon gar nicht an hochsommerlichen Wochenenden, wenn die Stadt aus allen Nähten platzt, weil der Besucherandrang dann besonders groß ist. Wer also diese an sich interessante Ecke der Altstadt kennenlernen möchte, der sollte auf einen Wochentag ausweichen – dann sind auch die meist kleinen Geschäfte geöffnet.

zeichnet. Eine Abteilung ist speziell den genuesischen Künstlern vom 16. bis zum 18. Jahrhundert gewidmet wie Cambiaso, Magnasaco, Piola und Strozzi. Interessant ist ein Bild von Luca Cambiaso (1527–1585), der sich selber beim Malen des Porträts seines Vaters Giovanni darstellt, also eine Art Doppelporträt.

Und für alle, die ein Herz für hängende Gärten haben ist der Besuch des Palazzo Bianco, außen natürlich weiß, unbedingt zu empfehlen. Dessen Garten, der die Verbindung zum benachbarten Palazzo Tursi oder Doria-Tursi bildet, gehört zu den intimsten Genuas. Von dort genießt man auch einen schönen, ganz nahen Blick auf den Palazzo Rosso.

Genua repräsentiert im Palazzo Tursi

Durch einen Verbindungsgang, aber natürlich auch von der Straße direkt, gelangt man in den Palazzo Tursi, der 1565 von Domenico und Giovanni Ponsello für Niccolò Grimaldi errichtet wurde. Die weiten Loggien zur Straße hin wurden erst 1597 hinzugefügt, als der Palast in den Besitz von

AUTORENTIPP!

MIT DEM AUFZUG ZUM CASTELLO D'ALBERTIS

Ein Aufzug der etwas anderen Art – er fährt erst horizontal und steigt dann vertikal in die Höhe, um in der Nähe des Castello D'Albertis anzukommen. Das darin eingerichtete Museo delle Culture del Mondo bietet einen tiefen Einblick in die Sammelfreude des früheren Besitzers, des Capitano Enrico Alberto D'Albertis (1846–1932), der ständig auf Reisen war. Seine *Camere delle Meraviglie* mit Trophäen aus der Kolonialzeit zeigen die Vorliebe des Capitano für Unbekanntes und Kurioses. Sein Kastell hat er über einer Bastion aus dem 16. Jahrhundert errichten lassen – allein schon die Lage mit Genua-Blick ist den Aufstieg wert!

Castello D'Albertis. Ein Museum der fremden Kulturen (mit Wechselausstellungen), Di–Fr 10–17 Uhr, Sa, So, Fei 10–18 Uhr. Corso Dogali 18, Tel. 010 272 38 20

Oben: Genuas Rathaus im Palazzo Tursi
Mitte und unten: In seinem großen Ratsherrensaal befinden sich zwei Mosaike: Marco Polo, der im Palazzo San Giorgio einsaß, aber eigentlich Venezianer war, und der echte Sohn Genuas, Kolumbus.

Giovanni Andrea Doria überging, der ihn für seinen Sohn erworben hatte, der dem Palast seinen Namen gab: Carlo, Herzog von Tursi. Drei Farben zeigt die stolze Fassade: das Rosa des typischen Steins aus Finale Ligure, das Weiß des Marmors aus Carrara und das zarte Grau-Schwarz des hiesigen Schiefers. Auffallend prachtvoll ist das marmorne Portal ausgefallen, über dem das Stadtwappen Genuas schon seit 1848 zeigt, dass hier der Bürgermeister residiert. Es führt ins Atrium, zur Freitreppe, zum höher gelegenen, von Arkaden umstandenen Innenhof mit doppelläufigem Treppenhaus. Das ergibt ein großartiges Spiel von Licht und Schatten und von Perspektive, je nach Standort. Kein Wunder, dass man den Palast als Höhepunkt der aristokratischen Architektur in Genua betrachtet.

Außer dem Repräsentationssitz des Bürgermeisters wird der Palazzo Tursi auch für Hochzeiten und kulturelle Zwecke benutzt: auch als Erweiterung des Palazzo Bianco. Hier sind also zu bewundern: die bewegten Bilder von Gregorio De Ferrari (1647–1726), die originale Violine Paganinis und eine bemerkenswerte Münzsammlung sowie Gewichte und die offiziellen Maße der Seerepublik Genua. Im Ratsherrensaal fallen zwei Mosaik-Medaillons auf, sie zeigen die vielleicht größten Söhne der Superba: links Christoph Kolumbus und rechts Marco Polo (eigentlich Venezianer).

Infos und Adressen

SEHENSWÜRDIGKEITEN

Musei di Strada Nuova (Palazzo Rosso, Bianco, Tursi). Di–Fr 9–19, Sa, So, Fei 10–19 Uhr, Ticketschalter für alle drei Paläste: Via Garibaldi 18, Tel. 010 557 49 72, www.museidigenova.it

ESSEN UND TRINKEN

In den Museen der Strada Nuova/Via Garibaldi befinden sich Caffetterie, in denen man auch Kleinigkeiten zu essen bekommt. Sie sind zu den Museumszeiten geöffnet

Bar Ristorante Grimaldi. Beliebte Location zur Aperitif-Zeit, auch mit Livemusik und Ausstellungen zeitgenössischer Künstler im speziellen Ausstellungsraum (werktags 9–19.30 Uhr), viel Hausgemachtes, auch die *Dolci*. Piazza della Meridiana 7r, Salita San Francesco 2, Tel. 010 844 09 60.

Le Rune. Angenehme, zurückhaltend elegante Räume, lokale Küche, etwas verfeinert, Mo–Fr 12.30–14.30, Sa, So 19–22.30 Uhr, Vico Domoculta 14/r (im City Hotel), Tel. 010 59 49 51, www.bwcityhotel-ge.it

Pasticceria Profumo. Fantastische Feinbäckerei mit riesiger Bonbon-Auswahl seit 1827 und schönem Tea Room. Mo–Sa 9–12.30, 16–19 Uhr; Via del Portello 2r/Ecke Via Garibaldi, Tel. 010 277 00 02.

Time Caffè. Einladendes Café mit Kleinigkeiten zu essen auf der Piazza delle Fontane Marose 11/r, Tel. 010 56 41 75.

ÜBERNACHTEN

City Hotel. Schön renoviertes, komfortables Hotel mit Panorama-Minisuiten im obersten Stockwerk (dazu gehört das Restaurant Le Rune, s. o.) sowie speziell ausgestatteten Zimmern für Damen. Via San Sebastiano 6, Tel. 010 58 47 47, www.bwcityhotel-ge.it

EINKAUFEN

Via Garibaldi 12 – Interior Design. Die Adresse ist Programm: Eine Verkaufsausstellung bester italienischer Einrichtungsdesigner im ersten Obergeschoss. Di–Sa 10–14, 15.30–19 Uhr, Via Garibaldi 12, Tel. 010 253 03 65, www.viagaribaldi12.com

INFORMATIONEN

IAT. Mo–So 9–18.30 Uhr. Via Garibaldi, Tel. 010 557 29 03, www.genova-turismo.it Man kann hier auch geführte Stadttouren buchen.

Überall in der Altstadt locken Cafés eine gemütliche Pause einzulegen – einige mit langer Tradition.

Oben: Einer der hübschesten und stets gut besuchten Plätze der Stadt ist die Piazza della Borsa Vecchia.
Unten: Überall findet man kleine Obst- und Gemüsemärkte für den ganz normalen täglichen Bedarf.

5 Die Caruggi mit Palazzo San Giorgio

Mittelalterlich enge Gassen hinter großartigem Palast

Die Altstadt Genuas liegt zwischen der Torre dei Vacca im Norden und der Piazza Matteotti, eigentlich an der Porta Soprana im Süden, im Westen begrenzt vom Hafen und im Osten von der Via XX Settembre. Im historischen Kern findet man die engen caruggi (»Karrenwege«) und kleine Plätze, umstanden von historischen und nicht immer bereits sanierten Häusern. Den westlichen Rand verschönert der prächtige Palazzo San Giorgio.

Erstaunlich, wie wuselig die Altstadt Genuas noch immer ist. Obwohl noch nicht alles so saniert ist, wie es sich die Stadtväter bereits zum Kolumbus-Jahr 1992 gewünscht hatten oder 2004, als Genua zur Europäischen Kulturhauptstadt gewählt wurde. Gekennzeichnet ist das im Mittelalter entstandene Areal durch die engen Gassen, *caruggi* (im Dialekt *caróggi*) genannt, durch kleine Plätze und dafür eigentlich viel zu hohe Paläste. Ein markantes Beispiel ist die Piazza San Matteo, die von der gleichnamigen Kirche sowie den Wohnpalästen der Doria umgeben ist. Alles schwarz-weiß gestreift, wie es Genua in der Gotik nun mal über alles liebte. Die ab 1125 errichtete und in der Folge mehrmals umgestaltete Kirche am Platz (mit Fresken von Luca Cambiaso) besitzt einen zauberhaften Kreuzgang von 1310 mit Doppelsäulchen und in der Krypta dazu das Grab des Andrea Doria. Das war der bedeutendste Sprössling der Stadt, mit diesem berühmten Admiral erlebte auch Genua seine Glanzzeit im 16. Jahrhundert.

Mit Blick auf den Porto Antico: der Palazzo San Giorgio

Ein anderes Beispiel für das rege Leben in der Altstadt sind die Gassen rund um die Piazza Banchi, etwa die Via dei Orefici, der Goldhändler mit ihren kleinen Läden, die schon bessere Zeiten gesehen haben. Denn dieser Platz hat seinen Namen von den *banchi*, den Bänken, auf denen seit dem 12. Jahrhundert die Geldwechsler, aber auch Warenhändler ihre Geschäfte im Freien tätigten. Nach einem Großbrand 1398 wurde dieser Marktplatz total umgebaut, 1589–1595 auch die Loggia dei Mercanti, die Loggia der Händler von Andrea Cerasole, genannt *il Vanonne*, errichtet. Hier entstand 1885 die erste Börse Genuas (zu diesem Zweck wurden die Arkaden verglast), deren Sitz später allerdings auf die Piazza De' Ferrari verlegt wurde. Aber der Charme der Piazza Banchi ist geblieben, mit Marktgeschehen ringsum. Die 1572–1585 über einem älteren Bau errichtete Kirche San Pietro di Banchi, die sich dadurch im Obergeschoss befindet, hatte sich die geschäftstüchtige Stadtverwaltung gut überlegt: So konnte sie die Läden darunter verkaufen oder vermieten.

Wo Marco Polo festsaß

Wer vor dem hübschen Palazzo San Giorgio steht, kann sich wohl gar nicht vorstellen, dass sich hier einmal das strenge Gefängnis der Seerepublik be-

AUTORENTIPP!

GALLERIA NAZIONALE DI PALAZZO SPINOLA

Alles an und in diesem Palast ist edel und wirft ein Licht auf das alte grandiose Genua, auf die *Superba* eben. Francesco Grimaldi ließ den Palast 1593 über einem mittelalterlichen Bau errichten. Wie er damals aussah, hat Peter Paul Rubens genau festgehalten: in seinem Band *I palazzi di Genova* von 1622 – also etwas anders, mit offener Loggia und einer Terrasse. Beide wurden geschlossen, um Wohn- oder Repräsentationsraum zu gewinnen. Nicht nur die Sammlungen machen den Besuch der Galerie zu einem Erlebnis, sondern der Palazzo selbst, in dem die Originaleinrichtung erhalten ist ebenso wie Fresken und Stuckarbeiten. Dies ist der Schenkung der Marchesi Paolo und Franco Spinola zu verdanken, die 1958 alles testamentarisch dem italienischen Staat überlassen hatten. Weil aber die beiden oberen Geschosse erhebliche Kriegsschäden aufwiesen, wurden sie 1993 neu aufgebaut und zum Sitz der Bildergalerie bestimmt. Eine Schatztruhe genuesischer Malerei. Im Festsaal im ersten Obergeschoss sollte man den Kopf in den Nacken legen und das Deckenfresko bewundern. Es zeigt *Die Belagerung von Lissabon durch den Herzog von Alba*, 1614 von Lazzaro Tavarone geschaffen.

Galleria Nazionale di Palazzo Spinola. Di–Sa 8.30–19.30, So, Fei 13.30–19.30 Uhr. Piazza Pellicceria 1, Tel. 010 270 53 00, www.palazzospinola.it

Oben: Man meint, sich die Hand reichen zu können, so eng stehen die Häuser der *caruggi* mitunter beisammen.
Unten: Kleines Schwätzchen auf der Straße, dafür nehmen sich die Genovesi gerne etwas Zeit.

fand. Mit dem hohem Uhren- beziehungsweise Glockenaufsatz und dem darunter befindlichen Fresko in leuchtenden Farben, das den heiligen Drachentöter Georg zeigt und daneben Cristoforo Colombo, wirkt es einfach nicht so. Einer der berühmtesten, wenn nicht gar der berühmteste Gefangene war ausgerechnet ein Venezianer, Marco Polo, der hier die Jahre 1295–1299 verbringen musste und im Kerker seinem Mitgefangenen Rustichello da Pisa seine Erinnerungen diktierte, italienisch *Il Millione*, deutsch *Von Venedig nach China*. Warum auch immer er diktierte – Marco Polo war mit Sicherheit kein Analphabet, schließlich kam er von seiner langen Reise mit einer Menge Notizen zurück.

1260 ursprünglich als erster Sitz der Gemeindeverwaltung auf Wunsch des Capitano del Popolo Guglielmo Boccanegra errichtet, wurde im Palazzo San Giorgio im 14. Jahrhundert schließlich die Zollbehörde eingerichtet. Als der Regierungssitz in den Palazzo Ducale verlegt wurde, verkaufte man den damals noch Palazzo del Popolo genannten Bau 1407 an die Bank von San Giorgio, Italiens älteste Bank, die sich um den Geldverkehr zwischen der Republik Genua und dem Volk kümmerte. Als die Bank immer größeren Platzbedarf hatte, wurde der Bau 1570 nach Westen zum Meer hin erweitert, so entstand der hübsche Palast, wie wir ihn heute als Palazzo di San Giorgio kennen, er bekam seine Hauptfront mit den 1610 entstandenen Fresken von Lorenzo Tavarone (1556–1640). Innen sind vor allem die sogenannte Ehrentreppe interessant, die Sala del Capitano del Popolo mit den Büsten bedeutender Genoveser, Manica Lunga und Manica Corta. Im gepflegten Palast finden immer wieder Wechselausstellungen statt, die normalerweise frei zugänglich sind. Aber in der Hauptsache ist er schon seit dem Jahr 1903 Sitz der Hafenverwaltung.

Infos und Adressen

SEHENSWÜRDIGKEITEN

Chiesa San Matteo. Kirche und Grabstätte der Doria. Mo–So 7.30–12, 16–18 Uhr, Piazza San Matteo 18, Tel. 010 247 43 61, www.diocesi.genova.it

Palazzo San Giorgio. Besichtigung zu den Bürostunden der Behörde möglich oder bei Ausstellungen. Eintritt frei außer bei Ausstellungen. Piazza del Caricamento/Via della Mercanzia 2, Tel. 010 241 26 25/27 54.

ESSEN UND TRINKEN

Il Grillo Parlante. Gemütliches Kellerambiente mit kleiner, stets neuer Speisekarte; preiswerte Mittags- und Abendmenüs. Via San Bernardo 7–9/r, Tel. 010 2091156.

Maxela. Fleischspezialitäten bester Qualität zeichnen dieses urige Restaurant in früheren Stallungen aus. Mo–Sa 12–15.30, 19–24 Uhr, Vico Inferiore del Ferro 9, Tel. 010 247 42 09, www.maxela.it/ristorante_genova.htm

Ombre Rosse. Nettes Lokal mit Wein, lokalen Speisen – und Büchern, im Sommer mit schattigem Garten. Mo–Mi 12.30–22 Uhr, Do, Fr 12.30–14, 19.45–22 Uhr, Sa 19.45–22.30 Uhr, Vico Indoratori 20–22–24r, Tel. 010 275 76 08.

Taverna di Colombo. Modern eingerichtetes Lokal mitten in der Altstadt mit dem Konzept *Cibo a 0 chilometri*, also alles aus der Gegend; Mo–Do 12.30–14.30, Fr, Sa auch 20–22.30 Uhr. Vico della Scienza 6r, Tel. 010 422 50 03, tavernadicolombo@gmail.com

ÜBERNACHTEN

Morali Palace. Hübsches Hotel in einem Gebäude aus dem 18. Jahrhundert mit Kristalllampen und Antiquitäten; kostenlos für die Hausgäste Mineralwasser, Tee, Obst und ligurisches Gebäck. Piazza Della Raibetta 2/28–29 Ecke Via Filippo Turati/Via di San Lorenzo (in der Fußgängerzone), Tel. 010 246 70 27, www.palazzomorali.com

EINKAUFEN

Musik Shop di Judica Paolo. Jede erdenkliche Musikart auf jedem Tonträger. Mo–Sa 10–13, 15/16–19/20 Uhr, Via di Fossatello 29/r, Tel. 010 859 64 74

Romanengo. Fantastische Konditorei mit Eigenproduktion von Pralinen und anderem Naschwerk. Mo–Sa 8–20 Uhr, Via degli Orefici 34/r, Tel. 010 247 29 15

Im Marktviertel der Piazza Banchi: **Flohmarkt für Musik** (Schallplatten, CDs u.a.m.)

INFORMATIONEN

IAT Caricamento. Mo–So 9–18.30, im Winter bis 18 Uhr. Piazza Caricamento, Tel. 010 557 42 00, www.genova-turismo.it

So mochte man in Genua seine Kirchen: schwarz-weiß gestreift.

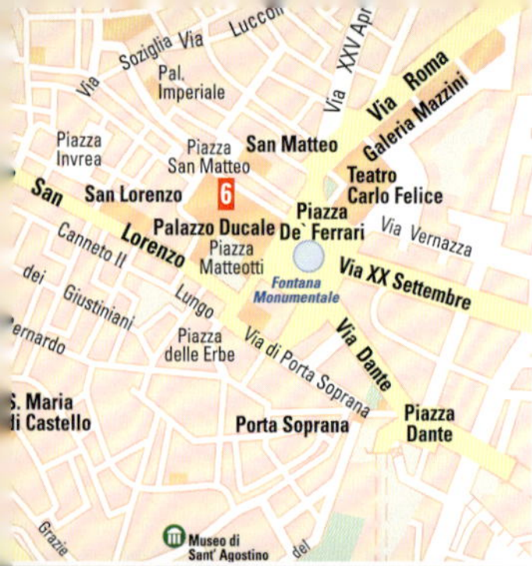

Die Kathedrale Genuas, San Lorenzo geweiht, hat ihre Ursprünge im 9. Jahrhundert. Doch so, wie sie heute aussieht, wurde sie erst zwei Jahrhunderte später gestaltet: typisch für Genua bzw. Ligurien, schwarz-weiß gestreift.

6 San Lorenzo und Palazzo Ducale

Mittelalterlich enge Gassen hinter großartigem Palast

Den Süden des historischen Zentrums markiert die Kathedrale San Lorenzo mit ihrem reichen Museum, noch von der Enge des Mittelalters bedrängt. Weit offen dagegen ist die Piazza Matteotti, an der sich der würdevolle Palazzo Ducale, der frühere Regierungspalast, erhebt – ein Zentrum für viel beachtete Wechselausstellungen und andere kulturelle Veranstaltungen. Zwei nahe Klosterkomplexe bergen museale Kostbarkeiten.

Die Piazza San Lorenzo ist so schmal und die Fassade der Kathedrale so hoch, dass man bei deren Betrachten Nackenstarre bekommen könnte. Aber es lohnt sich: Im unteren Bereich ist sie von französischer Gotik geprägt, alle drei Portale mit tiefen Gewänden aus zierlichen, gedrehten Pfeilern und Säulen, zwischen ihnen feine Steinintarsien, im oberen Teil fällt wegen der größeren frei bleibenden Flächen die schwarz-weiße Streifung noch mehr auf als im unteren. Der linke Turm ist niemals vollendet worden, dafür wirken umso stärker die Rosette und die in Zweier- und Dreiergruppen angeordneten Biforien. Belegt ist die Bautätigkeit an der Kathedrale seit dem 9. Jahrhundert, im 12. kamen noch die Seitenportale hinzu: Das im Süden ist San Giovanni geweiht, jenes im Norden San Gottardo.

Auch das Hineingehen lohnt sich, die Kathedrale besitzt zahlreiche Schätze. Unbedingt anschauen: die Schatzkammer des Domes, Museo del Tesoro genannt, bereits 1956 in eine großartig kleinteili-

Der Domschatz hinter dem Chor birgt auch diesen goldenen Reliquienschrein.

ge und beeindruckende Architektur unterirdisch gesetzt. Die dunkelgrauen Wände und die spärliche Beleuchtung rücken die wenigen Exponate noch stärker ans Auge des Betrachters, der fasziniert sein dürfte. Man kann das museale Ambiente nicht mit einem Blick erfassen: schmale Gänge, die zu einem kleinen runden Atrium führen, dann eine ungleichmäßige größere Zentralkammer, von der drei Rundkammern abgehen – man möchte die Luft anhalten ob dieser edlen Einfachheit. Höhepunkt ist der sogenannte *Sacro Catino*. In dieser Schale soll Christi Blut aufgefangen worden sein, aber die Schale stammt mit Sicherheit erst aus dem 12. Jahrhundert; außerdem gehört zu den Highlights der Schatzkammer ein Zacharias-Kreuz. Aber die meisten sakralen Kunstwerke der Kathedrale sind inzwischen im Diözesanmuseum mit dem großartigen Kreuzgang aus dem 12. Jahrhundert nebenan untergebracht.

Eine Besonderheit, zum Schutz in einer abgedunkelten und klimatisierten Kammer untergebracht, sind die 14 blau bemalten Leinentücher in drei Gruppen, die zwischen 1538 und dem 18. Jahrhundert geschaffen wurden. Sie zeigen die Leiden Christi (nach Dürer-Stichen von 1508–1519!) und

AUTORENTIPP!

VERKÜNDIGUNG IN EINER DEUTSCHEN KÜCHE

Die vielleicht älteste romanische Kirche Genuas stammt ursprünglich aus dem 6. Jahrhundert; sie und ihr Klosterkomplex wurden mehrfach um- und ausgebaut, inzwischen mit drei Kreuzgängen, der letzte von 1492–1513. Im Chiostro dell' Annunziata leuchten die Deckenfresken wieder in bunten Farben; sie wurden herrlich restauriert.

Ein besonderes Fresko im oberen Kreuzgang – eine Verkündigung – mutet geradezu deutsch an, und tatsächlich wurde die Szene in einer altdeutschen Küche (!) von einem gewissen Giusto di Ravensburg 1451 (signiert und datiert!) geschaffen, zu Deutsch Justus von Ravensburg. In der Kirche selbst befindet sich in der Cappella del Crocifisso die barocke Kopie des namengebenden Kruzifixes, das nach mehreren Umzügen innerhalb des Komplexes im neu geschaffenen Hochaltar Platz gefunden hat: wegen seines nachgedunkelten Zedernholzes Cristo Moro, der schwarze Christus genannt.

Die Kirche liegt auf dem *Castello*-Hügel der Stadt, auf dem sich vordem eine römische Befestigung befunden hat.

Santa Maria di Castello. Via di Santa Maria di Castello 15, Mo–So 9.30–12, 15.30–18.30 Uhr
Tel. 010 25 49 51,
www.santamariadicastello.it

wurden in der vorösterlichen Zeit zusammengeknüpft zu einer Art Zelt im Presbiterium des Benediktinerklosters San Nicolò del Boschetto im Polcevera-Tal (im Westen Genuas). Das intensive Blau brachte den Tüchern den Namen *Blu di Genova* und es gilt als Vorgänger für die Jeansfarbe, die ja auch aus Genua stammt. Übrigens waren die Tücher lange verschollen, dann landeten sie auf dem Antiquitätenmarkt, wo sie der italienische Staat 2001 (mit Vorkaufsrecht wegen der nationalen Bedeutung) erwerben konnte. Für das Diözesanmuseum sind sie vorerst eine Leihgabe ...

Kulturzentrum im Regierungspalast

Errichtet wurde der riesige Palazzo Ducale, nachdem Genua über Pisa beim Felsen von Meloria 1284 und 1298 gegen die Venezianer – zwei der großen feindlichen Seerepubliken - gesiegt hatte. Damit wuchs Genuas Macht im Mittelmeerraum und mit ihr der wirtschaftliche Erfolg der Republik. Auftraggeber waren die beiden *Capitani del Popolo* Oberto Spinola und Corrado Doria, wobei der ältere Palazzo des Alberto Fieschi mitsamt Turm integriert wurde, der seit 1294 im Besitz der Republik war. Der neue Prachtbau wurde ab 1339 als Palazzo Ducale bezeichnet, als von hier aus der erste Doge Genuas zu regieren begann: Simone Boccanegra. Unter den älteren integrierten Bauten ragt die Torre del Popolo besonders hoch hinaus in den Himmel Genuas, seit sie 1539 erhöht wurde – ein Wahrzeichen der Stadt.

Nach mehreren Umbauten, mit denen der gesamte Platz davor umgestaltet wurde, entstand 1591 unter der Federführung von Andrea Ceresola, genannt *il Vannone*, der imposante Bau mit seinen acht kräftigen Säulenpaaren, die beide Hauptgeschosse an der Fassade einfassen. Darüber ein

Oben und unten: Früher Zentrum der Macht, heute Mittelpunkt der kulturellen Veranstaltungen in Genua – das ist der Palazzo Ducale. Herrliche Räume gruppieren sich um einen Hinterhof. Räume, zu denen dann auch die prachtvolle Fassade passt.

San Lorenzo und Palazzo Ducale

Auf Entdeckungstour im Palazzo Ducale

Mezzanin, bekrönt von Fahnen schwingenden Figuren, ein grandioses gedecktes Atrium, von zwei mit Arkaden umstandenen Innenhöfen flankiert. Die doppelläufige Monumentaltreppe führt zu den Logen des *Piano nobile*, eine andere Rampe zu den Sälen des Großen Rates und zu den Apartments des Dogen mitsamt riesiger und reich ausgestatteter Privatkapelle. Die Wände bekamen Fresken in *trompe l'œil*, in Illusionsmalerei also, die von der glorreichen Geschichte der Republik erzählen, aber auch sakrale Bilder. Nach einem Großbrand 1777 bemalte 1875 Giuseppe Isola (1808–1893) die Decke des Großen Ratssaales mit der Allegorie des Handels der Ligurer – wie passend! Nach und nach wurde alles wieder aufgebaut, restauriert und umgestaltet, etwa zu Beginn des 20. Jahrhunderts, als man eine bemalte Fassade zur neu geschaffenen seitlichen Piazza De' Ferrari gestaltete. Wiedereröffnung war für die 500-Jahr-Feier zur Entdeckung Amerikas 1992.

Sakrale Kunst im aufgelösten Kloster

Sant'Agostino an der Piazza Sarzano erzählt vor allem von den Zerstörungen vieler Kirchen und Klöster Genuas, deren Inventar und sogar deren

AUTORENTIPP!

JAZZ UND CO. IM PALAZZO DUCALE

Seit den letzten Restaurierungen Ende des 20. Jahrhunderts ist der Palazzo Ducale aus dem Kulturleben Genuas nicht mehr wegzudenken. Neben Ausstellungen werden Vorträge und Foren aller Art angeboten, kulturell, politisch, sozialkritisch, einfach aus allen Bereichen. Auch für Jazz hat man hier ein Herz und veranstaltet etwa von Mitte September bis Mitte Oktober Sessions oder beispielsweise Fotoausstellungen zum Thema. Aber auch ohne Veranstaltungen, falls es so etwas im Jahresablauf überhaupt gibt, ist der Palazzo Ducale eine Besichtigung wert, und eine angenehme Cafeteria lädt zum Verweilen ein.

Palazzo Ducale. Piazza Matteotti 9, Mo-So 9-19 Uhr, bei Wechselausstellungen normalerweise nur Di–So 9–19 Uhr. Tel. 010 557 40 00, www.plazzoducale.genova.it

Oben: Ein Schmuckstück der Museumslandschaft Genuas ist das aufgelöste Kloster Sant' Agostino …
Mitte: … und ringsum lebhafte Straßenszenen.
Unten: Kinder können ihre Schulaufgaben auf der Piazza unter der elterlichen Wohnung erledigen.

architektonische Teile im wunderschönen, ebenfalls ehemaligen Klosterkomplex effektvoll ausgestellt sind. Bei Wechselausstellungen werden die hinzugekommenen Kunstwerke in den musealen Kontext gestellt, was bei Zeitgenössischem besonders spannend sein kann.

Diese Ecke Genuas, sozusagen das südöstliche Anhängsel des historischen Zentrums, ist insgesamt etwas für Stadtentdecker, die die eher leisen Töne lieben. Abseits der großen Touristenströme hat sich hier eine angenehme Szene entwickelt mit kleinen und winzigen Lokalen, Eisdielen und Geschäften. Fast alle Gassen sind Fußgängerzone, man kann also wunderbar bummelnd auf Entdeckungstour gehen. Besonders zu empfehlen: die Via di Ravecca, die bis zur imposanten doppeltürmigen Porta Soprana führt. Man kann das mittelalterliche Stadttor (1155–1158) besteigen und einen tollen Rundblick vom Verbindungsbalkon zwischen den beiden Türmen genießen. Während der Französischen Revolution wurde auch in Genua, und zwar genau hier, die Guillotine aufgebaut und bis 1809 benutzt. Der Henker wohnte damals in einem winzigen Häuschen, das den Türmen aufgesetzt wurde. Während des 19. Jahrhunderts war die Porta Soprana mit so vielen Wohnhäusern umbaut, dass man sie nicht mehr erkennen konnte. Diese Verbauung wurde erst 1892 im Zuge der 400-Jahr-Feier zur Entdeckung Amerikas entfernt. Unterhalb lockt der hierher versetzte zierliche Kreuzgang von Sant'Anna mit dem bescheidenen (nur vermeintlichen?) Geburtshaus von Kolumbus. Eine Kulturvereinigung namens Porta Soprana kümmert sich um beide und macht sie der Öffentlichkeit zugänglich. Und über die Via Porta Soprana ist man im Nu auf der Piazza Matteotti mit dem Palazzo Ducale und mit einem Schlenker nach rechts auf der weiten Piazza De' Ferrari.

Infos und Adressen

SEHENSWÜRDIGKEITEN

Museo di Sant' Agostino. Archäologisches Museum. Di–Fr 9–19, Sa, So 10–19 Uhr, Piazza Sarzano 35/r, Tel. 010 251 12 63, www.museidigenova.it

Museo Diocesano. Das Diözesanmuseum mit zahlreichen sakralen Kunstwerken aus dem Dom. Mo–Sa 9–12, 15–18 Uhr (Ticket zusammen mit der Schatzkammer der Kathedrale). Chiostro dei Canonici di San Lorenzo, Via Tommaso Reggio 20/r, Tel. 010 254 12 50, www.museodiocesanogenova.it

Porta Soprana. Mittelalterliches Stadttor, Mo–So 10–18 Uhr, Casa di Colombo nur am Wochenende, Tel. 010 246 53 46, www.associazione-portasoprana.it

San Lorenzo. Genuas Kathedrale. Mo–So 8–12, 15–19 Uhr, im Untergeschoss Museo del Tesoro della Cattedrale (Schatzkammer) Mo–Sa 9–12, 15–18 Uhr. Piazza San Lorenzo, Tel. 010 26 57 86 oder 010 247 18 31

ESSEN UND TRINKEN

La Forchetta Curiosa. Mittags preiswerte Gerichte, abends kulinarische Highlights der ligurischen Küche mit interessanten Süßspeisen; im Sommer auch Tische auf der Piazza vor der Kirche Sant' Agostino. Außer Sa und So Mittag 12.30–14.30, 19.30–22.30 Uhr, Piazza Negri 5r, Tel. 010 251 12 89, www.laforchettacuriosa.com

E Prie Rosse. Gemütliches kleines Lokal mit kleiner (fleischlastiger) Speisekarte, So Abend–Sa 10.30–14, 20–22.30 Uhr; Via di Ravecca 54r–56r, Tel. 010 251 25 91

F.lli Klainguti. Ein historisches Lokal Italiens seit 1828, sehr feine Bar, wie der Name verrät, stammen die Feinkonditoren aus der Schweiz, Mo–Sa 7–19.30 Uhr. Piazza Soziglia 98–100r, Tel. 010 247 45 52

RossoCarne. Modernes Ambiente mit Verkaufstheke ganz in Schwarz und Rot, mittags zum preiswerten Menü voller Genovesi aus der Umgebung. Rot steht für die Fleischküche, außer So, Mo Abend und Sa Mittag 12–15, 19.30 Uhr bis spät; Via di Ravecca 75r, Tel. 010 253 05 18, www.rossocarne.it

ÜBERNACHTEN

Locanda del Palazzo Cicala. Wunderhübsche kleine Design-Pension zwischen Hightec und Maurischem im Wohnpalast aus dem 16. Jahrhundert, nur zehn unterschiedliche Zimmer, Piazza San Lorenzo 16, Tel. 010 251 88 24, www.palazzocicala.it

EINKAUFEN

Antiquitätenmarkt. Jedes erste Wochenende des Monats außer August und September ganztags im Palazzo Ducale und jeden ersten Sonntag des Monats außer August auf der Piazza Matteotti davor.

AUSGEHEN

Teatro Carlo Felice. Genuas prachtvolles Opernhaus von 1826 (mit modernen Umbauten), Piazza De' Ferrari/Passo Eugenio Montale 4, Tel. 010 538 11, www.carlofelicegenova.it

INFORMATIONEN

IAT Ferrari. Mo–Sa 10–13, 15–18 Uhr, mit Infostand im Sommer auf der Piazza Matteotti. Piazza De` Ferrari beim Teatro Carlo Felice, Tel. 010 860 61 22, www.genova-turismo.it

»RossoCarne« – der Name ist Programm.

Oben: Santo Stefano, die Taufkirche auch von Cristoforo Colombo, schwebt gefährlich über der tief eingeschnittenen Via XX Settembre. **Unten:** Ihren Arkadengänge bilden eine wunderbare Bummelmeile.

7 Zwischen Via XX Settembre und Piazza Fontane Marose

Genau richtig für den Einkaufsbummel

Eine schnurgerade Prachtstraße mit einer Fülle an Edelgeschäften, einen verlockenden historischen Markt und eine uralte Taufkirche in schöner Schwarz-Weiß-Streifung bietet der Stadtteil südöstlich des historischen Kerns mit seiner großen Fußgängerzone. Nördlich davon zieht sich eine prächtige Galerie aus Eisen und Glas in die Länge, einen Katzensprung davon breitet sich die Piazza Fontane Marose vor dem edlen Palazzo Spinola dei Marmi aus.

Was tut man, wenn man in einer bereits dicht besiedelten Stadt neues Bauland braucht? Entweder man reißt Häuser ab oder man gräbt sich in die Tiefe, was man in Genua bevorzugte, das zwischen Meer und Bergen wenig Platz hat, um sich auszudehnen. So entstand 1890–1919 die von Palästen geprägte Via XX Settembre. Die Taufkirche von Kolumbus hängt seitdem in luftiger Höhe über der Prachtstraße, was man vom Ponte Monumentale aus gut betrachten kann, der zur Überbrückung der neuen Straße notwendig wurde. Von dort sieht man bis zum Palazzo Ducale und weiter, einfach ein schöner Durchblick!

Armes Santo Stefano: Die rechte Seite der einst dreischiffigen Basilika wurde schlichtweg abgerissen. Diese Benediktinerkirche, bereits 960 gegründet, wurde wie üblich aber schon früh mehrfach umgestaltet, zuerst im 12. und dann im 14. Jahrhundert und musste im 20. Jahrhundert schließ-

Die Piazza De' Ferrari ist einer der großzügigsten Plätze Genuas, von Palästen und dem Opernhaus umgeben.

lich (s. Bau der Via XX Settembre) ordentlich abgestützt werden, um nicht Gefahr zu laufen, einfach in die Tiefe zu stürzen. Der Chorbereich im Osten, den man von der Brücke aus sieht, ist der älteste, alt ist auch die Krypta darunter mit ihrem Rundpfeilerwald, die durch kleine Fenster beleuchtet wird. Außen ist die Kirche echt genuesisch schwarz-weiß gestreift (was sich in diesem Bereich unten in den Arkadengängen schön wiederholt), innen birgt die Hallenkirche in Resten an der Innenseite der Westwand die Sängerempore der Toscaner Donato Benti (1470–1537) und Benedetto da Rovezzano (1474–ca.1552) von 1499 mit Allegorien der Musik. Eine Überraschung an der Südwand innen: das Martyrium des heiligen Stephan, genauer seine Steinigung von Giulio Romano (1521 oder 1524), das als eines seiner Hauptwerke gilt. Manche Kunsthistoriker meinen, die Vorzeichnung dafür stamme von Raffael …

Im Glashaus bummeln

Die lang gestreckte Galleria Giuseppe Mazzini gehört zu den schönsten Glaskonstruktionen Italiens. Sie wurde 1870 errichtet, 1992 renoviert

AUTORENTIPP!

BIER WIE IN BAYERN

Schon 1828 entstand hier eine *Birreria con cucina*, also ein Bierlokal mit Küche, 1844 wurde angeordnet, dass auch dieses »fremde« Hofbräu-Bier zu den gleichen Preisen zu verkaufen sei wie das hiesige (!). 2005 gilt als das Geburtsjahr der *Birreria HB Genova* durch den umtriebigen Wirt Alessio Barbi, die erste in Europa außerhalb Deutschlands. 2009 sorgte er auch dafür, das erste offizielle Oktoberfest in Italien zu etablieren (an Genuas Piazza della Vittoria). Das Kellerlokal (mit Veranda) hinter dem historischen Marmorportal zeigt sich rustikal-gediegen, es gibt sogar die Tradition des Stammtisches, und die Küche ist wie das Bier bayrisch. Italiener lieben sie bekanntlich sehr.

Birreria Hofbräuhaus Genova. Im Palazzo della Borsa. Mo–Sa 12.15–15.30, 19–1 Uhr, So 19-1 Uhr. Via Boccardo 5r, Tel. 010 54 29 88, http://www.hbgenova.com/de

Oben: Bummeln unter dem Glasdach der Galleria Mazzini
Mitte: Auch hier ein Glasdach zum Schutz der Börsianer im früheren Palazzo della Borsa
Unten: Streifenmuster à la Genova an der breiten gotischen Fassade des Palazzo Spinola

und 2001 bekam der Fußboden vier moderne Mosaikbilder, die man akzeptieren muss ... Man darf Genuas Galerie durchaus mit der Mailänder Galleria Vittorio Emenuale II in einem Atemzug nennen, auch wenn sie sehr viel schmaler ist und keine »Kreuzung« aufweist, aber immerhin zwei Glaskuppeln. Städtebaulich ist sie als Fortsetzung des Teatro Carlo Felice recht gelungen. Es lohnt sich, am besten unter der Woche, Zeit für einen Bummel und eine Ruhepause einzuplanen. Um Ostern und um Weihnachten herum findet seit 1926 jeweils ein gut besuchter Buchmarkt statt, mit neuen wie gebrauchten Büchern. Und jeden vierten Mittwoch und Donnerstag des Monats (außer im August) lockt ein hübscher Antiquitätenmarkt. Ansonsten leidet die Galleria Mazzini unter der schwächelnden Konjunktur und überhaupt darunter, dass sie von der lokalen Bevölkerung eher nicht angenommen wird.

So ist man schon lange nicht mehr sicher, ein Lokal oder einen Laden beim nächsten Besuch wieder vorzufinden. Lange wurde hier die Kultur der Bierlokale gepflegt. Im eleganten Literaten- und

MAL EHRLICH

HUNDEFREIE GALLERIA MAZZINI

Neuerdings ist die Galleria Mazzini für Hunde tabu. Manche Hundebesitzer der Stadt empören sich lautstark, weil sie ihre vierbeinigen Lieblinge nicht mehr in die elegante Galerie mitnehmen dürfen. Und was sollen die armen Hunde dort überhaupt? Falls jemand ohne seinen Hund nicht auf Reisen gehen kann, sind Städte oftmals nicht gerade die beste Wahl. Auf dem Land, auch im Ligurischen und gleich hinter Genua, gibt es genügend Auslauf und wunderbare Ferienhäuser aller Couleurs, um dort auch Vierbeiner glücklich zu machen.

Künstlercafé Roma, wo Münchner Bürgerbräu-Bier ausgeschenkt wurde und als besonders »in« galt. Oder in der 1877 eröffneten *Birreria Zolezi*, wo das erste Wiener Damenorchester Genuas aufspielte. Jetzt muss man über die große, brunnengeschmückte Piazza De' Ferrari schlendern, um bayerisches Bier in entsprechender Atmosphäre – falls man es in Genua unbedingt braucht – zu genießen.

Palazzo im Streifenmuster

Die Via Roma, die der westlichen Seite der Galleria Mazzini mit ebenfalls eleganten Geschäften folgt, ist durch enge Gassen mit der Via XXV Aprile verbunden, die zur Piazza Fontane Marose führt. Hier erhebt sich der auffallend schwarz-weiß gestreifte marmorne Palazzo Spinola dei Marmi aus dem 15. Jahrhundert. Schaut man sich seine Fassade genauer an, so wirken die vier Fenster des *Piano nobile* zwischen den Nischen mit den Statuen der Spinola geradezu venezianisch. Man muss sich mit diesen hübschen Details außen begnügen, weil der Palast heute Sitz der Banco di Sardegna ist. Und mit ein wenig Geschichte: Die Spinola gehörten zu den bedeutendsten genuesischen Familien und haben u. a. eine bemerkenswerte Stiftung hinterlassen: den Palazzo Doria Spinola mit der Galleria Nazionale (s. S. 59).

Auch ein Augenschmaus ist der Mercato Orientale.

Infos und Adressen

SEHENSWÜRDIGKEITEN

Santo Stefano. Die Taufkirche von Kolumbus. Mo–So 9–18.30 Uhr. Via XX Settembre/Piazza di Santo Stefano, Tel. 010 58 71 83

ESSEN UND TRINKEN

Da Maria. Eine der besten (wenn auch einfachsten) Küchen Genuas, stets gut gefüllt; echt genuesisches Tagesmenü inklusive Getränke so lange der Vorrat reicht, Mo–Sa nur 12–14 Uhr. Vico Testa d'Oro 14r, Tel. 010 58 10 80

Bar Mazzini. Einladendes Café, mittags mit viel gelobter Küche, Mo–Sa 8–20 Uhr, Galleria Mazzini, 79r, Tel. 010 860 60 26

Caffè dei Glicini. Superfeines Bar-Ristorante im Obergeschoss des Modeladens *Giglio Bagnara* im Palazzo Orsini mit angenehmer Terrasse. Restaurantbetrieb 12.30–15 Uhr, Cocktails & Happy Hours, also Drinks zum halben Preis sowie günstige Mittagsmenüs. Via Roma 8, Eingang Via Sestri 46

ÜBERNACHTEN

Bristol Palace. Wunderhübsches Jugendstilhotel von 1900. Via XX Settembre 35, Tel. 010 59 25 41, www.hotelbristolpalace.it

Metropoli. Modernes Hotel in historischen Mauern. Piazza Fontane Marose, Tel. 010 246 88 88, www.bestwestern.it/metropoli_ge oder www.hotelmetropoli.it

EINKAUFEN

Mercato Orientale. Historischer Markt unter den Arkadengängen mit vielen Ständen. Mo–Sa 7.30–13, 15.30–19.30 Uhr. Via XX Settembre, www.mercatoorientale.org

Oben: Wilde Flüsse, urige Dörfer und Städtchen wie Campo Ligure, die Goldschmiede Genuas
Unten: Einkaufen in Sant´ Olcese: Wurst und Schinken locken.
Rechts oben: Von Genua nach Casella: Dicht an Wohnhäusern entlang und dann hinaus in die Natur.

8 Nördlich von Genua

Viel Natur und große Kunstfertigkeit

Der schmale Streifen, der Genuas Küste von Liguriens Nordgrenze mit dem Piemont trennt, ist zum großen Teil ganz schön wild geblieben, im wahrsten Sinne schön und wild! Auch wenn oberhalb der Stadt eine Festung an der anderen zur Machtsicherung errichtet wurde, garantiert hat man hier weite Ausblicke und ein wunderbares Wanderrevier. Eine altehrwürdige Schmalspurbahn verbindet Genua mit Casella, Sommerfrische und Fressnest zugleich.

Wenn die Genueser genug haben von der Sommerhitze, fahren sie ins ganz nahe gebirgige Hinterland, am liebsten nicht mit dem eigenen Wagen, sondern mit Sack und Pack mit der Schmalspurbahn, die Genua mit Casella verbindet. Dort kann man sein mitgebrachtes Picknickzeug auspacken, beim Metzger am Hauptplatz einkaufen oder in einer der wenigen, aber bekanntguten Trattorien einkehren. Außerdem kann man in Casella gegenüber dem Bahnhof Mountainbikes mieten und durch drei Täler entlang der Alta Valle Scrivia radeln. Oder in die Wälder hinein wandern – mit Tipps vom Betreiber einer Bar oder Trattoria.

Schon die Bahnfahrt ist ein reines Vergnügen, ob in den historischen Waggons von 1929 oder in den weniger hübschen neueren. Rund eine Stunde dauert die abwechslungsreiche Fahrt mit lauter gut gelaunten Menschen und einem Schaffner, der die Fahrkarten tatsächlich noch zwickt, um sie zu entwerten. Viele Kurven sind vorprogrammiert

bei der Steigung auf 410 m Höhe über dem Meer, also über Genua, die zu überwinden ist. Man schaut in den berühmten monumentalen Friedhof von Staglieno von oben hinab, zu Festungen hinauf und genießt die abwechslungsreiche Landschaft zwischen dichten Wäldern und weiten Weiden. Ganz am Anfang fährt man durch so dicht bewohnte Viertel Genuas, dass man die Wäsche von den Leinen holen könnte ...

Auf der Rückfahrt bietet sich ein Zwischenstopp in Sant'Olcese an, das für seine sehr leckere, leicht geräucherte Wurst aus Rind- und Schweinefleisch berühmt ist. Dann muss man dem Schaffner nur noch rechtzeitig Bescheid sagen, damit er den Zug anhält. Für die Rückfahrt muss man dem Lokführer per Handzeichen oder mit einem Kleidungsstück wedelnd klarmachen, dass man mit will.

Die Brezelverkäuferin im Staglieno

Noch imposanter als nur von oben betrachtet ist der Monumentalfriedhof Genuas. Nach nur 17 oder 18 Minuten Fahrt von der nahen Piazza Fontane Marose mit der Buslinie 34 ist der Cimitero di Staglieno, der mit rund einem Quadratkilome-

AUTORENTIPP!

DIE SILBERSCHMIEDE GENUAS

Fährt man nach Genua nordwärts über die westliche Parallelautobahn, die in Voltri auf die Küste trifft, sollte man in Rossiglione oder Masone abfahren, um über die Landstraße 456 Campo Ligure zu erreichen. Unbedingt, denn sonst würde man ein in einer Flussbiegung liegendes Nest, das zu den schönsten Dörfern Italiens gehört, verpassen und dazu die Silberschmiede Genuas. Hier ließen sich im Mittelalter die Silberschmiede nieder, die vor der Pest aus der Stadt geflohen waren. Sie nahmen ihre Werkstätten mit und ihr Können. Zu bewundern ist das alles nicht nur im neuen Museo della Filigrana, sondern auch in kleinen Werkstätten.

Museo della Filigrana. Di–Do nach tel. Vereinbarung, Fr 15.30–18, Sa, So 10.30–12, 15.30–18 Uhr. Via della Giustizia 20, 16013 Campo Ligure (GE), Tel. 010 2 00 99, www.museofiligrana.org

Oben: Das Denkmal der stolzen Brezelverkäuferin auf Genuas Friedhof in Staglieno, …
Unten: … wo sich zahlreiche Familiengräber befinden, eigentlich schon Mausoleen

Manche betrachten den Friedhof als kühle Sommerfrische.

ter Fläche größte Monumentalfriedhof Italiens, erreicht. 1851 wurde er von Giovanni Battista Resasco (1798–1871) nach den Plänen seines Vorgesetzten, dem klassizistischen Architekten Carlo Barabino, fertiggestellt. Eine streng symmetrische Anlage mit Rundtempel, umgeben von rechteckigen Gräbergalerien, geschmückt mit imposanten Grabkapellen und anrührenden Skulpturen, die oft so gar nichts mit dem Tod zu tun haben, ja manchmal sogar erotisch wirken: ein im Tod vereintes Liebespaar, kaum bekleidete Frauengestalten. Manche Bürger Genuas ließen sich ihre Grabmäler noch zu Lebzeiten gestalten, um selber bestimmen zu können, wie sie aussehen sollen. So wundert folgende Geschichte höchstens Nicht-Genueser: Für ihr Grabmal sparte Caterina Campodonico (1804–1882), eine Straßenhändlerin, die Brezeln und Nüsse verkaufte, ihr ganzes Leben lang, um sich genau so darstellen zu lassen – als schlichte Frau mit ihrer Ware, Nussketten und Brezeln. Geschaffen hatte diese Marmorskulptur für die stolze Bürgerin der Bildhauer Lorenzo Orengo (Genua 1838–1909). Normalerweise wäre sie, ihrem einfachen Stand gemäß, in den Kolumbarien bestattet worden, den wirklich taubenschlagähnlichen, mehrstöckigen Grabnischen.

Der vielleicht berühmteste Tote auf diesem Friedhof ist Giuseppe Mazzini, einer der Gründungsväter des italienischen Staates (s. S. 41). Sein Mausoleum wirkt, als sei es aus dem Felsen geschlagen worden, mit einer von schweren Stützen getragenen klassizistischen Front, schlicht, nur der Name Giuseppe Mazzini auf dem Architrav.

In den Erweiterungsarealen, die bald aus Platzgründen notwendig wurden, durften hier, der Philosophie einer so weltoffenen Stadt wie Genua folgend, auch Nichtkatholiken und Ausländer ihren letzten Ruheplatz finden. Es entstanden daher ein protestantischer, ein englischer, ein orthodoxer und ein islamischer sowie ein jüdischer Friedhof. Trotz großer islamischer Gemeinde in der Stadt wirkt deren Friedhof in Staglieno genauso wie der evangelische recht ungepflegt, als wollte die Vegetation diese verschlingen.

In der Trattoria della Posta wird der Wein perfekt kredenzt.

Infos und Adressen

SEHENSWÜRDIGKEITEN:

Cimitero di Staglieno. Genuas Monumentalfriedhof, Mo–So 7.30–17, letzter Zutritt 16.30 Uhr; begleitete Führungen meist ab 9.30 Uhr, auf Anfrage auch in deutscher Sprache. Piazzale Resasco, Tel. 010 87 01 84, www.comune.genova.it

ESSEN & TRINKEN

Antica Trattoria della Posta. Pasta hausgemacht, tolle hochmoderne Cantina, die man besichtigen darf, beste Weine auch glasweise zu haben. Via Pietro de Negri 10, 1605 Casella (GE), Tel. 010 967 52 02, www.anticatrattoriadellaposta.it

EINKAUFEN

Franca Bongera. Garantiert echte Filigranarbeiten aus Campo Ligure findet man hier (im Familienbesitz seit 1914), Mo–Sa 10–12, 15/16–18/19 Uhr. Via Saracco 1, 16013 Campo LIgure (GE), Tel. 010 92 10 67

Zwei Wurstspezialisten haben in Sant‘ Olcese das Sagen, man kann auch eine Kleinigkeit vor Ort essen:

Salumi Cabella di Sant' Olcese. Via Sant' Olcese 38, 16010 Sant' Olcese (GE), Tel. 010 70 98 09, www.cabellasalumi.com
Salumificio Parodi. Via Sant' Olcese 63, Tel. 010 70 98 27, www.parodisantolcese.com

BAHN-INFORMATIONEN

Ferrovia Genova Casella. Via della Stazione per Casella 15, ganz im Nordosten von Genua, www.ferroviagenovacasella.it

VON GENUA NACH OSTEN

Seite 76/77: Portofino, ein Name der Ligurien-Liebhabern auf der Zunge zergeht
Oben: : Nach Nervi flüchten die Genovesi im Hochsommer, um Erfrischung zu finden.
Unten: Bunte Hausfassaden am Strand von Nervi

9 Von Genua bis Nervi
Die Hausstrände der Genovesi

Der Osten Genuas steht ganz im Zeichen Garibaldis, der von Quarto dei Mille aus mit seinen (1000 = Mille) Mannen nach Sizilien zog, um Italien zu einigen. Doch im Osten, sozusagen vor der Haustür der ligurischen Hauptstadt, beginnt, leider teilweise von der Eisenbahn beeinträchtigt, der Reigen schöner Sandstrände und Felsenbuchten, die von den Einheimischen bevorzugt werden als »ihre« Hausstrände: Nervi, Sori und Recco.

Auch die Parklandschaft von Nervi hat durch die 1872 begonnene Eisenbahnlinie gelitten, sie wurde vom Meer abgeschnitten, das daher nur über ein paar Unterführungen erreichbar ist. Nur die Villa Luxoro am Rande des Parkkomplexes hat den direkten Zugang zum Mittelmeer behalten. Dieser Komplex besteht aus den Parks Serra, Groppallo und Grimaldi mitsamt ihren Villen, ursprünglich lauter Gemüsegärten, die im 19. Jahrhundert nach und nach in romantische Grünlandschaften umgestaltet wurden. Rosenfreunde dürfte es vor allem in den Parco Grimaldi-Fassio ziehen – allein mit rund 800 Rosenarten!

Bogliasco ist die erste eigenständige Gemeinde östlich von Genua an der Riviera di Levante. Ab hier über Pieve Ligure, Sori und Recco bis Camógli breiten sich die Ortschaften entlang des touristisch zugkräftigen Namens Golfo di Paradiso aus. Bogliasco, von der Eisenbahn durchschnitten, beisitzt eine kleine römische Brücke, gerade einen Bogen klein, die auf beiden Seiten in einem Hausdurchgang verschwindet. Ein beliebtes sommerliches Ausflugsziel sind die Klippen von Pontetto,

Eng schmiegt sich Bogliasco an seine Bucht.

italienisch Scogliera di Pontetto, im Osten Richtung Pieve Ligure, erreichbar vom Bahnhof Pontetto über einen Wanderweg ans Meer. – Antiquitätenfreunde finden einen Markt jeden vierten Sonntag des Monats auf der Piazza XXVI Aprile. Ein kulinarisches Fest wird am Sankt-Josef-Tag, dem 19. März, beziehungsweise am darauffolgenden Sonntag veranstaltet, die *Friscioladda*, auf der spezielle Krapfen gebacken werden.

Gerade bei Pieve Ligure fällt auf, wie weit die – an sich kleinen – Gemeinden Liguriens von der Küste ins Hinterland reichen, weit jenseits von Bahnlinie und Autobahn, die zwar wichtig für die Erschließung der Region sind, landschaftlich aber nicht gerade eine Zierde. Doch dahinter ist kaum eine Siedlung auszumachen, zu steil und unwirtlich sind die Abhänge des Apennin. Aber Pieve Ligure ist recht hübsch, gruppiert sich um die Pfarrkirche und ist ein guter Ausgangspunkt für zahlreiche markierte Wanderwege. Darunter der Sentiero dei Misteri, der zum panoramareichen Gipfel des Monte Santa Croce führt – in nur 40 Minuten. *Dei Misteri*, der Mysterien, weil kurz vor dem Gipfel vier kleine gemauerte Kapellen mit je einem roten Kreuz stehen, die mit dem Marienkult in Zusammenhang stehen. Die Pievesi haben ihre Tradition leider aufgegeben, an hohen Mari-

AUTORENTIPP!

KULINARISCHER HOCHGENUSS IN DER OSTERIA DEL BAI

Wahrscheinlich ist Quarto dei Mille bei den Reisenden eher durch das Herzeige-Restaurant »Antica Osteria del Bai« bekannt als durch das Ereignis, das dem Ort am östlichen Ortsrand von Genua seinen Namen gab: Der Freiheitsheld Giuseppe Garibaldi hat hier am 6. Mai 1860 seine Tausend versammelt, um mit ihnen nach Sizilien aufzubrechen. Dort am 11. Mai angekommen, besiegelte der Einmarsch in Marsala die Einigung des Landes. Garibaldi hatte vorher in der Osteria in den Mauern eines alten Forts übernachtet.

Antica Osteria del Bai. Traditionsreiches Restaurant (mit Lizenz seit 1690) mit verfeinerter ligurischer Küche, bevorzugt aus dem Meer, Di–So 13–14.30, 19.30–23 Uhr. Via Quarto 16, Quarto dei Mille (GE), Tel. 010 38 74 78, www.osteriadelbai.it

Oben: Passionierte Wanderer können das großartige historische Aquädukt auf einer Länge von 28 Kilometer erleben.
Mitte: Bogliasco bei Sturm
Unten: Badespaß in den Bagni Scogliera bei Nervi

enfeiertagen hinaufzuprozessionieren und bei den Kapellen zum Rosenkranzgebet stehen zu bleiben. Fünfter Halt war das Kirchlein auf dem Gipfel. Von dort oben hat man einen weiten Blick über den Golfo Paradiso: von der Halbinsel von Portofino im Osten bis zum Capo Mele kurz vor Imperia im Westen.

Der historische Aquädukt passiert Doria

Auf der Landkarte leuchtet einem der Schriftzug Doria verdächtig entgegen – Doria, das alte Adelsgeschlecht aus Genua? Stammt es von hier? Nein, aber den Namen verdankt der kleine Ort in der Beuge des Flusses Bisagno nordöstlich von Genua einem gewissen Antonio Doria, der hier zu Beginn des 17. Jahrhunderts auf einem riesigen Landstück eine Villa errichten ließ. Später, nach der Eingemeindung, wurde daraus ein genuesisches Altersheim. Aber an dieser Stelle lässt sich die Geschichte der Doria gut einfügen: Der Sage nach, denn Beweise gibt es nicht, ist Arduino Visconte di Narbona (aus Narbonne) auf dem Kreuzzug ins Heilige Land in Genua schwer erkrankt und fand Aufnahme im Hause einer Witwe aus der Familie De Volta. Er wurde liebevoll gepflegt und verliebte sich in eine der beiden Töchter seiner Gastgeberin, eine gewisse Orietta, genannt Oria. Als der gemeinsame Sohn Ansaldo auf die Welt kam, wurde er *figlio* (»Sohn«) d'Oria genannt. Zum späteren

Namen Doria ist es also nicht weit ... Und wie mächtig die Doria wurden und wie wichtig für die Seerepublik ist im Kapitel über Genua zu lesen.

In etwa der Provinzialstraße 45 folgend führt ein historischer Aquädukt aus dem Gebiet der Gemeinde von Bargagli über Doria und den Friedhof von Staglieno nach Genua hinein, wo es mit einem Umweg über Castelletto bei den Portici di Sottoripa endet, deren vorderer Teil zum Hafen hin als Stützen des Aquädukts diente, ganz nahe dem antiken Hafen. Im kleinen Doria überwindet es den reißenden Bach Torbido über die Kanalbrücke in luftiger Höhe und macht spätestens hier neugierig. Die Wasserleitung geht in etwa den gleichen Weg, den schon die Römer bevorzugten, die Genua und Umgebung ebenfalls aus dem Bisagno-Fluss mit Wasser versorgten. Dafür legten sie Stauseen an, errichteten Brücken und Kanäle, schufen künstliche Wasserfälle, um auch das Wasser umliegender Bäche zu sammeln. Inzwischen bezieht Genua sein Wasser aus anderen Tälern, das Ganze weniger spektakulär, weil fast unsichtbar in Rohren geführt. Zwischen 2004 und 2007 wurde der historische Wasserweg zu einem Freizeitvergnügen für passionierte Wanderer. Seit Oktober 2008 pflegen diverse Vereine die Wege und wollen alljährlich das Fest des historischen Aquäduktes feiern, auch mit gastronomischen Ständen.

Nette Atmosphäre an der Promenade von Nervi

Infos und Adressen

SEHENSWÜRDIGKEITEN

Acquedotto storico di Genova. 28 km langer Wanderweg entlang der historischen Wasserleitung aus dem 13. Jh. Neugierige können schon eine virtuelle Tour auf der Wanderstrecke unternehmen mithilfe von www.virtualmap.altervista.org/acquedotto-storico-di-genova

Parks von Nervi. Drei von der Gemeinde Genua gepflegte Parks mit Verwaltung in der Via Capolungo, Nervi (GE); Mo–So ab 8 bis 17, 17.30, 18.30, 19.30 Uhr (je nach Sonnenstand), Besichtigung über den Verein *Amici dei Parchi di Nervi* mit Führungen, Vereinbarung unter Tel. 010 320 34 95, www.associazionedeiparchidinervi.it

ESSEN UND TRINKEN

Ristorante La Pineta. Angenehmes Landrestaurant im Gebiet von Doria, Oktober/November jeden Do Themenabend mit Spezialmenü. Via Gualco 82, Frazione Doria (GE), Tel. 010 80 27 72, www.ristorantelapineta.org

The Cook. Sterne-Restaurant mitten in Nervi. Di–Fr 20–23, Sa, So auch 13–14.30 Uhr, Via Marco Sala 77/79, Nervi (GE), Tel. 010 320 29 52, www.thecook.it

ÜBERNACHTEN

Iris. Freundliches Hotel nur wenige Schritte vom Meer. Via Rosetti 3/5, Quarto dei Mille (GE), Tel. 010 376 07 03, www.hoteliris.it

Villa Pagoda. Angenehmes Hotel in einer fernöstlich anmutenden Villa aus dem 19. Jh. Via Capolungo 15, Nervi (GE), Tel. 010 32 32 00, www.villapagoda.it

Oben: San Rocco, eine beschauliche Wanderstation auf der Halbinsel von Portofino
Unten: In Camógli leben noch richtige Kunsthandwerker wie dieser Olivenholzschreiner.

10 Recco, Camógli und Monte di Portofino

Eine duftende Halbinsel

Weit ragt die Halbinsel von Portofino ins Ligurische Meer, prahlt bereits im Westen mit einem städtebaulichen Kleinod namens Camógli (im Osten dann mit Santa Margherita Ligure) und mit den landschaftlichen Highlights am Monte di Portofino. Höhepunkt im Süden: die Abtei von San Fruttuoso.

An die Nordwestecke der Halbinsel von Portofino schmiegt sich Recco in strategisch günstiger Lage an die nördlichen Hänge, entwickelte ab dem 17. Jahrhundert seine Bootswerften und baute vor allem für die Republik Genua – in Konkurrenz zum nahen Rapallo – Galeeren und Segelschiffe. Weil die wichtige Eisenbahnverbindung mit dem Süden Italiens über einen Viadukt quer durch den Ort führte, wurde Recco im Zweiten Weltkrieg durch Bombenangriffe schwer beschädigt. Nach dem Krieg wurde alles wieder aufgebaut und Recco hat sich zu einem beliebten, nicht allzu teuren Ferienort entwickelt.

Goldgelbe Schönheit Camógli

Doch die wahre Schönheit im Westen der Halbinsel von Portofino ist Camógli, die Stadt mit den vielleicht großartigsten Sonnenuntergängen Liguriens. Denn die ockerfarbenen Hausfassaden spiegeln die Strahlen der untergehenden Sonne so intensiv wieder, dass alles mit Gold überzogen zu sein scheint. Es lohnt sich, mit den Augen Fassade für Fassade abzutasten, die Höhe der Häuser zu bewundern und sich zu fragen, wo denn das eine Haus aufhört und das nächste beginnt. Denn sie

Von Camógli nach San Fruttuoso

Der Südosten der Halbinsel von Portofino wird umspült von den Wogen des streng geschützten meerischen Parco Naturale am Golfo Paradiso. Die teils anstrengende Wanderung führt durch den Parco Naturale Monte di Portofino. Startpunkt der Wanderung ist der Bahnhof von Camógli, zurück kann man ein Boot nehmen. Inklusive Abstecher beträgt die Weglänge ca. zehn Kilometer.

Man sollte nicht vergessen, Badegewand einzupacken. Schon in Camógli lockt das Meer. An der Punta Chiáppa ist dann Schnorcheln angesagt. Auf dieser Felsnase kann man schlecht liegen, sie ist rau. Aber das Wasser ist klar und voller Fische. Manchmal kann man sich dort fühlen, als wäre man im Film »Findet Nemo«. Hunderte von Fischen weichen in synchronisierten Bewegungen den Schwimmern oder Tauchern aus. Und auch San Fruttuoso hat einen kleinen Strand.

Ⓐ **Camógli** – Zum Bahnhof von Camógli gelangt man von überall; die Bahnverbindungen sind hervorragend.

Ⓑ **San Rocco** – Hoch über der Costa di Castellaro und zunächst am Torrente Gentile, einem Wildbach, vorbei führt der Wanderweg zwischen einsamenn Bauernhäusern zum Kirchlein San Rocco in 221 Meter Höhe, von wo aus man einen weiten Blick über den Golfo Paradiso genießt.

Ⓒ **Punta Chiáppa** – In San Rocco trennen sich die Wanderwege. Der rechte Weg führt teils über Stufen abwärts zur grandiosen Punta Chiáppa sozusagen mitten im meerischen Naturschutzgebiet.

Ⓓ **Acqua Fredda** – Der linke Wanderweg führt Richtung San Fruttuoso, beschattet von hohen und duftenden Robinien (einer Art Akazien), deren Wurzelwerk die steilen Abhänge vor Erdrutschen schützen. Im Frühjahr blüht duftend die Macchia, durchsetzt von Erdbeerbäumen, die im Spätsommer ihre roten, erdbeerähnlichen Früchte geradezu in den Mund wachsen lassen.

Ⓔ **Sella Gaixella** – Der angenehme Rastplatz zu Füßen von Portofino Vetta, wo man einen Busanschluss und Übernachtungsmöglichkeit hätte, bietet geologisch interessierten Wanderern an mehreren Stellen Übergänge zwischen dem Konglomerat von Portofino und dem Kalkgestein weiter nördlich.

Ⓕ **Pietre Strette** – Man wandert zunächst durch den Wald mit dichtem Blumenteppich zum Rastplatz, der wunderbare Rundblicke vor allem nach Süden bietet.

Ⓖ **San Fruttuoso** – Ein letztes Stück des Weges führt abwärts durch ein feucht-dunkles Tal, vorbei am Wachtturm Torre Doria (16. Jahrhundert) zur gleichnamigen Bucht mit der wundervollen Abtei, deren Gründung auf das Jahr 711 zurückgeht. In der Krypta befinden sich die schwarz-weiß gestreiften Grabmale der Doria.

Nützlicher Link:
http://www.portofinoamp.it/it/escursioni/356.html

AUTORENTIPP!

SCHLEMMEN UND RUHEN BEI GIOVANNI

Seit vielen Jahren ist »Giovanni« der größte Anziehungspunkt für alle, die nach San Fruttuoso aufbrechen, ob zu Fuß über steile Steige ab Santa Margherita Ligure, von Camógli oder mit dem Boot. Leider bleibt es nur von Mai bis Oktober geöffnet, weil das alte Gemäuer, in dem sich die sieben Zimmer befinden, nicht beheizbar ist. Das Restaurant öffnet aber auch im Winter an den Wochenenden, wenn man sich rechtzeitig anmeldet und in relativer Ruhe die schöne Bucht mit dem berühmten Kloster bei einem köstlichen Fischessen genießen möchte. Im Sommer ist es recht voll. Doch auch dann bleibt das Restaurant für den Abend nur geöffnet, wenn man reserviert hat (und mit dem eigenen Boot anreist, Linienboote fahren nur tagsüber).

Ristorante da Giovanni. San Fruttuoso, Camógli (GE), Postfach 23, Tel. 01 85 77 00 47, www.dagiovanniristorante.com

Schlemmen und Baden und das Kloster besichtigen – alles möglich bei Giovanni in San Fruttuoso, evtl. von Camógli her erwandert.

sind in Reih und Glied übereinandergestapelt, durch enge Gassen voneinander getrennt. Dort, wo der Harmonie wegen ein Fenster hingehörte, aber innen dem Wohnzweck entgegenstand, wurde kurzerhand ein Fenster gemalt.

Der Kiestrand direkt vor der Häuserfront gehört meist den Einheimischen, in den Restaurants der Strandbäder wird fangfrischer Fisch serviert. Und im fast geschlossenen Hafenrund schaukeln noch immer Fischerboote, die kleine doch markante mittelalterliche Dragun-Festung trennt beide Ortsteile. Die Stadt blickt auf eine lange Geschichte vor allem als Seefahrerort, der in der Mitte des 19. Jahrhunderts mehr als 700 Schiffe besaß, mehr als Genua. Nicht, dass Camógli sie für die eigene Verteidigung gebraucht hätte – ihre Seeleute zogen für fremde Mächte in den Krieg oder die Boote dienten dem Handel. Was sonst noch rühmlich war an Camóglis Geschichte, erfährt man im hiesigen Schifffahrtsmuseum Gio Bono Ferrari. Und im Istituto Cristoforo Colombo werden wie seit 1827 nicht mehr nur Marineoffiziere ausgebildet. Inzwischen ist es zu einem staatlichen technischen Institut avanciert, in dem auch Transport und Logistik allgemein gelehrt werden. Bislang haben hier mehr als 20 000 Absolventen ihr Diplom erhalten.

Mit der Fischertradition hat Camóglis größtes Fest zu tun, bei dem zu Ehren des Ortsheiligen Fortunatus ein riesiges Fischessen zelebriert wird, wobei Tonnen von Fischen in einer Eisenpfanne gebraten und jedermann angeboten werden. Ihre Gardemaße: 3,85 Meter Durchmesser, Grifflänge 5,5 Meter, Gewicht mitsamt Deckel 3650 Kilogramm. Also: den zweiten Mai-Sonntag notieren und möglichst mit der Bahn oder dem Boot anreisen, denn für einen Wagen dürfte es keinen freien Platz geben.

Infos und Adressen

SEHENSWÜRDIGKEITEN

Abbazia di San Fruttuoso. Nur zu Fuß oder per Boot zu erreichen, eine der interessantesten und schönsten Abteien Liguriens. Je nach Jahreszeit Di–So 10–15.45/16.45/17.45 Uhr, im Sommer auch Mo. San Fruttuoso, Camógli (GE), Tel. 01 85 77 27 03.

Museo Gio Bono Ferrari. Schifffahrtsmuseum von Camógli. Mo, Do, Fr 9–12, Mi, Sa, So auch 15–18 Uhr, Via Gio Bono Ferrari 42, Camógli (GE), Tel. 0185 72 90 49, www.museomarinaro.it

ESSEN & TRINKEN

Da ö Vittorio. Eines der traditionsreichsten Lokale Italiens, vorwiegend Fischküche (und wenige Zimmer). Mo–So 13–14.30, 20–22.30 Uhr, Via Roma 160, Recco (GE), Tel. 0185 740 29, www.davittorio.it

Da Paolo. Meeresküche je nach Tagesfang, familiengeführt im historischen Kern. Di Abend–So 12.30–14.30, 19.30–22.30 Uhr, Via San Fortunato 14, Camógli (GE), Tel. 0185 77 35 95.

Manuelina. Im Familienbesitz seit mehr als 125 Jahren als Fischrestaurant mit berühmtem Vorspeisenbüfett. Do–Di 13–14.30, 19.30–23 Uhr, Via Roma 296, Recco (GE), Tel. 0185 741 28, www.manuelina.it

ÜBERNACHTEN

Cenobio dei Dogi. Hotel inmitten eines wunderbaren Parks in Panoramalage mit jüngst renovierten eleganten Zimmern und Suiten. Via Cuneo 34, Camógli (GE), Tel. 0185 72 41, www.cenobio.it

La Campogliese. Kleines Hotel an der Hafenfront mit komfortablen Zimmern und gutem Preis-Leistungs-Verhältnis. Via Garibaldi 55, Camógli (GE), Tel. 0185 77 14 02, www.lacamogliese.it

Tre Merli. Wunderhübsches kleines B&B direkt am engen Fischerhafen mit Mini-Spa und netter Bar. Via Scalo 5, Camógli (GE), Tel. 01 85 77 67 52.

Trattoria dö Spadin. Tolle Lage über der Steilküste, viel gelobte Fischküche, aber an Wochenenden überlaufen. Ostern–Sept. Di–So 12.30–15, 19–30–21.30 Uhr. Via San Nicolò 55, Punta Chiáppa, Camógli (GE), Tel. 01 85 77 06 24.

INFORMATIONEN

Pro Loco. Via XX Settembre 33/r, 16032 Camógli (GE), Tel. 0185 77 10, www.prolococamogli.it

Die wahre Schönheit der Gegend ist Camógli mir den bunten Häusern, die sich den Hang hochstapeln.

11 Santa Margherita Ligure

Eine elegant-mondäne Station

Der beliebte, fast vornehme Ferienort mit seinen pastellfarbenen Häusern ist stolz auf seine vielen Hotels, die noch im Familienbesitz sind oder diese Tradition weiterhin pflegen. Deren Lage ist meist ausnehmend schön, viele Gästezimmer schauen auf den Jacht- und Fischereihafen. Ein kurzes historisches Gastspiel fand im Prachthotel Imperiale Palace statt, als dort ein wichtiger Pakt geschlossen wurde.

Oben: Historisch und prächtig ist das Hotel Imperial Palace ganz oben in Santa Margherita Ligure. **Unten:** Die berühmte Sala del Trattato im Imperial Palace

Santa Margherita macht im Gegensatz zum winzigen Portofino (s. S. 90) schon beinahe einen städtischen Eindruck und hat dennoch seinen Charme der Belle Époque fast unbeschadet bewahrt. Außerdem ist der Ort berühmt geworden durch ein politisch bedeutendes Abkommen, den sogenannten Vertrag von Rapallo.

Warum Vertrag von Rapallo?

Im großartig renovierten Imperiale Palace Hotel, natürlich mit Meerblick, dort, wo die sowjetrussische Delegation untergebracht war, trafen sich in der danach *als Sala del trattato* bezeichneten Suite am 16. April 1922, streng von der Öffentlichkeit abgeschirmt, die Delegationen des Deutschen Reiches und der Russischen Sozialistischen Föderation Sowjetrepublik (dem späteren Gründungsmitglied der Sowjetunion). Am Ende wurde der sogenannte Vertrag von Rapallo geschlossen. Er sollte die Beziehungen zwischen beiden Staaten normalisieren und die deutsche Verhandlungsposition gegenüber den damaligen Westmächten wegen der anstehenden Reparationsverhandlun-

Santa Margherita Ligure ist von vornehmer Schönheit.

gen stärken. Es waren also zwei in der damaligen internationalen Politik geächtete Staaten, die sich hier zusammentaten. Es wird kolportiert, dass sich die Deutschen unter Außenminister Walther Rathenau (1867–1922) in der Nacht vor dem Abschluss noch trafen – zur sogenannten Pyjama-Konferenz. An den Wänden der Suite hängen Kopien des Vertrages – und sonst sollen die beiden Räume genauso geblieben sein wie damals, sie werden für besondere Konferenzen und Zusammenkünfte vermietet. Der Vertrag von Rapallo, wie er historisch festgehalten wurde, heißt so, weil sich Rapallo im Osten direkt an Santa Margherita anschließt, das früher lediglich ein Vorort von Rapallo war. So ändern sich die Zeiten! Allerdings nicht zum Schaden von Santa Margherita, das die ausufernde Bautätigkeit von Rapallo nicht mitgemacht hat.

Fischernest mit Geschichtsbewusstsein

Den hohen Fassaden der Promenade entlang des Hafens sieht man wahrlich nicht an, dass die Bewohner des Städtchens (heute rund 10 000) ursprünglich hauptsächlich Seefahrer, Korallensucher und Fischer waren. Doch schon im ausge-

AUTORENTIPP!

SUPER PANORAMALAGE

Santa Margherita Ligure einmal nicht vom Wasser, sondern von oben betrachtet – das bietet der großartig erhaltene einstige Komplex der Villen der Familie Durazzo-Pallavicini, die nicht nur hier in Ligurien mehrere Paläste hinterlassen hat. Komplex, weil es hier außer der Villa Durazzo-Pallavicini (17. Jahrhundert) selbst noch die Villa San Giacomo e Villa Nido gibt, beide aus dem 19. Jahrhundert, sowie das Castello aus dem 16. Allesamt vom herrlichen Park umgeben und im Besitz der Stadt, die seit 1995 daran restauriert. Auf die typischen ligurischen Bodenmosaiken aus Kieselsteinen achten!

Villa Durazzo-Pallavicini. Mo–So 9–13, 14–17 Uhr, die Gärten sind dann frei zugänglich ebenso wie bei Sonderveranstaltungen wie den häufigen Gartenausstellungen (mit unterschiedlichen Öffnungszeiten). Santa Margherita Ligure (GE), Piazzale San Giacomo 3, Tel. 0185 29 31 35, www.villadurazzo.it

Villa Durazzo-Pallavicini mit dem wunderbaren, typisch ligurischen Bodenmosaik aus Kieselsteinchen

Oben: Wechselkabinen am Strand von Santa Margherita Ligure
Unten: Am Hafen begrüßt das lebhafte Garibaldi-Denkmal die Ankommenden; er deutet auf Sizilien, wohin er von Quarto dei Mille mit seinen Soldaten zog, um Italien von Fremdherrschaft zu befreien.

henden 19. Jahrhundert begann auch hier mit dem Bau der Eisenbahn der Tourismus zu florieren. Aber mit wenigen Ausnahmen wie dem Imperiale Palace eben nicht in großen Luxushotels, sondern in familiär geführten für eine Klientel, die individueller genießen will.

Am Hafen erhebt sich auf dem weiten Vorplatz – wie so oft – eine große Marmorstatue des Freiheitshelden Giuseppe Garibaldi, der mit seinem rechten Arm auf das Meer deutet, Richtung Sizilien, darunter ein Springbrunnen – ein Werk von Odoardo Tabacchi (1831–1905) aus der lombardischen Provinz Varese von 1892. Der ebenfalls nicht nur hier dargestellte König Vittorio Emanuele II. wird mit einer Bronzestatue (von 1834) nahe dem Info-Kiosk geehrt. Und das sind nur zwei der vielen Persönlichkeiten aus der Geschichte Italiens, vor denen sich Santa Margherita oder Santa, wie es in der Gegend genannt wird, mit Statuen oder Plätzen verbeugt. Man sollte bei Garibaldi starten, der zu einer langen Promenade am Meer entlang einlädt, vom Zentrum bis zum großen Handelshafen im Süden. Viele Lokale säumen den Weg, sacht kühlt im Sommer eine Meeresbrise.

Übrigens machte der bekanntlich geniale Erfinder Guglielmo Marconi (1874–1937) hier seine ersten Versuche mit Radar und Radiowellen, während ihm seine Tochter Elettra vom Strand aus zugesehen haben soll. Das geschah von der Terrasse des Hotels Miramare aus, wo noch heute eine Tafel daran erinnert, dass Marconi hier zwischen dem 2. und 6. August 1933 in einer Höhe von 38 Metern über dem Meeresspiegel zum ersten Mal telegrafische wie auch telefonische Sendungen über eine Entfernung von 150 Kilometern verschickt hat. – Bereits 1909 erhielt Marconi für seine Erfindung, Signale ohne Leitung zu übermitteln, den Nobelpreis in Physik.

Infos und Adressen

SEHENSWÜRDIGKEITEN

Villa Durazzo (s. Autorentipp S. 87)

ESSEN UND TRINKEN

Acqua Pazza. Kleines, ganz feines Fischrestaurant im Ort unweit des Meeres. Nur abends ab 19.30 Uhr geöffnet außer Sa, So von Okt. bis April. Via Maragliano 15, Santa Margherita Ligure (GE), Tel. 0185 177 13 76, www.claudiomodena.it

La Paranza. Terrassenlokal am westlichen Rande des Handelshafens, mit sehr guten Fischgerichten und freundlichem Service. Di–So 13–14.30, 19.30–22.30 Uhr, Via Ruffini 46, Santa Margherita Ligure (GE), Tel. 01 85 28 36 86

Oca Bianca. Schon traditionsreiches, angenehmes Lokal, das sich allem verschworen hat, was nicht aus dem Meer kommt, also Gemüse, Fleisch und Käse, alles recht fantasievoll zubereitet und für hiesige Verhältnisse relativ preiswert. Di–Sa nur abends ab 20 Uhr, So auch mittags ab 13 Uhr geöffnet, Via XXV Aprile 21, Santa Margherita Ligure (GE), Tel. 0185 28 84 11, www.ocabianca.it

Black Stallone. Superfreundliche kleine Bar mit großen Salaten, Bruschette und tollen Aperitifs. Mo–Sa 7–2 Uhr, in »zweiter Reihe«, Via Gramsci 11, Santa Margherita Ligure (GE), kein Telefon

ÜBERNACHTEN

Agriturismo Roberto Gnocchi. Wunderbar gelegenes Landhaus mit nur zwölf Zimmern, geschmackvoll eingerichtet. Nur Mai bis Mitte Okt. geöffnet. Via San Lorenzo 29, Località San Lorenzo drei Kilometer westlich von Santa Margherita Ligure (GE), Tel. 0185 28 34 31, www.villagnocchi.it

Grand Hotel Miramare. Ein wunderbarer Park umgibt das Hotel, eine Mischung aus Jugendstil und modernem Luxus mit Wellness-Abteilung; das Hotel, in dem Guglielmo Marconi seine Versuche unternommen hat, Lungomare Milite Ignoto 30, Santa Margherita Ligure (GE), Tel. 0185 28 70 13, www.grandhotelmiramare.it

Imperiale Palace Hotel. Das Hotel der Superlative im beliebten Ferienort mit eigenem Strandzugang (auch Strandrestaurant), Brückenanbindung, Via Pagana 19, Santa Margherita Ligure (GE), Tel. 0185 28 89 91, www.imperialepalacehotel.it

Villa Anita. Sehr freundlich geführtes, familiäres Hotel in ruhiger Hügellage und doch zentrumsnah, nur zwölf Zimmer, mit Pool, Restaurant für die Hausgäste und Parkplatz. Nur März–Oktober geöffnet. Viale Minerva 25 Ecke Via Tigullio 10, Santa Margherita Ligure (GE), Tel. 01 85 28 65 43, www.hotelvillaanita.com

AUSGEHEN

Nette Bars locken an der Meerespromenade, u.a. **Santa Beach Club.** Mit Lunch, Dinner und Tanzclub, Disco ab 23.30 Uhr. Via Ammiraglio Canevaro 2, Santa Margherita Ligure (GE), Handy 342 802 68 46, www.santabeachclub.it

BOOTSAUSFLÜGE

Servizio Marittimo del Tigullio. Piazza Mazzini 33/a, Santa Margherita Ligure (GE), Tel. 01 85 28 46 70, www.traghettiportofino.it

INFORMATIONEN

APT. Piazza Vitorio Veneto, 16038 Santa Margherita Ligure (GE), Tel. 0185 28 74 85, www.turismo.provincia.genova.it

LabTer – Parco di Portofino. Viale Rainusso 1, 16038 Santa Margherita Ligure (GE), Tel. 01 85 28 94 79, www.parcoportofino.it (Infos und Organisation bzw. begleitete Wanderungen)

Schnell und bequem – der Bootstransfer

Oben: Feiner und teurer geht kaum noch – Portofino-Luxus.
Unten: Machbar für jedermann ist dagegen die Besichtigung des Castello Brown.

12 Portofino

Die reinste Luxusbucht

Neben der Piazzetta von Capri dürfte die Piazza im Scheitelpunkt der tiefen Bucht von Portofino die bekannteste Italiens sein. Kein Wunder, bietet sie doch eine bilderbuchschöne Kulisse der aufsteigenden, bunt gestrichenen Häuser, die sich an den gleichnamigen Hausberg schmiegen. Im Wasser davor schaukeln schwere Luxusjachten, manche so groß, dass sie einem die Sicht auf die Piazza versperren.

Einen längeren Aufenthalt kann sich hier nur leisten, wer einen dicken Geldbeutel hat. Portofino ist der erklärte Liebling der Reichen, Schönen und Berühmten. Daran schuld ist oder war nicht zuletzt ein gewisser Charmeur und Herzensbrecher namens Rex Harrison, der hier seine Zelte aufschlug und in der »Bar La Gritta« auf der östlichen Hafenseite wohl ordentlich über den Durst zu trinken pflegte. Die Bar zehrt noch heute von diesem an sich zweifelhaften Ruhm. Die meisten Portofino-Besucher jedoch, die zu den Berühmten, Schönen und Reichen gehören, bleiben auf ihren Jachten und beehrten höchstens die Restaurants oder Cafés rund um die Bucht mit ihrem Besuch, während ihre Schiffe ob ihrer immensen Größe den anderen den Blick auf die ganze Bilderbuchbucht versperren.

Ja, diese zehrt von ihrer Miniaturgröße und der Tatsache, dass sich die pastellfarbenen Häuser in ihrem Scheitelpunkt bis zum höchsten Gipfel der Halbinsel, den 610 Meter hohen Monte di Portofino, zu hangeln scheinen. Über der Westseite der Bucht erhebt sich das Kirchlein San Giorgio, Garant für hinreißende Ausblicke auf den Golf von

Tigullio bis Sestri Levante, an dessen Süden der Monte Castello an der Punta Manara den Blick weiter nach Osten versperrt.

Oberhalb der Bucht ragen in ihrem westlichen Teil einige bunte Skulpturen aus dem Gebüsch oder sie hocken auf der Mauer entlang des Molo Umberto I. Die zwei Dutzend Figuren sind Werke u. a. von Beuys, Thun, Guttuso, Spoerri und Vautier.

Dem englischen Konsul sei Dank

Den kurzen Aufstieg belohnt auch das Castello Brown mit einem Traumblick über die Bucht, heute ein Ort für Wechselausstellungen und sicher unvergessliche Hochzeiten. Der englische Konsul in Genua, Montague Yeats Brown, und seine Nachfolger waren 1867–1949 die Besitzer, daher der Name. Die Fundamente des Kastells sollen jedoch schon aus der römischen Epoche stammen. Als wichtiges Ereignis wird der Überfall venezianischer Galeeren 1432 bezeichnet, den man tapfer zurückschlug, weniger gerne erinnert man an die zehn Jahre währende Mailänder Herrschaft der Visconti im 15. Jahrhundert. So war es nur folgerichtig, dass man ab Beginn des 16. Jahrhunderts die kleine Burg zur militärischen Festung ausbaute und sie um 1622 noch einmal erweiterte. Napoleon schließlich machte aus Portofino ein Porto Napoleonico, bevor er nach Ägypten zog, doch nach dem Wiener Kongress und dem folgenden Frieden hatte niemand mehr Interesse an solchen Festungen und man überließ auch diejenige von Portofino ihrem Schicksal.

Bis besagter Konsul Brown 1867 auf den Plan trat, die Festung für 7000 Lire erwarb. Die beiden Pinien, die der Konsul 1870 anlässlich seiner Hochzeit pflanzte, sind dieselben, die noch heute so majestätisch die Haupterrasse beschatten. Die

AUTORENTIPP!

ZU FUSS NACH SANTA

Eine knappe Stunde dauert der Weg oben herum, also nicht der Straße am Meer entlang, zwischen Portofino und Santa Margherita Ligure. Das gilt für den Weg, der fast parallel zur Küstenstraße verläuft. Länger benötigen Wanderer, wenn sie einen Schlenker durch den streng geschützten und gut ausgeschilderten Naturpark zur Località Molini machen. Dort wurde eine der Mühlen restauriert und zum Infozentrum des Parks mit sehr einladender Trattoria umfunktioniert. Hier gibt es leckere Salate und hausgemachte Pasta, eine kleine, aber feine Karte zu soliden Preisen. Der Weg ist schattig und nicht anstrengend. Man erreicht schließlich Santa Margherita Ligure in Höhe des großen Hafens.

Mulino del Gassetta. Sehr gute Trattoria auf dem Wanderweg von Portofino nach Santa, gleichzeitig Infostelle des Parco di Portofino. Ca. März–3. Nov. Do–Di 10–15 Uhr, im Winter nur bei schönem Wanderwetter, Località Molini, Santa Margherita Ligure (GE), Handy 339 842 11 32, www.mulinodelgassetta.it

Oben: Portofino ist zwar fast unbezahlbar, aber auch einfach zu romantisch …
Unten: Fröhlich wirken die bunten Figuren, die aus dem Park auf die Hafenpromenade von Portofino schauen.

nachfolgenden Besitzer verkauften das Castello 1961 an die Gemeinde von Portofino. 1922 entstand dort die Novelle *Verzauberter April* der britischen Autorin Elizabeth von Arnim. Und ihm gegenüber spielten im »Hotel Splendido« 1961 Gina Lollobrigida und Rock Hudson die Titelrollen im Film *Come September* (»Happy End im September«) – im Film fungierte das Hotel als die Villa des reichen Talbot. – Sonst aber ist der Treff die Piazzetta im Scheitelpunkt der Bucht, eigentlich Piazza Martiri dell'Olivetta und wie gesagt mindestens so berühmt und teuer wie die von Capri.

Ein Naturlehrpfad führt vom Ende der Mole Umberto I., also im Westen der Bucht von Portofino, ein paar Stufen hinauf zum Park des Castello Brown. 20 Minuten dauert der Weg, der Botaniker ebenso freuen dürfte wie Leute, die einfach der sommerlichen Hitze in den kühlen mediterranen Wald entfliehen möchten. Eine andere Möglichkeit ist immer eine erfrischende Bootstour, speziell zur Abtei von San Fruttuoso (s. S. 83), wo man allerdings aufpassen muss, das letzte Boot nicht zu verpassen. Dann hieße es – zu Fuß zurück …

MAL EHRLICH

MIT DEM WAGEN UNTERWEGS?

Die nur fünf Kilometer lange Straße zwischen Santa Margherita Ligure und Portofino, die einzige Landverbindung zwischen ihnen, ist an Wochenenden, Feiertagen und Sommerferientagen hoffnungslos dicht. Das kann Stunden dauern, bis man von einem Ort zum anderen gelangt. Wozu also das Auto? Um dann damit in einer der teuersten Garagen vor dem Ort parken zu dürfen? Auf dem Wasserweg geht es ganz schnell, kostet aber auch entsprechend. Also gut planen! Oder zu Fuß oben herum über das nette Mulino del Gassetta (s. Autorentipp S. 91) gehen.

Infos und Adressen

SEHENSWÜRDIGKEITEN

Museo del Parco, Centro Internazionale di Scultura all' Aperto. Freilichtmuseum für Skulpturen, nur Juni–Sept. Mi–Mo 10–13.30, 15–20 Uhr. Molo Umberto I, Portofino (GE), www.museodiportofino.it

Castello Brown. Heute Ausstellungsort, auch für öffentliche und private Veranstaltungen zu buchen. Mo–So 9/10–19 Uhr je nach Ausstellung, Via La Penisola 13, Portofino (GE), Tel. 0185 26 71 01, www.castellobrown.it

Sentiero Naturalistico. Naturlehrpfad beim Castello Brown, Mo–So je nach Jahreszeit 10–17/18/19 Uhr

ESSEN UND TRINKEN

La Gritta. American Bar und Restaurant. Rex Harrisons Lieblingslokal, das sich jetzt ganz modern gibt mit Ponton-Terrasse davor. Mo–So 9–3, im Winter bis 20 Uhr. Calata Marconi 20, Portofino (GE), Tel. 0185 26 91 26.

Lo Stella. Das berühmteste Fischrestaurant des Ortes am westlichen Ende der Bucht, seit 1850 im selben Familienbesitz und Treff vieler Berühmtheiten. Do–Di 12.30–15, 19.30–22/23 Uhr, Molo Umberto I 3, Portofino (GE), Tel. 0185 26 90 07, www.ristorantelostella.com

Portofino. Kleine American Bar mit Kleinigkeiten zum Aperitivo. Mo–So von früh bis spät geöffnet, Calata Marconi 10, Portofino (GE), Tel. 0185 26 91 05.

Strainier. Eigentlich gesichtsloses Restaurant am westlichen Ende der Bucht, aber mit tollem Blick darauf. Mo–So 11–22/23 Uhr, Molo Umberto I 19, Portofino (GE), Tel. 0185 26 91 89, www.strainerportofino.it

ÜBERNACHTEN

Nazionale Portofino. Familiäres kleines Hotel mit nur zwölf Zimmern. Vico Dritto 3, Portofino (GE), Tel. 0185 26 95 75, www.nazionaleportofino.com

Splendido. Das Nonplusultra-Hotel oberhalb von Portofino mit wunderbar luxuriösen Zimmern, die fast alle auf die Bucht von Portofino oder den Golf von Tigullio schauen und mit nur 16 weiteren Zimmern an der Piazzetta unten im Splendido Mare, beide mit Super-Restaurants. Salita Baratta 16, Portofino (GE), Tel. 01 85 26 78 01, www.hotelsplendido.com

INFORMATIONEN

I.A.T di Portofino. Via Roma 35, 16034 Portofino (GE), Tel. 0185 26 90 24, iat.portofino@provincia.genova.it

Outdoorportofino. Via Duca degli Abruzzi 39A, Niasca, Portofino (GE), Handy 334 329 08 04, www.outdoorportofino.com. Gut organisierte Unterwasser-, Segel-, Schnorchel-, Kajak- und Wandertouren mit oder ohne Übernachtung ab Paraggi, dem schönen Strand zwischen Portofino und Santa.

Bar La Gritta – dank Rex Harrison weltbekannt

SV 4334 D

Portofino – teuer und traumhaft

Der Velour von Zoágli gilt seit dem 15. Jahrhundert unbestritten als besonders kostbar, seit 1849 arbeitet die Manufaktur Cordani, jeweils mit Blick auf den aktuellen Zeitgeist.

13 Von Rapallo nach Lavagna

Bauwut an schöner Bucht

Sie nennt sich Costa del Tigullio, die Küste zwischen Camógli und Sestri Levante, die größte Stadt ist gleich zu Beginn Rapallo, in dessen Vorort Zoágli traditionell der berühmte ligurische Samt hergestellt wird. Das nahe Chiávari wiederum ist bekannt für die Produktion formschöner und sehr leichter Stühle, Lavagna schließlich für die von hier stammenden, hellen Steinplatten namens Ardesia, dem Schiefer ähnlich.

Rapallo mit seinen mehr als 30 000 Einwohnern ist völlig aus den Fugen geraten vor lauter Spekulationsobjekten. Umweltbewusste Architekten sprechen heute sogar schon von Rappalismus, wenn woanders ebensolche Bauwut entfaltet wird. Schade, denn die Lage der Stadt am Meer, dahinter die ganz nahe rückenden Hügel, ist ausnehmend schön und die Altstadt einladend. Schon die Palmenallee an der Meerespromenade Lungomare Vittorio Veneto mit ihren Cafés und Restaurants ist recht einladend, das historische Zentrum mit seinen z. T. noch gut erhaltenen mittelalterlichen Gebäuden ist ein Shopping-Paradies, bietet aber auch Kunstinteressierten einige Sehenswürdigkeiten wie das Castello sul Mare, den Stadtturm und die Basilika.

Interessante Museen locken

Zwei Museen bereichern das Angebot für Kulturreisende: Das Museo Attilio e Cleofe Gaffoglio im aufgelassenen Klarissinen-Kloster ist eine private Schenkung der Eheleute Gaffoglio an die Gemeinde im Jahr 2000 und bietet eine reiche Kunst-

Von der Hauptstraße aus ist gar nicht zu bemerken, wie hübsch Zoágli ist.

sammlung mit Stücken aus dem 14. bis zum 20. Jahrhundert, darunter Porzellan und u. a. ein großes, sehr kostbar gearbeitetes Ei der berühmten Manufaktur Fabergé aus Sankt Petersburg. Aber auch Gemälde und Möbelstücke, die teilweise aus dem privaten Haus des leidenschaftlichen Sammlerehepaares stammen, finden sich hier. Das Museo del Merletto hingegen ist ganz der Kunst der Spitzenarbeiten gewidmet, die in Ligurien auf eine lange Tradition zurückblickt. Schon aus dem 13. Jahrhundert sind Spitzenarbeiten mit Gold- und Silberfäden überliefert, den Höhepunkt erreichte diese aufwendige Kunst im 16. Jahrhundert in der Nachahmung der Mode am französischen Hof. All dies ist in diesem Museum schön an Beispielen dokumentiert.

Samt und Seide

Das kleine Nest Zoágli breitet sich entlang der Hauptstraße aus und ist auf einer langen, sich hochziehenden, kurvigen Straße oberhalb der Steilküste erreichbar. Es ist nur ein Vorort, aber zumindest für Innenarchitekten und Dekorateure ein weltberühmter. Denn Zoágli war schon im 15. und 16. Jahrhundert zur Blütezeit der Seerepublik Genua ein Produktionsort für feinen Samt. Geblieben ist die noch eifrig produzierende Samt-

AUTORENTIPP!

PER SEILBAHN ZUM MONTALLEGRO

Die bilderbuchhübsche Bucht von Rapallo überragt in 612 Meter Höhe der von den Einheimischen viel besuchte Wallfahrtsort Montallegro, was so viel heißt wie heiterer Ort. Man sollte den Wagen stehen lassen und mit der Drahtseilbahn, der Funivia, hochfahren, der einzigen noch erhaltenen Liguriens. Das dauert nur sieben Minuten und belohnt mit einem großartigen Blick auf die Bucht und die Stadt, die sich an sie schmiegt. Das Santuario della Madonna di Montallegro, wie die Kirche heißt, zeigt sich im allzu glatten Zuckerbäckerstil des ausgehenden 19. Jahrhunderts, ihr Baubeginn geht jedoch auf das Jahr 1558 zurück. Sie wurde für ein winzig kleines Madonnenbild errichtet: 12 mal 15 Zentimeter klein und angeblich byzantinisch, seit 1893 Rapallos Schutzheilige. Wer sich eher für Profanes interessiert, wird hier die Sommerfrische genießen, vielleicht mit einem Picknick im dichten Steineichenwald. Sonst bietet auch das Santuario ein Ausflugsrestaurant.

Santuario della Madonna di Montallegro. Mo–Sa 7.30–12, 14.30–17 Uhr, im Sommer bis 17.45 Uhr, So, Fei bis 17.30 beziehungsweise im Sommer bis 18.30 Uhr, Via al Santuario 24, Rapallo (GE), Tel. 0185 23 90 00, www.santuarionsmontallegro.com
Pilgerhotel Casa del Pellegrino mit dem Restaurant »Da Costante«, www.casapellegrino.com
Seilbahn. Mo–So 9–12, 14–18 Uhr (im Sommer)

AUTORENTIPP!

FLIEGENGEWICHTIGE HOLZSTÜHLE

Man weist sich als Kenner aus, wenn man in Chiávari, dessen Name von italienisch *chiave*, »Schlüssel«, kommt, wegen seiner Lage als Einstieg ins Entella-Tal und in die ligurischen Hügel, nach der Schreinerei der Fratelli Levaggi fragt. Denn diese sind berühmt für einen Klassiker italienischen Möbeldesigns: den in Handarbeit hergestellten, federleichten Chiávari-Stuhl. Dieser wird weltweit vertrieben, ist insbesondere in In-Cafés zu finden, die sich dennoch traditionell geben wollen. Die Stühle sind robust und doch leicht, bereits 1807 wurden sie von einem gewissen Giuseppe Gaetano Descalzi erdacht und werden bis heute von den vier Brüdern Levaggi seit 1963 in Handarbeit hergestellt. Inzwischen auch in farbigen Variationen.

Fratelli Levaggi. Via Parma 469, Chiávari (GE), Tel. 0185 38 30 92, www.levaggisedie.it

und Brokatmanufaktur Cordani (seit 1849). Ihre Webstühle sind jahrhundertealt, die Herstellungsart ebenfalls. Benutzt wird nur Seide, worauf die Auftraggeber besonderen Wert legen. Zu ihnen zählen Luxusmarken wie Prada und Gucci.

Hauptstadt des hellen Schiefers

Lavagna heißt der Ort, aus dem Liguriens heller Schiefer stammt, der vornehmlich für das Decken von Dächern benutzt wird. Genau genommen wird er im nördlich beginnenden Tal von Fontanabuona in den Bergen entlang des Lavagna-Flusses abgebaut. Kein Wunder also, dass auch im Ortskern von Lavagna historische Bauten unter Verwendung des schönen Schiefers errichtet wurden, so etwa das Portal am Oratorio Santa Trinità (15. Jahrhundert) und das wundertätige Marienbild aus dem 17. Jahrhundert unter den mittelalterlichen Arkaden des Centro Storico. Zur Kollegiatskirche Santo Stefano aber führt eine geradezu spektakuläre Treppen von der Piazza Marconi hinauf, ganz aus bunten Kieselsteinchen wie die ganze Terrasse vor dem bedeutendsten Gotteshaus der Stadt. Entstanden ist es im 17. Jahrhundert auf den Grundmauern einer Kirche aus dem 10. Jahrhundert.

Der Strand ist flach abfallend und auch für Kinder geeignet. Mit rund 1600 Liegeplätzen ist Lavagnas Jachthafen einer der größten im Mittelmeer und erfreut sich großer Beliebtheit auch bei Ausflüglern, die sich hier ein Boot chartern oder einfach eine organisierte Bootstour mitmachen können.

Romanik mit Gotik vermählt

Einen Ausflug sollte man von Lavagna unbedingt einplanen – ins noch wilde Fontanabuona-Tal. Nicht nur wegen der faszinierenden Natur, son-

dern auch wegen der wunderschönen Basilica San Salvatore dei Fieschi von Cogorno. Immerhin handelt es sich bei diesem Kirchenbau um eines der wichtigsten und am besten erhaltenen romanisch-gotischen Monumente Liguriens. Es wurde auf Veranlassung von Papst Innozenz IV. 1244/45 in Auftrag gegeben, einer der berühmten Persönlichkeiten aus dem ligurischen Adelsgeschlecht der Fieschi, die aus Lavagna stammten und in Genua zu großer Macht und Bedeutung und wohl auch Reichtum gekommen waren. Harmonisch ist das Zusammenspiel von romanischer, gedrungener Bausubstanz und der späteren gotischen Dekoration. Stilistisch eindeutig ligurisch präsentieren sich die schwarz-weißen Streifen; von besonderer Pracht ist die fast etwas zu groß geratene Rosette über dem Portal. Innen wird die dreischiffige Basilika von schweren Stützen getragen, leichter ist die Konstruktion des Chorraumes. Über der Vierung erhebt sich klobig der romanische Glockenturm, durch Quadriforien (Klangöffnungen mit je vier Arkaden) erhellt.

Diese an sich kleine Kirche hatte eine große Bedeutung als Pilgerstation entlang der Frankenstraße (ital. *Via Francigena*) nach Rom. Wegen ihrer Schönheit und dem gelungenen Kontext im dörf-

Oben: Liegt schön und ist schön – und bedeutend: San Salvatore dei Fieschi.
Unten: Moderne Überraschung im Inneren der Basilika ist eine Christusfigur aus Olivenholz.

lichen Cogorno wurde die Basilika 1860 zum italienischen Nationalmonument erklärt und wird daher ganz besonders gepflegt, obwohl sie recht einsam liegt.

Die Wege der Ardesia

Überall im Fontanabuona-Tal wurde früher der helle Schiefer von Lavagna, ein 70 bis 80 Millionen Jahre altes Sedimentgestein, abgebaut. Überall fanden sich Wege durch die Wälder zu den Abbaustellen, später dienten sie den Bauern als Zugangswege zu ihren verstreut liegenden Äckern und Gärten. Viele Wege sind der Bauerschließung zum Opfer gefallen oder enden einfach im Nichts beziehungsweise an einem privaten Zaun. Aber einige haben die sensibler gewordenen Gemeinden ringsum wieder hergestellt, nicht nur für Touristen – auch die lokale Bevölkerung weiß den Ausflug ins Grüne zu schätzen. Zwei Wege lassen sich zu einem Rundweg fügen, mit Start bei der Basilica dei Fieschi in rund 260 Meter Höhe. Es geht einmal im Norden und einmal im Süden in den Wald mit hohen Kastanien hinein bis zum Monte San Giacomo (547 m). Einfach dem Weg 10a bzw. 10b folgen, die bringen einen zu interessanten Punkten mit Ardesia-Stein: beispielsweise zu verlassenen Steinbrüchen (einer wurde bei San Giacomo in den Berg hineingeschlagen), Bauernhäusern ganz aus diesem lokalen Stein, Weinbergen, deren Stützmauern aus Ardesia sind und Steinplatten mit runden Löchern für das Durchschieben eines Stockes als Pergola-Stütze aufweisen. Man geht teils auf historischen Mauleselpfaden, teils über kurze Asphaltstrecken. Insgesamt ist das eine nicht schwierige, ganzjährig machbare und lehrreiche Wanderung von rund drei Stunden. Ein Parkplatz befindet sich unterhalb der Basilika, wo auch die öffentlichen Busse aus Lavagna beziehungsweise Chiávari halten.

Oben: Basilica dei Fieschi innenansicht
Mitte: Der Vorplatz mit seinem hübschen Kieselsteinmosaik
Unten: Wanderzeichen in der Nähe der Kirche, die zu den Ardesia-Steinbrüchen hinführen

Infos und Adressen

SEHENSWÜRDIGKEITEN

Cordani. Mo, Mi–Sa 9–18 Uhr, Werkstatt Via Aurelia 102–104, Verkaufsladen Via San Pietro 21, beide Zoágli (GE), Tel. 0185 25 91 41, www.tessiturecordani.it

Museo Attilio e Cleofe Gaffoglio. Sept.–Juni Mi, Fr, Sa 15–18, Do 10–12, So, Fei 15–17 Uhr, Juli–Aug. Mi, Fr, Sa 16–19, Do 10–12, So, Fei 17–19 Uhr, Piazzale Josemaria Escrivá, Rapallo (GE), Tel. 0185 23 44 97

Museo del Merletto. September– Mi, Fr, Sa 15–18, Do 10–12, So, Fei 15–17 Uhr, Juli–Aug. Mi, Fr, Sa 16–19, Do 10–12, So, Fei 17–19 Uhr, Villa Tigullio, Parco Casale, Rapallo (GE), Tel. 0185 633 04/05

San Salvatore dei Fieschi. Basilika von Cogorno nordöstlich von Lavagna, im Winter Mo–Sa 8.30–17.30, So 9.30–10.30 und 13.30–17.30 Uhr, im Sommer Mo–Sa 8.30–18.30, So 9.30–10.30 und 13.30–18.30 Uhr, Piazza Innocenzo IV 20, Cogorno (GE), Tel. 0185 38 02 45

Santo Stefano. Kollegiatskirche, die bedeutendste Lavagnas. Mo–So je nach Jahreszeit 9–11, 16–17/18 Uhr, Piazza Guglielmo Marconi, Lavagna (GE), Tel. 0185 39 01 93

ESSEN UND TRINKEN

Borgo Vecchio. Sympathisches Fischrestaurant in rustikalem Ambiente mit Terrasse auf der Piazza. Juli, Aug. Mo–So, sonst Mi–Mo 12.30–14.30, 19–22.30 Uhr, Piazza Gagliardo 15/16, Chiávari (GE), Tel. 0185 30 90 64

Il Gabbiano. Gehobenes Restaurant in Panorama-Hügellage. Via San Benedtto 26 (1,5 km östlich vom Zentrum), Lavagna (GE), Tel. 0185 39 02 28, www.ristoranteilgabbiano.com

Luca. Am Hafenbecken mit entsprechend maritimem Look, gute Fischgerichte ohne Schnörkel. Mi–Mo, im Aug. Mo–So 12.30–14.40, 19.30–22.30/23 Uhr, Via Langano 32, Porto Carlo Riva, Rapallo (GE), Tel. 0185 603 23, www.ristoranteluca.it

ÜBERNACHTEN

Excelsior Palace. Das beste Haus am Platze mit ausgezeichnetem Restaurant Eden Rock. Via San Michele di Pagana 8, Rapallo (GE), Tel. 0185 23 06 66, www.excelsiorpalace.it

Monte Rosa. Familiär geführtes Haus im Stadtzentrum, mit gutem Restaurant, im Winter mitunter geschl. Via Monsignor Marinetti 6, Chiávari (GE), Tel. 0185 31 48 53, www.hotelmonterosa.it

Tigullio. Zentral gelegenes, modernisiertes Hotel mit Restaurant und gutem Preis-Leistungs-Verhältnis, im Winter mitunter geschl. Via Matteotti 1, Lavagna (GE), Tel. 0185 39 29 65, www.hoteltigullio.com

INFORMATIONEN

A.P.T. Lungomare Vittorio Veneto 7, 16035 Rapallo (GE), Tel. 0185 23 03 46, www.turismo.provincia.genova.it und www.comune.rapallo.ge.it (Gemeinde-Seiten)

I.A.T. Corso Assarotti 1, 16043 Chiávari (GE), Tel. 0185 32 51 98

I.A.T. Piazza della Libertà 48/a, 16033 Lavagna (GE), Tel. 0185 39 50 70

Bei Cordani finden man auch Modisches.

Oben: Auf dem Weg zu den Bergdörfern an der Alta Via Ligure (der Hochwanderstrecke entlang des Apenninkamms), zu erkennen am Wanderzeichen AV.
Unten: In Lórsica wird im Familienbetrieb der De Martini an historischen Webstühlen gearbeitet.

14 Lórsica und Barbagelata

Bergdörfer an der Via Alta

Das Fontanabuona-Tal nach Nordwesten fahrend darf man den Abstecher nach Lórsica und weiter hinauf in die ligurischen Berge bis Barbagelata nicht auslassen. Überragt vom 1345 Meter hohen Monte Ramaceto liegt Lórsica ausnehmend schön und ist berühmt für den hier gewobenen Damast. In Barbagelata gedenkt man eindrucksvoll der Partisanen, die im Zweiten Weltkrieg gegen die deutschen Besatzer kämpften.

Gerade einmal 500 Einwohner zählt das weit verstreute Siedlungsgebiet aus den Nestern Acqua di Sopra, Barbagelata, Castagneto, Figarolo, Monteghirfo, Verzi, zudem Lórsica am Tirello-Bach, der dem Fontanabuona-Tal zueilt; ein Dorf, das sich schon im 15. Jahrhundert auf die Herstellung von Seidendamast für Genua spezialisiert hatte. Die dafür notwendigen Webstühle wurden mit der Wasserkraft des Wildbaches angetrieben.

Dass es weitergeht mit der Damast-Tradition, ist sicher Stefania zu verdanken, der rührigen Tochter der Familie DeMartini. Sie hat das Weben mithilfe der sogenannten Jacquard-Lochkarten, mit denen man die Webmaschine »programmieren« kann, von ihren Eltern und ihrer Tante gelernt. Das Klappern der großen Maschinen und die Ergebnisse, die man so schön streicheln kann und die manche Kunden für viel Geld bestellen, haben sie schon von klein auf fasziniert. Und wer mag, darf ihr und ihren Helferinnen über die Schulter schauen. Oder ins Museum nebenan gehen, das die Damastweberei seit dem ausgehenden Mittel-

Das Bergdorf Lórsica liegt einsam und ist doch betriebsam.

alter bis heute zum Thema hat und wunderschöne Stücke zeigt.

An der tiefsten Stelle des 383 Meter hoch liegenden Dorfes erhebt sich die bescheidene Pfarrkirche Nostra Signora Annunziata: Ende des 16. Jahrhunderts errichtet und im Laufe des 19. erweitert. Damals und im folgenden Jahrhundert entstanden in der einschiffigen Kirche die Stuckarbeiten und die Fresken. Stolz ist man in Lórsica auf ein Holzkruzifix aus der Schule von Anton Maria Maragliano (1664–1739) aus Genua, vor allem aber auf die großartige Sammlung von kostbaren Damasten, alle natürlich von der Dorfbevölkerung in Handarbeit hergestellt.

Auf dem Dach Liguriens

Traurige Berühmtheit erlangte das Partisanennest Barbagelata, was man mit »gefrorener Bart« übersetzen könnte, in der Nacht vom 12. auf den 13. August 1944. Deutsche Nazi und italienische Faschisten setzten es in Brand, dabei kamen drei Bauern ums Leben, die den Besatzern zuvor – dazu gezwungen – als Bergführer gedient hatten. Während im Zweiten Weltkrieg die Lage dieses höchstgelegenen Dorfes Liguriens als strategisch

AUTORENTIPP!

SANTO STEFANO D'AVENTO

Dem Aveto-Fluss zu Füßen von Barbagelata nach Nordosten folgend, bei Rezzoáglio ab in Richtung der engen Kurven nach Osten, den majestätischen Monte Maggiorasca (1799 Meter) an der Grenze zur Emilia Romagna im Visier, schon steht man vor dem Tor von Santo Stefano d'Aveto in 1017 Meter Höhe. Allein wegen seiner abgeschiedenen Lage und seiner imposanten Malaspina-Festung aus dem 12. Jahrhundert ist der Ort einen Ausflug wert. Die Gemeinde wurde zurecht vom Italienischen Automobilclub mit der *Bandiera Arancione*, dem orangefarbenen Band ausgezeichnet, das für Qualitätstourismus und Umweltschutz steht. – Ganz in der bäuerlichen Tradition wird Ende Oktober das Fest der *Transumanza* begangen – des Almabtriebs.

I.A.T. Piazza del Popolo 6,
Santo Stefano d'Aveto (GE),
Tel. 0185 880 46 oder 0185 880 07

Oben: Um Barbagelata liegt herrliche Landschaft, ideal zum Wandern.
Mitte: Modern ist die Architektur der kleinen Kirche am Dorfrand, deren verglaste Rückseite weite Ausblicke ermöglicht.
Unten: Wegweiser, dem man folgen sollte

wichtig galt, ist sie heute günstig für Wanderer zwischen dem ligurischen Meer und dem ligurischen Kamm der Seealpen: Der Ort steigt von 750 auf 1226 Meter Höhe, er wird daher gerne als das Dach Liguriens bezeichnet. Heute leben dort nur noch 36 Menschen – zumeist in fortgeschrittenem Lebensalter. Jüngere soll ein Projekt ins Dorf bringen: ein Windradpark zur Energiegewinnung.

Die Pfarrkirche Santa Maria del Creato erhebt sich bescheiden in 1125 Meter Höhe und gilt daher als die am höchsten gelegene Kirche des Ligurischen Apennin – ein moderner Bau aus heimischem Material. Durch die große Glasfläche auf der Rückseite hat man das ganze Tal im Blick, eine großartige Einbeziehung der Natur! Im kleinen Dorfzentrum ist die alte Kirche nur noch in Resten erhalten geblieben, ein Opfer der deutschen Truppen im besagten August 1944.

Fackeln und Feuerwerk

Am 31. Dezember, also in der Silvesternacht, ziehen traditionell begeisterte Bergfreunde von Barbagelata auf den 1245 Meter hohen Monte Cáucaso, mit dicken Mützen und Fackeln ausgerüstet. Erst geht es um 21 Uhr zur Messe in die Kirche, eine Stunde später beginnt der Marsch entlang des Forstweges auf den Gipfel hinauf, keine schwierige, aber eine aufregende nächtliche Tour, die etwa eine Stunde dauert. Gegen Mitternacht erwartet die Fackelträger am Gipfel vor der Kapelle der Madonna della Pace (Friedensmadonna) aus das schönste nächtliche Panorama mit dem Feuerwerk, das alljährlich an der Küste veranstaltet wird. Prosit Neujahr! Am Rifugio del Monte Cáucaso kann man ein Mitternachtsmahl einnehmen, freilich nur, wenn man sich beim Hüttenwirt Maurizio rechtzeitig vormerken ließ. Aber heiße Getränke und Schampus gibt es für alle.

Infos und Adressen

SEHENSWÜRDIGKEITEN

DeMartini. Historische Damastweberei seit ca. 1500. Via Scaletta 78, 16045 Lórsica (GE), Tel. 0185 97 73 02, www.tessiturademartini.it

Museo di Lórsica. 2007 eröffnetes Damast-Museum, auf Anfrage bei der Associazione Culturale Liguria Arte La Pietra Nera, Lórsica, zu besichtigen. Infos über Tel. 0185 97 73 40, 0185 950 19 oder lig_arte_pietra_nera@email

Nostra Signora Annunziata. Pfarrkirche, meist nur zu den Messen geöffnet. Via Ciga, Lórsica (GE)

Santa Maria del Creato. Neuzeitliche Kirche von 1967 in 1125 m Höhe, die höchstgelegene der Region, meist ganztags geöffnet. Strada Provinciale 56, Scalinata della Parrocchia, Barbagelata (GE)

ESSEN UND TRINKEN

Rifugio del Monte Cáucaso. S. u. Übernachten

Il Paesano. Nettes Lokal in schöner Panoramalage mit guter ländlicher Küche. Via Arata 2, Cicagna (GE) rund 3 km südwestlich von Lórsica, Tel. 0185 926 50

ÜBERNACHTEN

Agriturismo Il Sogno. Landgut, lediglich 10 Autominuten von Lórsica entfernt, mit 5 Zimmern und Restaurant, in dem die eigenen Produkte bevorzugt verarbeitet werden. Via Cona 94, Lórsica (GE), Tel. 0185 95 20 03, www.agriturismoilsogno.it

Rifugio del Monte Cáucaso. Zwölf Schlafplätze und Verpflegungsmöglichkeit auf der Berghütte, von Frühjahr bis Spätsommer sowie im Winter an den Wochenenden, wenn zugänglich. Via Barbagelata 24, Lórsica (GE), Handy des Hüttenwirtes Maurizio Chénal 347 301 10 16

Rifugio Escursionistico Alta Via dei Monti Liguri. Einfache Hütte in Traumlage mit zwölf Betten. Barbagelata, Lórsica (GE), für Anmeldung Tel. 0185 97 52 36 und Handy 340 966 34 70 oder comunelorsica@libero.it, www.altaviadeimontiliguri.it

INFORMATIONEN

Speziell zur Alta Via (AV): www.altaviadeimontiliguri.it/portale/it/ospitalita.wp

Generell: Länge des gesamten Wanderweges der Alta Via, mit AV gekennzeichnet, ca. 440 km, aufgeteilt in 43 Etappen; mittlere Höhe um 1000 Meter. Unterwegs Schutzhütten und Hinweis-Tafeln zu den nächsten Ortschaften.

Infos und Notruf:
800 445 445 (kostenlos) Mo–Fr 9–13 und 14–16 Uhr

Lorsicas Museo del Damaso würdigt die Fertigkeit, edlen Damast kunsthandwerklich vollendet herzustellen. Auch heute wird in Lorsica dieses Material auf historischen Webstühlen produziert. Verwendet wird es unter anderem zum Bezug von Sesseln und Sofas.

15 Sestri Levante

Ein Sandstrand wie eine Mondsichel

Sestri Levante gehört zu den schönsten Badeorten der Ostküste Liguriens, besitzt eine kleine Halbinsel namens Monte Castello zum Draufschauen, einen ganz normalen langen Stadtstrand und einen zauberhaften, mondsichelförmigen, der seinem Namen Baia del Silenzio, Bucht der Stille, während der sommerlichen Hochsaison nicht gerecht wird, weil ihn einfach zu viele Menschen schätzen.

Sestri Levante ist ein sehr hübscher Ort, der zum Bummeln einlädt, aber auch zum Schlemmen und zum Baden an den beiden schönen Stränden.

Den in seinem historischen Kern geradezu heimeligen Ort, mit seiner großen Fußgängerzone, netten Lokalen und guten Einkaufsmöglichkeiten, liebten schon andere – etwa der genuesische Edelmann Giambattista Brignole, der Sestri seiner Heimatstadt vorzog und sich hier 1648 eine Villa bauen ließ, mit Blick auf den Monte Castello. Den akkuraten italienischen Garten dahinter ließ später sein Sohn gestalten. Lang ist die Liste der Gäste der Villa Balbi, wie der Bau seit dem Tod des letzten Besitzers, des Kardinals Giacomo Brignole (1797–1853), und der Übernahme durch dessen Neffen heißt. Zu den bedeutendsten zählen Elisabetta Farnese, die Frau von Philipp V. 1714, und Vittorio Emanuele II., König von Sardinien 1821. Heute verschandeln den Park die Fahrzeuge der Gäste, die sich in der Villa, seit 1947 ein Hotel, nun gegen Bezahlung verwöhnen lassen.

Märchenhaft

Auch er kam als zahlender Gast nach Sestri Levante: der Kinderbuchautor Hans Christian Andersen, dem der westliche Strand seinen bis

Sestri Levantes mondsichelförmige Baia del Silenzio

heute zugkräftigen Namen Baia delle Favole zu verdanken hat, »Strand der Märchen«. Zu Ehren Andersens wird hier seit mehr als vier Jahrzehnten der Literaturpreis *Città dei ragazzi* (»Stadt der Kinder«) verliehen. Aber mit der östlichen Bucht kann dieser Fabelstrand trotz Andersens Schwärmereien nicht mithalten. Die Baia del Silenzio lieben auch die Einheimischen, die sich dort an jedem freien Sommertag aufzuhalten scheinen. Außer seiner natürlichen Schönheit im perfekten Halbrund und seinem feinen, fast weißen Sand, umstanden von nahe gerückten, netten Hotels, hat der Strand nichts zu bieten, ist also nicht eingerichtet, wie es so schön heißt. Es gibt nur wenige Liegen und Sonnenschirme zu leihen, keine Bagni oder Lido im üblichen Sinne. Kommt man vom Zentrum des Städtchens, schaut man links auf das weiße Hotel »Helvetia« mit seinen sonnengelben kleinen Rundmarkisen in leicht erhöhter Lage und rechts auf das Ex Convento dell' Annunziata. Immerhin handelt es sich um das erste Dominikanerkloster Ost-Liguriens, das allerdings 1467 im gotischen Stil umgebaut wurde. Unter Napoleon wurde es säkularisiert, also auch seiner Schätze beraubt, ab 1867 war es Waisenhaus, 1890–1982 diente es als Ferienheim zweier Piemonteser Gemeinden (Biella und Casale Monferrato) – um schließlich zum Kultur- und Kongress-

AUTORENTIPP!

KLEIN, ABER FEIN

Das freundliche Hotel am Rand des historischen Zentrums, seit 1955 in Familienbesitz, wird heute vom Geschwisterpaar Magda und Sante Lambruschini geführt; sie verwaltet das Haus, er ist der Herr der Küche, und das mit großer Leidenschaft. Selten findet man ein solches Vorspeisenbüfett und so leckeren Nachtisch in einem Drei-Sterne-Hotel wie hier. Schon morgens wird in der offen einsehbaren Küche gewerkelt, um die Hausgäste am Abend zu verwöhnen. Schade, dass man als Passant nicht partizipieren kann! Die Zimmer sind eher einfach, aber nett und klimatisiert, teilweise mit Terrasse. Und man ist vom Hotel in nur wenigen Schritten inmitten der Altstadt mit ihren engen Gassen – und am Strand. Kein Wunder, dass man hier fast nur Stammgästen begegnet.

Hotel Marina. Via Fascie 100/108,
Sestri Levante (GE),
Tel. 0185 415 27,
www.marinahotel.it

AUTORENTIPP!

ESSEN UND TRINKEN BEIM TINTENFISCH

Da die meisten Hotels über eine gute bis sehr gute Küche verfügen, tun sich hier die Restaurants schwer, neue Gäste anzulocken. Es gibt viele kleine Bars und Cafés, aber auch ein paar standhafte und fast schon historische Lokale wie die unter dem Namen *Polpo* – der Tintenfisch. Sie gehören alle zusammen, befinden sich alle im historischen Ortskern und werden von der eigenen Fischerei beliefert. Während der Saison muss man unbedingt reservieren, sonst geht man meistens leer aus. Erste Adresse der drei kulinarischen Tempel ist die Cantina del Polpo mit ihrem angenehmen Wintergarten.

Cantina del Polpo. Mi–Mo 12–15, 19.30–23 Uhr. Piazza Cavour 2, Tel. 0185 48 52 96
Osteria il Polpino. Mi–Mo 18–2 Uhr. Via Cappuccini 7, Handy 320 728 49 78
Polpo Mario. Im Winter Di–So, sonst Mo–So 12–15, 19.30–23 Uhr. Via XXV Aprile 163, Tel. 0185 48 02 03 oder 0185 482 40

Die Baia delle Favole, die Märchenbucht, hat auch ihren Reiz.

zentrum umgestaltet zu werden. Daher ist es schwierig, zum künstlerisch wertvollen Fresko in der Cappella Nicolò Bernabò von 1472 zu gelangen – aber allein der Anblick am Ende der Bucht entschädigt dafür und der Blick von der hinter dem Kloster liegenden Terrasse aufs weite Meer.

Anwalt der Bilder

Marcello Rizzi war von Profession Anwalt, doch von Passion Sammler wie sein Vater Vittorio, der Arzt war. Um die große private Kunstsammlung aus dem 15. bis 18. Jahrhundert unterzubringen, schuf er eine Stiftung und überließ ihr den herrlichen Palazzo an der schönen Baia del Silenzio. Die Villa hatte seine Familie bereits 1926 mit Ziviladresse Via Cappuccini (also mit Zugang von der Stadtseite aus) errichten lassen. Nach der Schenkung der Immobilie mitsamt kostbarem Inhalt an den italienischen Staat wurde darin 1967 die Galleria Rizzi eröffnet. Sie beherbergt nicht nur die italienischen Gemälde, sondern auch Zeichnungen, Druckgrafiken, Möbel und ligurische Keramikarbeiten, speziell aus Savona und Albisola.

Durch Tunnel und über Panoramawege

Die Bahnlinie wurde ins Hinterland versetzt, wodurch die alte Trasse für den automobilen Verkehr umgewidmet werden konnte – per Ampelschaltung nach einem genauen Zeitplan reguliert, weil die sechs Tunnel ab dem Vorort Riva von Sestri Levante einbahnig geblieben sind. Üblicherweise wird bei 15, 35, 55 Minuten nach der vollen Stunde, also alle 20 Minuten die erlaubte Fahrtrichtung gewechselt. Für den Rückweg kann man oben die sehr lange Hügelstraße nehmen, die weite Panoramablicke bietet.

Ⓐ **Monéglia** – Der Geburtsort des Malers Luca Gambiasco lohnt allein wegen der hübschen Klosterkirche San Giorgio einen Besuch. 1396 wurde sie von Benediktinermönchen errichtet, 1494 dann vom Franziskanerorden übernommen. Dem Kirchenpatron Georg sind zwei großartige Kunstwerke gewidmet: die Holzgruppe *Georg mit dem Drachen* sowie ein Bild zum selben Thema, das Peter Paul Rubens zugeschrieben wird.

Ⓑ **Deiva Marina** – Der bescheidene Badeort besitzt einen wunderschönen langen Strand, an dem es selten allzu eng wird.

Ⓒ **Framura** – Da muss man mit dem Wagen oder dem Fahrrad den Hang hoch zum Ort, der es mit großartigem Panorama belohnt.

Ⓓ **Bonassola** – Gleich hinter der alten Bahnlinie befindet sich das ruhige Zentrum mit netten, einladenden Cafés und der nicht nur wegen ihrer beiden Prozessionskreuze interessanten Kirche Santa Caterina. Auf einer Landzunge über dem Meer hockt das Kirchlein Madonnina della Punta mit einem hinreißenden Blick Richtung Cinque Terre.

Ⓔ **Lévanto** – Einer der hübschesten Orte an der Ostküste Liguriens, von einer kleinen Festung beschützt. Gleich hinter dem Strand entfaltet sich der auch historisch interessante Ort und öffnet sich mit einer Loggia zum Meer (s. S. 114). Die einladenden Restaurants eignen sich hervorragend für eine Pause vor der Rückfahrt nach Sestri Levante.

Oben: Fisch ist die Hauptspezialität von Sestri Levante, vor allem die kleinen *acciughe*, eine Art Sardellen.
Mitte: Warten auf Kundschaft am Strand der Baia del Silenzio
Unten: Im Städtchen braucht man nicht zu darben, auf Schritt und Tritt findet man frische Backwaren.

Prestigeobjekt Archäologisches Museum

Endlich war es so weit, 2013 wurde das Museo Archeologico der Stadt Sestri Levante eingeweiht. Auch wenn es noch nicht über allzu lange und somit besucherfreundliche Öffnungszeiten verfügt – es ist ein Prestigeobjekt! Und leider, muss man sagen, ist vom an sich schönen Palazzo, in dem es sich befindet, nicht viel zu sehen – die Vitrinen sind schlichtweg fantasielos geraten. Aber sie informieren über die archäologischen Funde im Gemeindegebiet und machen klar, dass Sestri Levante nicht nur ein hübscher Badeort ist, sondern auch auf eine recht interessante Geschichte zurückblicken kann.

Gut speisen gehört hier dazu

Kein Sestri-Besuch ohne ein kulinarisches Highlight. Das bedeutet nicht unbedingt großes Schwelgen in teuren Restaurants. Vielmehr gilt dies in erster Linie einem kleinen Fisch namens *acciuga*, der Sardelle. Sie ist eine Mini-Sardine, die man unbedingt gekostet haben muss. Und zwar am besten im Juli bei der *Sagra del Bagnun* im Nachbarort Riva Trigoso, wo dieses kulinarische Fest begangen wird. Dann wird die Sardelle mit Zwiebeln, Knoblauch, Petersilie, Tomaten und Weißwein serviert – einer alten Fischertradition vor Ort folgend. Aber auch sonst kann man sich in Sestri Levante auf die gute Tradition der Fischküche verlassen, wie sie in den recht zahlreichen Lokalen gepflegt wird. Wer nur eine Kleinigkeit braucht, kann sich durch die Hauptgasse der Via XXV Aprile geradezu »durchessen«, findet hier ein Lokal am anderen, Cafés und *Focaccerie*, in denen den ganzen Tag über das ligurische Fladenbrot in allen erdenklichen Variationen gebacken wird. Eisdielen komplettieren das Angebot.

Infos und Adressen

SEHENSWÜRDIGKEITEN

Galleria Rizzi. Privatsammlung, Kunst des 15.–18. Jahrhunderts. Mai–Okt. So 10–13, Mai–Sept. Mi 16–19, Ende Juni–Anf. Sept. Fr, Sa 21.30–23.30 Uhr, Via Cappucini 8, Sestri Levante (GE), Tel. 0185 413 00, www.galleriarizzi.com

Museo Archeologico e della Città. Eines der jüngsten Museen Liguriens, erst 2013 eröffnet im Palazzo Fascie. Sept.–Mitte Juni Di, Do, Sa 9–13, Mi, Fr sowie Sa zusätzlich 15–18.30, Mitte Juni bis Mitte Sept. nur Fr, Sa 18–22, So 9.30–13, Juli, Aug. Do–Fr 18–22, Sa 18–23, So 9.30–13, 18–22 Uhr, Corso Colombo 50, Sestri Levante (GE), Tel. 0185 47 85 30, www.musel.it

ESSEN UND TRINKEN

Bistromare. Köstlich urige Trattoria, auf deren Speiseplan Fisch und nochmals Fisch steht, denn der Inhaber ist Fischer. Juni–September Mo–So, April, Mai und Oktober an den Wochenenden, praktisch ganztags geöffnet. Im Zentrum der Baia del Silenzio, also am Strand, Eingang auch Piazza Marsala 6 hinter dem Rathaus, Sestri Levante (GE), Handy 347 431 43 00, www.bistromare.it

ÜBERNACHTEN

Grand Hotel Villa Balbi. Das Paradehaus des Städtchens, auch noch historisch (s. o.) mit feudalen Aufenthaltsräumen, beheiztem Pool und Restaurant. Viale Rimembranza 1, Sestri Levante (GE), Tel. 0185 429 41, www.villabalbi.it

Helvetia. Gepflegtes Hotel in weißem Ambiente an der Baia del Silenzio mit Restaurant darüber. Via Cappuccini 43, Sestri Levante (GE), Tel. 0185 411 75, www.hotelhelvetia.it

KULTURTERMINE

Blues & Soul Festival erste Mai-Woche

J. S. Bach Klavier-Wettbewerb Mitte Mai

H.C. Andersen-Preis für Kinderliteratur und Straßentheater letzte Mai-Woche

INFORMATIONEN

IAT. Piazza Sant Antonio 10, 16039 Sestri Levante (GE), Tel. 01 85 45 70 11, www.sestri-levante.net

Feinkost in der Fußgängerzone

Oben: Varese Ligure ist ein rundes mittelalterliches Nest, und von seinen Bewohner liebevoll gepflegt.
Unten: Unter den Rundbogenarkaden sitzt man auch bei der Handarbeit schön schattig.

16 Varese Ligure

Das kreisrunde Festungsstädtchen

Nur knapp 30, aber kurvenreiche Kilometer sind es ins Hinterland bis zum Städtchen Varese Ligure. Eine Fahrt durch dichte Wälder, die zwischendurch wunderschöne Ausblicke bis ans Meer, in die Berge und ganz nah auf wilde Wasserläufe freigeben. Das kleine, rund befestigte Dorf hat sich im Laufe der Zeit zum kulturellen Mittelpunkt des Vara-Tales entwickelt.

Vareses Festkalender ist voller Veranstaltungen für Familien und für Schlemmer. Wer zudem so hübsch aussieht und dazu noch in 353 Meter Höhe nicht allzu weit vom Meer liegt, braucht sich über mangelnde Beliebtheit nicht zu beklagen. Der historische, runde Kern mit der trutzigen Festung der Fieschi-Familie von 1436 hat erfreulicherweise später recht hübschen Zuwachs an Gebäuden bekommen, schließlich wollen die meisten der etwas mehr als 2000 Einwohner, die ihren Ort übrigens Vaeise nennen, komfortabler wohnen als in den engen, lichtarmen Gassen.

Eigentlich besteht der Ortskern aus dem 13. Jahrhundert nur aus der Mauer, an deren Innenseite die Häuser stehen, der Rundung folgend. In der Mitte zieht sich von der Fieschi-Festung aus gesehen eine Gasse bis zum gegenüberliegenden Punkt des Kreises hin, auf beiden Seiten von weiteren Wohnhäusern umstanden. So reichten zwei Tore – eines bei der Festung und eines gegenüber, um den wichtigen Marktplatz zu schützen und gleichzeitig zu erschließen. Die relativ niedrigen Häuser haben zur Mitte hin gedrungene Bogengänge, die sich die ganze Rundung entlang durchziehen, Backsteingewölbe auf schweren Stützen. Die bunten Hausfassaden lockern den Festungscharakter auf. – Am eindrucksvollstsen wäre der Gesamtanblick aus der Vogelperspektive.

Die Vorburg oder Festung der Fieschi hat trutzig von der Piazza dei Fieschi Besitz ergriffen. Leider befindet sie sich im Privatbesitz und ist daher nicht zu besichtigen. Aber allein der Eindruck von außen ist imposant – ein schöner Rahmen für die vielen Veranstaltungen des Jahres, die gerne davor abgehalten werden.

Ganz schön umweltfreundlich

Marktort ist er spätestens seit den Fieschi, die den strategisch günstigen Standort auf dem Handelsweg über den Tosko-Emilianischen Apennin zwischen der jetzigen Emilia-Romagna im Norden und Ligurien im Süden sichern wollten. Varese Ligure blickt auf eine lange landwirtschaftliche Tradition zurück, die Bewohner haben daher ein inniges Verhältnis zur Natur und kümmerten sich schon früh um die biologische Produktion von Lebensmitteln sowie um die Nutzung erneuerbarer Energie, um die getrennte Abfallbeseitigung, umweltgerechte Wasserwirtschaft etc. So sehr, dass Varese Ligure 1999 als erstes Dorf innerhalb der Europäischen Union das Umweltzertifikat ISO-14001 und danach das »Promote 100« erhielt sowie viele weitere Anerkennungen. Also nicht nur ein schönes, sondern auch ein interessantes Dorf! Mit inzwischen vier Windrädern erzeugt der Ort heute jährlich bereits 6,5 Millionen Kilowattstunden, weitere 23 000 durch ein ausgetüfteltes Photovoltaik-System: Eine enorme Reduzierung des CO_2-Ausstoßes also, die noch gesteigert werden soll. Was sonst alles der Umwelt zuliebe gespart wird, sollte man sich vor Ort erklären lassen, denn es ändert sich ständig.

Infos und Adressen

SEHENSWÜRDIGKEIT

Der gesamte historische Ortskern

ESSEN UND TRINKEN

Amici. Traditionsreiches Restaurant mit Silberbesteck und Wappen auf den Tellern – nicht nur für die Hotelgäste. Mitte Sept.–Mitte Juni Do–Di, sonst Mo–So 12–14, 19.30–21 Uhr, Adresse s. Übernachten

I Fieschi. Viel gelobtes Restaurant mit authentischer ligurischer Küche (auch Degustationsmenü) außerhalb des historischen Zentrums. Di–So 12.30–14.30, 19–23 Uhr, Juli, Aug. abends mit Livemusik. Via Garibaldi 42, Varese Ligure (SP), Tel. 0187 84 23 49, www.ristoranteifieschi.it

L' Incontro. Modern, bunt eingerichtetes Restaurant mit viel gelobter Pizza. Do, Fr mit spezieller *Farinata*, Di–So 12–14.30, 19–22.30 Uhr. Via M. Caranza 1 (ex Via Municipio 1), Varese Ligure (SP), Tel. 0187 84 21 91

ÜBERNACHTEN

Albergo Amici. Traditionshaus (seit 1760) mit netten Zimmern und Restaurant mit sehr guter ligurischer Küche (auch für Passanten). Via Garibaldi 80, Varese Ligure (SP), Tel. 0187 84 21 39, info@albergoamici.com

INFORMATIONEN

Pro Loco. Leider hält man sich nicht immer an die angeschriebenen Öffnungszeiten! Piazza Castello, Varese Ligute (SP), Tel./Fax 0187 84 20 94, www.prolocovareseligure.it

Monéglia gehört zu den ruhigen Orten an der Riviera östlich von Genua, seit die Bahntrasse ins Hinterland versetzt wurde.

17 Monéglia und Deiva Marina

Die ungleichen Schwestern

Es geht normalerweise recht gemütlich zu in Monéglia, dem Geburtsort des Malers Luca Gambiaso. Die Hotellerie ist, von einer Ausnahme abgesehen, eher bescheiden, seit Generationen von denselben Familien geführt und fast nur in der warmen Jahreszeit geöffnet. Mit neuzeitlichen Hotels bestückt ist dagegen das nahe Deiva Marina. Bei beiden gilt: Die meisten Gäste gehen an den Strand gleich hinter der früheren Bahnlinie.

Das eher bescheidene, den Hang hochkletternde Monéglia mit seinen knapp 3000 Einwohnern hat gleich unten nahe dem Meer seinen größten Schatz zu bieten: die Klosterkirche San Giorgio, die bereits 1396 errichtet wurde. Die Außenwände sind schwarz-weiß quergestreift, der Glockenturm ragt weit in die Höhe und zeigt von der einstigen Bahnlinie aus betrachtet, die nun wie eine Brücke zwischen Ortszentrum und Strand schwebt, an, wo das Herz des Städtchens schlägt. In der Klosterkirche hängt von Luca Gambiaso (1527–1585) eine Anbetung der Drei Heiligen Könige. Das ihm früher zugeschriebene Gemälde in der Sakristei der Kirche Santa Croce in Monéglia, ein Abendmahl, ist neueren Erkenntnissen zufolge eher seiner Schule zuzurechnen. Gambiaso wurde Hofmaler Philipps II. von Spanien. So sind in Madrid die meisten seiner Werke zu bewundern. Die Abtei von San Giorgio, die 1484 von Franziskanermönchen errichtet und um 1700 umgestaltet wurde, besitzt einen harmonischen Kreuzgang, der 2004 unter strengen denkmalpflegerischen Richtlinien restauriert und 2006 zu einem feinen kleinen B&B

umgewidmet werden konnte. Das Kirchlein aber wird nach wie vor für Gottesdienste benutzt.

Vor San Giorgio wie auf vielen, gerade kleinen Plätzen sollte man auch in Monéglia auf die Bodenbeläge aus bunten oder auch nur aus schwarz-weißen Kieselsteinen achten. Eine wahrlich ligurische Spezialität!

Zum Strand geht es durch die Öffnungen unterhalb der früheren Bahntrasse hindurch, die im Ortsbereich jetzt eine zweispurige Hochstraße ist. Das stört weniger, als man erwarten könnte, denn allzu viele Autos verkehren dort auch im Hochsommer nicht. Der Strand dagegen füllt sich ordentlich, Schirm an Schirm wird aufgespannt, und wer keine Liege mieten will, legt sich einfach an einen der freien Strandabschnitte hin. Die langen Wellenbrecher vor dem Strand, der rechts und links von Felsen markiert wird, beruhigt die höchsten Wellen – ein Badeparadies auch für ganz kleine Ligurien-Urlauber.

Seit 1990 weht über Monéglias Strand alle Jahre wieder die Blaue Europaflagge als Auszeichnung für Sauberkeit und Infrastruktur.

Ein hässliches Entlein?

Wieder eine Tunnelstrecke, diesmal wird alle zehn Minuten bei 5, 15 etc. nach der vollen Stunde die erlaubte Fahrtrichtung gewechselt, und schon ist man nach vier Tunneln mit insgesamt 2,2 Kilometer Länge in Deiva Marina. Im Vergleich zu Monéglia ist es doch ein hässliches Entlein, aber für badelustige Italiener, vor allem für Familien, ein preiswerter Standort mit langem Strand, ideal auch für Ausflüge in die Cinque Terre nach Osten oder nach Portofino oder gar Genua im Westen. Denn die Bahnverbindungen sind perfekt!

Infos und Adressen

SEHENSWÜRDIGKEIT

San Giorgio. Klosterkirche von 1396 mit einem Hauptwerk des hier geborenen Luca Gambiaso. Tagsüber immer geöffnet, Piazzale San Giorgio, Monéglia (GE)

ÜBERNACHTEN

Abbadia San Giorgio. B&B mit acht zauberhaften Zimmern in einem alten Kloster. Piazzale San Giorgio, Monéglia (GE), Tel. 0185 49 11 19, www.abbadiasangiorgio.com

Clelia. Freundliches, familiengeführtes Hotel im Zentrum mit Pool, Parkplatz und sehr gutem Restaurant. Corso Italia 23, 19013 Deiva Marina (GE), Tel. 0187 826 26, www.clelia.it

Piccolo Hotel Moneglia. Nettes, auf Gäste mit Kindern zugeschnittenes Hotel im Zentrum der Stadt, mit gutem Restaurant. Corso Libero Longhi 19, Monéglia (GE), Tel. 0185 493 74, www.piccolohotel.it

Villa Edera. Komfortables, lichtdurchflutetes Hotel am Hang in einem blühenden Garten, familiär geführt, Frühstücksbüfett mit Bio-Ecke. Via Venino 12, Monéglia (GE), Tel. 0185 54 92 91, www.villaedera.com

Lido. Nicht umwerfend, aber in guter Lage über dem Strand von Fornaci. Mit Restaurant auch für Passanten, eigener Parkplatz. Via Fornaci 15, Deiva Marina (GE), Tel. 0187 81 59 97.

INFORMATIONEN

Pro Loco. Corso Longhi 32, 16030 Monéglia (GE), Tel. 0185 49 05 76, www.moneglia.com

Einladende Piazza Cavour im sehr hübschen mittelalterlichen Städtchen Lévanto, sozusagen die Westgrenze des Naturparks der Cinque Terre

18 Lévanto

Mehr als das Tor zur Cinque Terre

Das ist einer der hübschesten Orte Ost-Liguriens! Allein seine Lage an einer breiten Bucht mit goldgelbem Sandstrand und gleich hinter dem historischen Zentrum mit dem Castello-Hügel ist bemerkenswert. Die waldgrünen Hügel des Hinterlandes rücken an Lévanto heran, und der Ort gehört bereits zum Nationalpark der Cinque Terre.

Obwohl noch die Halbinsel des auf 487 Meter aufsteigenden Monte Vè die Stadt von den eigentlichen Cinque Terre trennt, hat sie starke Beziehungen dorthin. Man kann mit der Cinqueterre-Card Treno während der zeitlichen Gültigkeit mit dem Zug zwischen Lévanto und den Cinque Terre, ja bis La Spezia beliebig oft hin- und herfahren. Was angebracht ist, wenn man beispielsweise Wander- oder Radtouren plant, bei denen man Teilstücke per Bahnfahrt verkürzen kann.

Vor der Stadt das Meer, dahinter ein aufsteigender Fächer an Wander- und Radwegen, natürlich mit Anschluss an Monterosso, den ersten Ort der Cinque Terre. Also darf sich Lévanto wirklich das Tor zu den Cinque Terre nennen.

Die Stadt ist aber doch mehr als nur das: Das historische Zentrum ist etwas für Liebhaber italienischen Ambientes. Es ist von wunderbarer Urbanität, wenn auch im Kleinen. Lévanto ist eine Stadt, über die eine hübsch-traurige Geschichte erzählt wird: Am 13. August 1656 legte ein Schiff mit Pestkranken in Lévanto an, sie sollten heimlich ins Klarissinen-Kloster gebracht und dort gepflegt

Eine gute Idee – Wandern von den Cinque Terre nach Lévanto und umgekehrt

werden. Unter den Passagieren befand sich ein wunderschönes Mädchen aus dem Orient, welches das Herz eines jungen Helfers im Nu entflammte. Er schlich sich nachts zu ihr und küsste die Sterbende. Natürlich steckte er sich dabei an und eine furchtbare Epidemie wütete darauf in Lévanto einen ganzen Monat lang.

Noch vom Mittelalter geprägt

Damals entwickelte sich Lévanto, Genua treu ergeben und viel besuchter Zweitsitz einiger ihrer Adelsgeschlechter, zu einem Handelszentrum zwischen dem Mittelmeer und der Poebene entlang der Frankenstraße und über das heute toskanische Pontrémoli (s. Ausflug S. 256). Bereits damals war der Olivenanbau bedeutend, der noch heute das Hinterland prägt.

Das einstige Klarissinen-Kloster umfängt mit seinen langen Bogenreihen die Piazza Cavour und ist heute Sitz des Rathauses. Dahinter, in der Via Garibaldi, findet man an einer Hausfassade (Eckhaus zur Via Vinzoni) einfarbige Karikaturen eines unbekannt gebliebenen Künstlers von Ende des 15. oder Anfang des 16. Jahrhundert. Wenig Vergleichbares findet sich sonst in Ligurien. Es han-

AUTORENTIPP!

FRISCHFISCH IM PALAZZO

Der Palazzo Restani aus dem 13./14. Jahrhundert schaut auf die großzügige, dreieckige Piazza Generale Staglieno und hat im Rücken den Aufgang zum Castello. Zur Piazza hin bietet eine breite Terrasse unter Markisen schattige Plätze, ideal für einen kulinarischen Genuss während der warmen Jahreszeit. Sonst sind die drei gemütlichen Säle unter weiten Gewölben oder Balkendecken zwischen Natursteinwänden im historischen Palazzo das richtige Rückzugsgebiet. Verwöhnt wird man drinnen wie draußen mit garantiert frischen Fischgerichten in ansehnlichen Portionen, dazu kühle ligurische Weißweine. Der Service ist ausgesprochen freundlich, man kennt jeden Fisch und jede Meeresfrucht. Es muss nicht immer Hummer sein, auch kleine ausgebackene Sardinen munden hier – und zum Abschuss sind die hausgemachte Crostata oder die Zitronentorte kein Fehler.

Trattoria Tumelin. Fr–Mi 12–15, 19–22.30/23 Uhr. Via Grillo 32, Lévanto (SP), Tel. 0187 80 83 79, www.tumelin.it

Oben: Der kurze Weg hinauf zur Kirche Sant' Andrea belohnt mit einem so hübschen Anblick. **Unten:** Sportliche Naturen ziehen in Lévanto das Surfen vor.

delt sich um Grotesken mit Gestalten aus Boccaccios *Decamerone*, jener weltberühmten Novellensammlung, die der Toskaner zwischen 1349 und 1353 geschrieben hat. Geht man an der Casa beziehungsweise dem Palazzo Restani (12./13. Jahrhundert) mit seinen hübschen Triforien und Quadriforien vorbei die Gasse hoch, befindet man sich nach dem Aufstieg bald vor der schwarz-weiß gestreiften, fünfschiffigen Kirche Sant' Andrea im ligurisch-gotischen Stil (1226 – mit Veränderungen des 15. Jahrhunderts), deren Rosette besonders fein ausgearbeitet ist. Unter den Schätzen der Kirche befinden sich zwei kostbare Renaissance-Kunstwerke aus dem beginnenden 16. Jahrhundert. Erstens der sogenannte *Calice di Enrico VIII.*, ein schwerer Kelch einer Pariser Werkstatt: aus Silber, ziseliert und vergoldet. Gerne wird in Lévanto erzählt, diesen Kelch habe der hiesige Giovanni da Passano beim Schachspiel gegen Heinrich VIII. aus England gewonnen. Zweitens eine lombardische Silberschmiedearbeit, ebenfalls vergoldet, aber mit feiner Emaille und durchsichtigen Glasmosaiksteinchen bereichert. Diese Arbeit könnte sogar etwas früher datiert werden, zwischen Spätgotik und Renaissance.

Eine steile Treppengasse weiter steht man vor dem Castello San Giorgio, ein Festungsbau der Malaspina-Familie aus dem 12. Jahrhundert, der späteren Umbauten auch seine Schwalbenschwanzzinnen verdankt – prächtig, aber leider privat und daher nur von außen bzw. unten zu bewundern.

Das harmonischste Gebäude der Stadt bleibt die fünfbogige Loggia (von 1256) an der Piazza del Popolo darunter, nur wenige Schritte vom Strand entfernt. Ein wunderhübsches Fotomotiv allemal!

Rad- und Fußweg durch Tunnel

Am Westende der schönen Strandbucht Lévantos beginnt ein zwei Kilometer langer Rad- und Fußweg nach Bonassola, der weiter bis nach Framura führt (insgesamt sind es dann rund fünf Kilometer) und der vor allem im Sommer eine Wohltat sein kann: Ein Tunnel folgt dem anderen. Denn es handelte sich ursprünglich um eine Bahntrasse, die 1873 gebaut worden war, später wurde die Streckenführung jedoch weiter ins Landesinnere verlegt. Was für ein Glück für Freunde der Entschleunigung. Der längste Tunnelabschnitt ist fast einen Kilometer lang, man bekommt immer mal wieder ein paar kalte Wassertropfen von oben ab, eine Windjacke ist also angebracht, falls man das nicht so mögen sollte. Herrlich sind die Ausblicke zwischen den Tunnelstücken aufs Meer. An beiden Orten locken Badestrände. Also auch Badesachen einpacken. Räder gibt es zu leihen – siehe Info..

Infos und Adressen

SEHENSWÜRDIGKEITEN

Mostra Permanente della Cultura Materiale. Kleine Sammlung zu Landwirtschaft und Handwerk. Nur während der sommerlichen Saison Fr–So 21.30–23.30 Uhr, auch an Fest- und Feiertagen, oder man meldet sich an. Via San Nicolò 1, Lévanto (SP), Tel. 0187 81 77 76 und 0187 80 87 10.

ESSEN UND TRINKEN

Antica Trattoria Centro. Zentral gelegene, einladende Trattoria mit lokalen Spezialitäten. Corso Italia 4, Lévanto (SP), Tel. 0187 80 81 57, trattoriacentro@libero.it

ÜBERNACHTEN

Nazionale. So stellt man sich ein echt ligurisches Stadthotel im Libertystil vor. Ohne Restaurant. Via Jacopo da Lévanto 20, Lévanto (SP), Tel. 0187 80 81 02, www.nazionale.it

Stella Maris. Zauberhaftes Hotel in einem historischen Stadtpalast (Obergeschoss) mit stilvollen Zimmern sowie ganz modernen in einer Dependance, Juni–Sept. Nur mit HP buchbar, schöne Spezialangebote. Via Marconi 4, Lévanto (SP), Tel. 0187 80 82 58, www.hotelstellamaris.it

RADVERLEIH

Cicli Raso. Via Garibaldi 63, Lévanto (SP), Tel. 0187 80 25 11

INFORMATIONEN

I.A.T. Piazza Mazzini 3/4, Tel. 01 87 80 81 25, Lévanto (SP), www.comune.levanto.sp.it

Levantur. Reiseagentur für Hotelbuchung und Ausflüge, Corso Italia1, Lévanto (SP), Tel. 01 87 80 80 39

CINQUE TERRE/ GOLFO DEI POETI

Oben: Rechts und links der zum Meer hin abfallenden Hauptgasse reihen sich Cafés, Restaurants und kleine Läden aneinander.
Seiten 120/121: Corniglia liegt anders als die anderen der »Fünf Dörfer« auf einem Bergvorsprung.

19 Monterosso al Mare

Tor zum UNESCO-Kulturerbe

Speziall im Winter kann es in den Cinque Terre, diesen fünf Dörfern, die unter UNESCO-Schutz gestellt sind, heftig regnen. Nun sind die durschnittlich sieben bis neun Regentage nicht so schlimm – eigentlich. Nur kann die Regenmenge so hoch sein, dass es zu Überschwemmungen und Schlammlawinen kommt. Besonders gefährdet ist Monterosso.

Jedes Mal, wenn es zu Umweltkatastrophen in den Cinque Terre kommt, machen sich Helfer aus aller Welt auf, um zu helfen. Speziell US-Amerikaner und Australier kommen, sie lieben die Cinque Terre – vor allem als Wandergebiet. Jedes Mal zeigen sich die Dörfer, die wie Schwalbennester an den Felsnasen über dem Meer zu kleben scheinen, danach noch schöner, noch begehrenswerter und daher werden sie von noch mehr Menschen – vielleicht zu vielen Touristen – besucht. Aber ohne sie wären die Orte schon längst vergessen, ihrer wirtschaftlichen Stärke beraubt. Denn schon lange lebt man hier nicht mehr vom Weinanbau und von der Produktion von Olivenöl, sondern vom Fremdenverkehr. Trotz aller Beliebtheit – das Geld für den kompletten Wiederaufbau fehlt, so ist die Grundschule von Monterosso noch nicht wieder aufgebaut worden, weshalb die Kinder nach Sestri Levante oder La Spezia fahren müssen. Grund genug für manche Familien, mit Sack und Pack diesen Sehnsuchtsort vieler Menschen zu verlassen.

Monterosso, bereits im 7. Jahrhundert als Verteidigungsposten gegen die Langobarden erwähnt, war der erste Ort der Cinque Terre, der vom Tourismus entdeckt wurde. Aus dem einfachen Grund,

Der einladende Strand von Monterosso …

weil er ohne größere Probleme erreichbar war. Monterosso al Mare, mit gut 1500 Einwohnern der größte Ort des Fünfergespanns, liegt, zweigeteilt, auf einer Länge von rund anderthalb Kilometern wirklich am Meer. Er war und ist noch immer ein Fischerdorf. Im Westen klettert der neuere Teil namens Fegina mit zahlreichen Unterkunftsmöglichkeiten und Lokalen die einst für den Weinanbau terrassierten Hänge hoch, im Osten liegt der ältere und sicher hübschere Ortsteil. Beide Teile trennt ein Felsvorsprung. Vor der Bahnstation im Westen breitet sich der lange Strand aus, ein kleinerer schmückt die Bucht des historischen Zentrums. Beide sind hauptsächlich kiesig, wie dies in den Cinque Terre üblich ist.

Gigante und Villa Montale

Eine aus Stahlbeton gebaute Neptunfigur, wegen ihrer Größe (14 Meter hoch und 1700 Tonnen schwer) *Il Gigante* genannt, wurde zu Beginn des 20. Jahrhunderts vom Bildhauer Arrigo Minervi (1881–1960) in Zusammenarbeit mit dem Architekten Rolando Levacher (1858–1928) errichtet. Früher stützte die Skulptur eine muschelförmige Terrasse, die bei einer Sturmflut 1966 beschädigt wurde. Der Koloss hat im Laufe der Jahre zudem

AUTORENTIPP!

DIE ORATORIEN VON MONTEROSSO

Sie sind meist durchgehend geöffnet und lohnen allemal einen Blick – Monterossos kleine Bethäuser. Gleich hinter der Pfarrkirche liegt das barocke Oratorio della Morte, quergestreift und eigentlich Sant' Antonio Abate, dem Mönchheiligen, geweiht, in Erinnerung an das Kloster aus dem Jahre 1000, das auf dem Vorgebirge der Punta Mesco ganz im Westen der Bucht stand. Ein weiteres Oratorio erhebt sich im Norden des historischen Kerns, das der Disciplinati di Santa Croce. Kunst von höherem Wert findet man im Convento dei Cappuccini aus dem 17. Jahrhundert auf dem Hügel von San Cristoforo, das über das frühere jüdische Ghetto der Via Zuecca erreichbar ist. Das Gemälde, das Van Dyck zugeschrieben wird und eine Kreuzigung darstellt, befindet sich in der San Francesco geweihten Klosterkirche in guter Gesellschaft mit Werken von Malern wie Luca Gambiaso und Bernardo Castello (1557–1629).

… und die riesige Stahlbetonfigur des Neptun

Oben: Die Tore Aurora trennt die beiden Strände voneinander.
Mitte: Nett sitzt man in und vor der Focacceria mitten im Ort und genießt – mit Blick aufs Meer.
Unten: Die Pfarrkirche San Giovanni Battista zeigt sich auch im Inneren sehr harmonisch.

seinen Dreizack, beide Arme und das rechte Bein verloren. Dennoch markiert *Il Gigante* weiterhin das westliche Ende des Ortsteils Fegina.

Der Vorplatz der Villa Montale vom Ende des 19. Jahrhunderts oben am Ende der Via IV Novembre links, bietet im Sommer einen schönen Rahmen für die Verleihung des Montale-Literaturpreises. Schließlich verbrachte hier der Nobel-Preisträger für Literatur (1975) Eugenio Montale (1896–1981) viele Sommer. Die hübsche Liberty-Villa ist inzwischen als Ferienwohnung zu mieten – so man das nötige Kleingeld dafür hat.

Torre Aurora und San Giovanni Battista

Die Torre Aurora erhebt sich auf der anderen Seite der breiten Bucht von Monterosso, sie war zusammen mit dem Castello (heute Friedhofsgelände) Bestandteil der Verteidigungslinie gegen die vom Meer ständig drohenden Sarazenen, zudem die Trennungslinie zwischen beiden Ortsteilen. Unter diesem Wachtturm aus dem 16. Jahrhundert verbindet ein Fußgängertunnel beide Ortsteile. Im Osten ist Monterosso noch recht ursprünglich geblieben, vielleicht weil es wenig Platz zum Ausdehnen hatte. Schwarz-weiß quergestreift (eigentlich dunkelgrün-weiß) und mit einer großen Rosette an der Fassade, die wie feines Spitzenwerk ausgearbeitet ist – ein Werk lombardischer Steinmetze aus der zweiten Hälfte des 14. Jahrhunderts, denen wir in den Cinque Terre öfter begegnen werden –, so präsentiert sich die Pfarrkirche San Giovanni Battista an der Piazza Garibaldi. 1244–1307 wurde sie im ligurisch-gotischen Stil errichtet, dreischiffig und mit einem Glockenturm versehen, der auch als Verteidigungsturm diente und daher im 15. Jahrhundert, mit Schwalbenschwanzzinnen, erhöht wurde. Beachtenswert ist innen ein Epigraph aus dem Jahre 1307, akkurat in den Stein gemeißelt (auf der linken Seite nahe dem Eingang). In der Nähe ein Taufbecken, das mit 1370 signiert ist. – Der Palazzo del Podestà gegenüber der Südseite der Kirche ist durch neuzeitliche Umbauten optisch fast nicht mehr zu erkennen; einige dunkle Wandstücke mit Blendbögen verraten dennoch den alten Baukern. Die Trattoria La Lampara ist heute einer der Mieter des Gebäudes.

Steigt man über breite Stufen den früheren Burgberg hinauf, wo sich heute der Friedhof befindet (und dahinter ein großer Parkplatz), lassen sich die einstigen Wehrmauern bis zum Meer hin nachvollziehen. Oben dient als Friedhofskirche das einschiffige, ebenfalls quer gestreifte San Francesco (ab 1619). Besuchenswert ist die Kirche allein schon wegen eines sehr nachdenklich dreinschauenden heiligen Hieronymus von Luca Gambiasco. Auf dem Weg abwärts bietet eine kleine Terrasse mit einer Franziskus-Statue des Mailänder Bildhauers Silvio Monfrini (1894–1969) von 1962 einen herrlichen Blick auf die Küste.

MAL EHRLICH

DAS KREUZ MIT DEN KREUZFAHRERN

Katastrophale Zustände herrschen in den Cinque Terre, wenn die Kreuzfahrtschiffe, die im nahen La Spezia anlegen, ihre Touristen in Busse stopfen und sie in die Fünf Dörfer fahren lassen, wo sie sich wie eine Sturmflut in die Gassen ergießen. Da ist dann kein Durchkommen mehr, kein Restauranttisch bleibt frei und nicht einmal einen *caffè* kann man sich »erobern«… Also: Vor dem Besuch der Cinque Terre danach erkundigen, wann es »kreuzfahrerfreie« Tage gibt.

Infos und Adressen

SEHENSWÜRDIGKEITEN

San Francesco. Friedhofskirche auf dem Burgberg, meist den ganzen Tag über geöffnet.

San Giovanni Battista. Pfarrkirche, meist den ganzen Tag über geöffnet. Piazza Giuseppe Garibaldi 5, Monterosso Al Mare (SP), Tel. 01 87 81 75 05.

ESSEN UND TRINKEN

Focacceria Antonio. Focaccia-Bäckerei mit Enothek und Bar. Im Sommer 7.30–20 Uhr, Via Fegina 1214, Monterosso al Mare (SP), Tel. 01 87 82 90 39, www.focacceriantonio.it

Il Gigante. Beim Gigante. Monterosso al Mare (SP), Saisonbetrieb ab ca. 10 Uhr, Handy 338 339 60 36.

Miky. Restaurant an der Meerespromenade mit Wintergarten; Fischgerichte. April–Okt., außer im Aug. nur Mi–Mo 12.30–14, 19–22.30 Uhr, Via Fegina 104, Monterosso al Mare (SP), Tel. 01 87 81 76 08, www.ristorantemiky.it

ÜBERNACHTEN

Locanda il Maestrale. Nur acht Zimmer in einem Palazzo aus dem 18. Jahrhundert. März–Dez., Via Roma 37, Tel. 01 87 81 70 13, www.locandamaestrale.net

GEPÄCKTRANSPORT

Bagagli Express.
www.bagagliexpress.it

INFORMATIONEN

Proloco di Monterosso. Via Fegina 38, 19016 Monterosso Cinque Terre (SP), Tel. 0187 81 75 06, www.prolocomonterosso.it

Oben: Besonders hübsch ist der Anblick des Hafens von Vernazza vom oberen Wanderweg aus.
Unten: Wenn die Schatten gegen Abend in Vernazza länger werden, trifft man sich und genießt den Blick aufs Meer.

20 Vernazza

Ist es das schönste Dorf der Cinque Terre?

Monterossos Nachbarin ist wunderschön, es ist das vielleicht schönste Dorf unter den fünf der Cinque Terre. Von Monterosso über den Wanderweg (wenn er zugänglich ist) kommend hat man einen wunderbaren Blick auf das Dorf. Gegenüber erhebt sich das Castello mit seinem hohen Rundturm, darunter stapeln sich die bunten Häuser abwärts zur kleinen Bucht.

Auch Vernazza, das auf einer Felsnase weit ins ligurische Meer hinausragt, ist bei Unwettern gefährdet. Die Schäden des letzten Starkregens hat man schnell behoben und die Einwohner schwärmen, ihr Dorf sei nun schöner als zuvor. Leider haben viele Einheimische kaum noch Lust, ihre Weinterrassen herzurichten und zu pflegen – einfach weil es zu mühsam ist! Da ist es bequemer, am Tourismus zu partizipieren, bringt er doch im Jahr (eigentlich in höchstens zehn Monaten Saison) für die Cinque Terre insgesamt mehr als zwei Millionen Gäste. Dabei wäre die traditionelle Landwirtschaft praktizierter Umweltschutz und würde die Unwetterfolgen reduzieren helfen.

Kurzer historischer Rückblick: Vernazza ist römischen Ursprungs, war ab dem Mittelalter ein begehrter Schutzhafen zwischen La Spezia und Genua, bereits 1080 erwähnt als befestigter Ort (*castro Vernatio)*. Beherrscht wurde er von Familienclans wie den Ponzo und den Fieschi, 1276 kam es unter die Fuchtel Genuas. Dabei hatte er bereits 1170 bei der berühmten Schlacht zwischen Pisa und Genua für Letzteres eine Galeere zur Verfügung gestellt.

Eine Kirche beschützt den Hafen

An Vernazzas Schönheit ist nicht zu rütteln: Malerisch steht ein runder Festungsturm über der Landzunge, die weit ins Meer hinausragt und dem Ort eine geschützte Hafenbucht bietet. Auf deren nördlicher Seite hockt die Pfarrkirche auf einem leicht erhöhten, dunklen Felsen – Santa Margherita di Antiochia. Vom Meer aus erkennt man sofort, dass sie nach Westen verlängert wurde, bei den letzten Restaurierungen hat man es auch durch das Verputzen des neueren Teils aus der Renaissance (mit dem Durchgangsbogen zum Hafen) markiert, während der alte Teil aus grobem, unverputztem Mauerwerk besteht und drei schmale Zwillingsfenster aufweist. Der Glockenturm über dem Eingang, der hier im Süden liegt, ist oktogonal, und mit dem umlaufenden Balkon unterhalb der Kuppel wirkt er fast orientalisch. Innen hat die dreischiffige Kirche durch ihre dunklen Steinmauern etwas Finsteres an sich. Erstmals 1318 erwähnt, als man Santa Margherita zum ersten Mal erweiterte, gehen ihre Ursprünge jedoch eher auf das beginnende 13. Jahrhundert zurück, manche sehen im Gebrauch des dunklen Bausteins von Mesco (bei Monterosso) und in der Bauweise schon das 12. Jahrhundert als Bauzeit.

Typisch für das Dorf sind die ineinander verschachtelten oder an den steilen Gassen aneinander angereihten Turmhäuser mit kleinen Arkadengängen und Loggien sowie zum Teil noch dekorierten Türstürzen aus schwarz-grauem Schiefer. Die Hauswände zeigen sich dabei farbintensiv in vielen Gelb- und Rottönen. Und es gibt sehr viele kleine Geschäfte mit Souvenirs, aber auch mit Lebensmitteln, Cafés, Restaurants sowie B&B. – Zum Gemeindegebiet mit insgesamt rund 1200 Einwohnern gehört landeinwärts auch Corniglia (s. S. 128).

Infos und Adressen

SEHENSWÜRDIGKEITEN

Santa Margherita di Antiochia. Die Pfarrkirche des Ortes direkt am Hafen, fast immer geöffnet. Porto di Vernazza/Piazza Marconi s/n, Vernazza (SP).

ESSEN UND TRINKEN

Gambero Rosso. Das In-Lokal in alten Gewölben am Hafen. Fr–Mi 12.30–14.30, 19.30–22.30 Uhr, Piazza Marconi 7, Vernazza (SP), Tel. 01 87 81 22 65, www.ristorantegamberorosso.net

Gianni Franzi. Typisch ligurisches Fischrestaurant mit Tischen auf dem Hauptplatz vor dem Hafen (mit Zimmern). Do–Di normalerweise 12.30–23 Uhr, Piazza Marconi 1, Vernazza (SP), Tel. 01 87 82 10 03, www.giannifranzi.it

Taverna del Capitano. Freundliches Lokal mit großer Terassse am Hafen, gute ligurische Küche, auch Zimmer. Piazza Marconi 21, Vernazza (SP), Tel. 01 87 81 22 01, www.tavernavernazza.com

ÜBERNACHTEN

S. o. **Gianni Franzi** und **Taverna del Capitano.**

INFORMATIONEN

Centro Accoglienza. Parco delle Cinqueterre, c/o Stazione Ferroviaria/Bahnhof, Vernazza (SP), Tel. 01 87 81 25 33, www.parconazionale5terre.it

Oben: Bei Corniglia kann man gut erkennen, wie gefährdet die Abhänge der Cinque Terre sind.
Unten: Hübsch ineineinander verschachtelt sind die Häuser von Corniglia.
Rechts: Rosette der Kirche San Pietro von Corniglia

21 Corniglia
Dörflich gemütlich?

Der Ort schmiegt sich an einen steilen Abhang in etwa 100 Meter Höhe, er wendet sich vom Meer ab. Daher galt er länger als weniger interessant und konnte sich seinen ursprünglichen Charakter bewahren. In manchen dicken Natursteinmauern und Gewölben haben sich einladende Lokale etabliert, die Kirche San Pietro ist allemal einen Besuch wert.

Dieser Ortsteil von Vernazza ist wahrscheinlich römischen Ursprungs und wird auf *Gens Cornelia* zurückgeführt. Wechselnde Herren besaßen den Ort, vor allem aber die Corvara, die bereits 1211 dokumentiert sind. 1276 kam auch das vorher recht rebellische Corniglia unter die Herrrschaft Genuas. Was man an Festungsresten findet, hat nichts mit einer vermutlich existierenden alten Burg zu tun, sondern mit einer »erst« im 16. Jahrhundert errichteten Verteidigungsanlage, die gegen die zahlreichen Sarazenen-Überfälle notwendig geworden war.

Am 25. Oktober 2011 wurde auch Corniglia von schweren Wetterunbilden getroffen, die rund 180 Einwohner und ihre Helfer hatten es wegen der Lage noch schwerer als anderswo mit den Aufräumarbeiten. *Uniti per Corniglia* heißt die damals neu gegründete Vereinigung (»Gemeinsam für Corniglia«), die sich bemühen will, den Wiederaufbau und den Tourismus unter geänderten Voraussetzungen zu gestalten, man will Bauwerke, Touristenaktivitäten und die Natur stärker harmonisieren. Antreiber der Initiative ist der Maler, Aktions- und Objektkünstler sowie Kunsttheoretiker Michelangelo Pistoletto (*1933) aus dem piemontesischen Biella, der sich seit 1967 nach Corniglia hingezogen fühlt und 2013 mit dem *Praemium Imperiale* der Japan Art Association, dem sogenannten Nobelpreis der Kunst, ausgezeichnet wurde. Zum Projekt gehört die Revitalisierung der Landschaft ringsum mit den Pflanzen, die hierher gehören – wie Zitronen- und Olivenbäume, Weinstöcke.

Steinmetzarbeiten vom Feinsten

Am Ortseingang erhebt sich auf einer kleinen Terrasse die Pfarrkirche San Pietro, dreischiffig aus lokalem Stein (Schiefer und Kalkstein), sie wurde im 14. Jahrhundert über einer Vorgängerkapelle errichtet und ist mit einer eher schlichten Fassade versehen, die jedoch im Kleinen Besonderes zeigt. Allein diese Rosette! Viermal umrundet von unterschiedlich gestalteten Wulsten, die vom zentralen Punkt ausgehenden zwölf Speichen lösen sich in fein gearbeitete Sterne verschiedenster Art auf, auch ein Davidstern ist dabei. Man kennt die Steinmetzen, es sind Matteo und Pietro da Campiglio, die 1351 auch die drei Figuren in der Portal-Lünette geschaffen haben.

Gegenüber der Kirchenfassade und unterhalb der Terrasse erhebt sich ein an sich schlichtes Wohnhaus, dessen Fassade aber ein Flachrelief mit aneinandergereihten Tieren aufweist, eine ähnliche Arbeit wie die auf der Rückseite der Kirche. Corniglia lädt zum Bummeln und Panoramen-Sammeln ein: von der Ruine der Festung aus, von deren Turm man sogar auf die Nachbarin Vernazza schaut, oder von der Terrazza Santa Maria aus, von der eine steile Treppe abwärts führt zum kleinen Anlegeplatz, der Marina di Corniglia. Nein, Linienboote können hier nicht anlegen ... Und auch der Bahnhof liegt viele Metallstufen weiter unten – es gibt einen Pendelbus.

Infos und Adressen

SEHENSWÜRDIGKEITEN

San Pietro. Corniglias Pfarrkirche mit interessanten Steinmetzarbeiten, meist ganztags geöffnet. Piazza San Pietro, Corniglia (SP).

ESSEN UND TRINKEN

A Cantina de Mananàn. Osteria mit Küche, eine schon traditionelle gemütliche Kneipe mit ligurischer Küche. Do–Di 12–14.30, 19–22.30 Uhr, Via Fieschi 117, Corniglia (SP), Tel. 01 87 82 11 66, mananan@libero.it

Il Pirun. Enoteca mit kleinem, relativ modernem Restaurant. Mo–So ab ca. 11 Uhr durchgehend, Via Fieschi 115, Corniglia (SP), Tel. 01 97 81 23 15, enotecailpirun@libero.it

Caffè Matteo. Nette moderne Bar mit Terrasse. Mo–So ab 10 Uhr durchgehend, Via Fieschi 157, Corniglia (SP), Tel. 01 87 82 10 44, caffematteo5terre@libero.it

ÜBERNACHTEN

Cecio 5 Terre. Kleine Pension am Hang, mit Apartment und zugehöriger Trattoria. Via Serra 58, Corniglia (SP), Tel. 01 87 81 20 43, www.cecio5terre.com

Locanda la Lanterna. Zwölf nette Zimmer mit Meerblick von den Besitzern des Restaurants »Dau Tinola« im Ort. Via Fieschi 72, Corniglia (SP), Tel. 01-87 81 22 91.

Geradezu knallige Farbakzente setzen schon bald im Frühjahr die prächtigen Bougainvillea, wie hier im sonnenzugewandten Manarola.

22 Manarola

Leben ohne die Via dell´Amore

Obwohl der Ort, der zur Gemeinde von Riomaggiore gehört, recht lebhaft erscheint, muss man für so manchen Einkauf eigentlich dorthin. Beispielsweise gibt es in Manarola keinen Metzger mehr. Und zum Hauptort muss man seit Jahren über ziemliche Umwege, weil die weltberühmte Via dell'Amore gesperrt ist und es sicher noch eine Weile bleiben wird. Manarola hat dennoch viele Fans, vor allem unter Wanderern.

Wahrscheinlich ist Manarola römischen Ursprungs, der Name wird auf *manium arula* (»kleiner Altar der Manen«) zurückgeführt. Doch stammt der heutige Ortskern aus dem 12. Jahrhundert und dessen Entstehen ist den Bewohnern des oberhalb gelegenen Volastra, was von Ölbaum kommt, zu verdanken. Und Ölbäume prägen in der Tat in den höheren Lagen die Landschaft fast noch mehr, als die darunterliegenden Weinterrassen das für die tieferen Lagen machen. Ihre Kirche, die dem heiligen Lorenzo geweiht war, versetzten die Bewohner von Volastra nach unten, die alte blieb ohne ihren Patron als Nostra Signora della Salute stehen – und ist dennoch einen Besuch wert, auch wegen der tollen Ausblicke auf Manarola und die restliche Küste.

Der Umzug des heiligen Lorenz

Klar, dass auch Manarola 1276 unter die Herrschaft Genuas kam, wie alle Orte dieses Gebietes. Seine bunten, einfachen und teils recht hohen Häuser reihen sich entlang des Rio Groppo, eines wilden Gebirgsbachs, hintereinander oder liegen

Leider ist die Via dell'Amore längere Zeit nicht begehbar.

vor allem auf der Südseite des Baches auf einem malerischen Felsvorsprung über dem Meer.

Gleich unter dem oberen Ortseingang erhebt sich in Panoramalage die Kirche San Lorenzo (ab 1338 erbaut) auf der Piazza. Wie in den Cinque Terre üblich ziert auch diese Kirchenfassade eine beeindruckende Rosette, ganz ähnlich der von Corniglia. Überhaupt könnte die ganze Fassade eine Kopie derer von Corniglia sein. Der Figurenschmuck wurde nach innen versetzt, um ihn vor Umweltschäden zu bewahren. An der linken Wand fällt ein hölzernes Triptychon auf, das San Lorenzo, umgeben von Sant' Antiono Abate und San Bernardo, zeigt. Den Hauptaltar ziert ein vergoldetes Triptychon, das die thronende Madonna mit Kind zeigt, flankiert von je zwei Heiligen: San Matteo und San Giovanni Battista links sowie Santa Caterina d'Alessandria und San Lorenzo rechts. Darüber Gottvater zwischen Engel und Maria, also in einem aufgeteilten Verkündigungsmotiv. Beide Bildkompositionen unbekannter Maler stammen aus dem 15. Jahrhundert.

Der Campanile steht übrigens auf der Piazza vor der Kirche, weil es an der Kirche selber keinen Platz für ihn gab. Von hier oben überschaut man große Teile des Dorfes mit seinen 450 Einwoh-

AUTORENTIPP!

TREKKING MIT SARAH

Fast scheint es, als ginge in Manarola nichts ohne Sarah. Sie betreibt ein B&B (»da baranin«) und ist vor allem Wanderführerin, die beste weit und breit, wie es in den Cinque Terre unisono heißt. Also: Wer die Cinque Terre per pedes kennenlernen will, sollte sich erkundigen, wann sie die vom Parco angebotene kostenlose Wanderung durchführt. Man kann Sarahs Dienste aber auch einzeln oder in der Gruppe in Anspruch nehmen, was dann für den einzelnen natürlich preisgünstiger ausfällt. Am besten, man mietet sich gleich in einem ihrer Apartments ein und plant mit ihr zusammen die nächsten Wanderungen. Sarah gibt einem auch sonst gute Tipps für ihre geliebte Landschaft, die sie vom allzu wuseligen Massentourismus bedroht sieht, weshalb sie liebend gerne mit ihren Gästen auf die Wanderwege flüchtet.

Cinque Terre Trekking. Via Discovolo 136, Manarola (SP), www.cinqueterretrekking.com

Gleich hinter der Pfarrkirche von Manarola erhebt sich das beliebte Hostel.

nern. Es zieht sich recht steil bis ans Meer hinab. Manarola leidet zunehmend unter der schon eine Weile andauernden Schließung der berühmten Via dell'Amore, diesem 700 Meter langen Fußpfad, der den Ortsteil mit dem Gemeindesitz Riomaggiore verbindet oder besser verband und den sich früher kein italienisches Liebespaar entgehen lassen wollte. Steinschläge hatten Wanderer verletzt, so wurde der Weg aus Sicherheitsgründen gesperrt. Unklar ist, wann er wieder freigegeben werden kann. Jetzt muss die lokale Bevölkerung einen weiten Bogen oben herum fahren, wenn sie auf ein Amt soll oder zum Metzger will. Und natürlich fehlt eine der Touristenattraktionen.

Die »sauber« leuchtende Krippe

Nach der verheerenden Unwetterkatastrophe von 2011 war Manarola sogar zwei Jahre lang (zumindest was die Uferwege anbelangt) von den umgebenden Dörfern abgeschnitten: Der *Sentiero Azzuro*, der Wanderweg Nummer 2, war Richtung Corniglia weggespült worden und wurde erst im November 2013 mit zwei Hängebrücken wiederhergestellt. Er beginnt oben in Manarola hinter dem Spielplatz und am Hang mit merkwürdig anmutenden Figuren. Diese hat Mario Andreoli (*1928), ein pensionierter Eisenbahner aus Corniglia, geschaffen, rund 300 an der Zahl, und sie auf mehr als 4000 Quadratmetern über die Weinterrassen der Tre Croci verteilt. In der Weihnachtszeit leuchten sie, die Heiligen Drei Könige inbegriffen, jede Nacht, bilden dann den *Presepe di luci pulite* – »die Krippe der sauberen Lichter«. Denn die Figuren wurden aus recyceltem Material hergestellt, ob aus Plastik oder Metall, in mehr als drei Jahrzehnten. Beleuchtet werden sie erst seit 2008, und zwar mit Strom aus der gemeindeeigenen Photovoltaikanlage. Eben mit sauberem Strom.

Oben: Manarola ist ein sehr liebenswerter Ort der Cinque Terre, …
Mitte: … für den die Via dell' Amore als Verbindung zum Hauptort Riomaggiore wichtig war.
Unten: In Manarola lebt ein Künstler, der einen ganzen Hang zur Weihnachtskrippe umfunktioniert hat.

Infos und Adressen

SEHENSWÜRDIGKEITEN

San Lorenzo. Manarolas Pfarrkirche, tagsüber normalerweise immer geöffnet. Piazza San Lorenzo s/n, Manarola (SP)

ESSEN UND TRINKEN

Da Aristide. Beliebter Treff ab dem Frühstück weit unten im Ort gegenüber dem Tunnel zum Bahnhof. Di–So ganztags, Via Discovolo 290, Manarola (SP), Tel. 01 87 92 00 00, www.aristidemanarola.com

Dal Billy. Sehr gutes Fischlokal auf winzigen Terrassen in Panoramalage, unbedingt probieren: Fisch aus dem Backofen. Fr–Mi 12.30–14.30, 19–22.30 Uhr, Via Rollandi 122, Manarola (SP), Tel. 01 87 92 06 28, www.trattoriabilly.com

La Cantina del Zio Bramante. Uriges Kellerlokal mit wenigen Tischen auf der Hauptgasse, seit Generationen im Familienbesitz im Gewölbe eines Weinkellers, einige Zimmer. Mi–Di durchgehend, im Sommer Mo–So, ab ca. 21.30 Uhr Livemusik, Via Birolli 110, Manarola (SP), Tel. 01 87 76 20 61.

ÜBERNACHTEN

Typisch für Manarola sind die zahlreichen Angebote für B&B, also Übernachtung mit Frühstück in den eher schlichten Dorfhäusern. Viele der Anbieter haben sich zu einem kleinen Verein zusammengeschlossen. www.inmanarola.it

da baranin. Anbieterin von diversen, sehr individuell eingerichteten Zimmern und Apartments. Via Rollando 29, Manarola (SP), Tel. 01 87 92 05 95, www.baranin.com

La Torretta. Zauberhaft romantisches Design-Hotel in einem früheren Turm unterhalb von San Lorenzo mit Panoramablick über ganz Manarola, man muss gut zu Fuß sein. Vico Volto 20, Manarola (SP), Tel. 01 87 92 03 27, www.torrettas.com

INFORAMTIONEN

Parco Nationale Cinque Terre. Infostelle und Verkauf der Cinque-Terre-Card, Via Discovolo Stazione (Bahnhof), 19017 Manarola (SP), Tel. 01 87 76 26 00, www.parconazionale5terre.it

Im »Dal Billy« schmeckt Fisch besonders gut – dazu trägt auch die Atmosphäre bei.

Oben: Riomaggiore ist als erster Ort im Osten der Cinque Tterre schnell überlaufen, hat aber seine treuen Anhänger.
Unten: Schönes Detail an der Pfarrkirche San Giovanni Battista von Riomaggiore. Ornamentales und Figürliches ist reizvoll gemischt.

23 Riomaggiore

Am Schluss aber keineswegs ein Schlusslicht

Der Ort gilt Malern als besonders pittoresk, die Motive liegen hier buchstäblich auf der Straße: die ewig langen Treppen, die engen Gassen, der malerische Bootshafen. Nicht zu vergessen, die ausgewaschenen Felsen am Meer, Riesenkieseln gleich, auf denen sich Sonnenanbeter räkeln. Auch Riomaggiore besitzt sehenswerte sakrale Architektur, die Pfarrkirche San Giovanni Battista.

Wie alle Dörfer der Cinque Terre wurde Riomaggiore von der Republik Genua im Jahr 1276 »kassiert«. Der Ort mit heute rund 1600 Einwohnern (in der Gesamtgemeinde sind es rund 2500) entwickelte sich im Laufe der Jahrhunderte an beiden Seiten des inzwischen für den Zugang zum Hafen überbauten Rio Grande, den man beim Bummeln rauschen hören kann. Von den langen Parallelgassen rechts und links gehen steile und enge Treppen aus.

Auffallend ist die Aufteilung Riomaggiores: oben das Bauerndorf, unten das Fischerdorf, deren Bewohner ihre kleinen Boote weit hinaufziehen müssen, denn der Hafen bietet wenig Platz. Rechts und links davon breiten sich wiederum die kleinen Kiesstrände aus. Das Fischerdorf ist eigentlich eine »Weiterentwicklung« des Ortes, man hatte sich von der bloßen Agrarwirtschaft des Weinanbaus dem Fischfang und, noch wichtiger, der Seefahrt (zum Transportieren der erzeugten Weine etwa nach Genua) zugewandt. So wurden manche der mittelalterlichen Häuser direkt über Weinkellern gebaut.

Über der Gemeinde thront die jüngst restaurierte Festung aus dem 13. Jahrhundert mit ihren zwei Rundtürmen und der auffallend großen Uhr. Das Bollwerk wirkt so, als sollte es nicht nur vor Feinden vom Meer her schützen, sondern auch vor solchen, die vom Land her kommen. Ein paar Stufen führen zum schlichten Eingang zwischen den Türmen (ursprünglich auf der Seeseite), der zu einem großen, jetzt als Kongressraum genutzten Raum führt.

Groß und schön: San Giovanni Battista

Am 8. November 1340 wurde laut Inschrift an der Südseite der Grundstein der Pfarrkirche gelegt, ihre Größe und reiche Ausstattung gilt als Beweis dafür, dass sich der Ort, der sich erst ab der Mitte des 13. Jahrhunderts unterhalb von Montenero zu entwickeln begann, es geschafft hat, innerhalb eines Jahrhunderts eine erhebliche Wirtschaftskraft zu entwickeln. Die dreischiffige Basilika wurde nach einem Zusammenbruch 1870 restauriert beziehungsweise erweitert. Innen ist die Erweiterung um ein Joch gut zu erkennen, wobei damals auch die Fassade neu aufgebaut wurde. Die Rosette ist original, die vier Evangelisten aber wurden erst 1903 hinzugefügt. Original geblieben sind auch die beiden südlichen Seitenportale, die sehr akkurat ausgearbeitete tierische und menschliche Reliefs aufweisen. Die Apsisseite zieren außen zweifarbige Blendbögen, die an San Giovanni Battista in Monterosso erinnern. Innen hat man 1870 die Originalsäulen nicht besonders glücklich durch Pfeiler ersetzt.

Auf der rechten Seite ist es ein Triptychon, das die Madonna mit Kind, flankiert von San Rocco und San Sebastiano, zeigt, es stammt aus dem Oratorio des San Rocco und wird datiert auf den Be-

AUTORENTIPP!

DIE »ANDEREN« CINQUE TERRE

Cinqueterre hin oder her, wer ein ganz bestimmt noch nicht von Touristenströmen durchfurchtes Gebiet erwandern möchte und dabei garantiert weder auf Historisches noch auf tolle Landschaftsbilder verzichten möchte, der sollte sich die Gegend zwischen Riomaggiore und Portovénere merken.

Von der Pfarrkirche den Weg Nummer 4 bis zur Kapelle Sant'Antonio entlang, einem 2,5 Kilometer langen Parcour durch den Wald folgen bis zu einem 2,5 Meter hohen Menhir aus der Bronzezeit auf der rechten Seite. Ihm gegenüber erkennt man, so man es weiß, eine sogenannte Pose, eine Mauer zum Abstellen der Rücktragen, ohne sich bücken zu müssen. Dafür waren die Bauern früher bestimmt dankbar, hier sollen sie sich auf ein Schwätzchen eingefunden haben. Es folgen schön ausgebaute Steinstufen über den Weg Nummer 4b zur noch immer imposanten Fonatana di Nozzano, einem Brunnen, an dem Napoleons Soldaten ihre Pferde getränkt haben sollen auf dem Marsch nach La Spezia; weiter auf dem Weg 4d, der sich als eine nicht enden wollende Treppensteige ans Meer entpuppt – hier sollte man seine Badesachen dabeihaben! Hin und zurück, auch als eine Acht-Kurve mit kleinen Umwegen (Weg Nummer 3) machbar, ca. vier Stunden.

DIE CINQUE TERRE ERWANDERN

Eine Wanderung entlang des *Sentiero 2* gehört zu den landschaftlichen Höhepunkten einer Ligurien-Reise.

Ⓐ **Monterosso al Mare** – Der bequemste Ort der Cinque Terre. Er ist zweigeteilt: im Westen der neuere Teil Fegina mit dem langen Strand, im Osten der alte Kern mit Pfarrkirche (s. S. 122).

Ⓑ **Vernazza** – Vielleicht das schönste Dorf der Cinque Terre, an dessen Hafenfjord sich sehr dekorativ die Pfarrkirche Santa Margherita di Antiochia erhebt (s. S. 126).

Ⓒ **Corniglia** – Lange das hässliche Entlein der Cinque Terre, inzwischen eine sehr begehrte Bleibe mit Bars und Restaurants und B&B hinter dicken Steinmauern. (s. S. 128).

Ⓓ **Volastra** – Abstecher in ein hübsches Nest, in dem der Dorfpatron San Lorenzo seine erste Kirche hatte, die umbenannt werden musste, als man den heiligen Lorenz hinunter nach Manarola versetzte. Volastra schwebt zwischen Ölbäumen, Weinbergterrassen und dichtem Wald (s. S. 130).

Ⓔ **Manarola** – Zentrum des Parco delle Cinque Terre, besonders beliebt bei ambitionierteren Wanderern (s. S. 130).

Ⓕ **Riomaggiore** – Oben Bauern-, unten Fischer- und Seefahrerdorf, so kann man die großartig am Hang klebende und durch den Rio Maggiore geteilte Gemeinde aufgliedern. Die Pfarrkirche birgt besondere Schätze wie die *Madonna delle Catene*, die »Madonna der Ketten« (s. S. 134).

ginn des 16. Jahrhunderts. Beachtenswert ist die Kanzel von 1530, die nachweislich aus einem älteren Altar zusammengesetzt wurde. Sie zeigt ein großartig gearbeitetes Hochrelief mit dem berittenen heiligen Martin, der seinen Mantel mit einem Armen teilt, und von den Heiligen Josef und Anna flankiert wird. Die Figuren sind so plastisch gearbeitet, dass sie fast freistehend scheinen.

Eine kleine Kostbarkeit, fast versteckt links vom Chor, ist die Holzskulptur *Madonna delle Catene*, »Madonna der Ketten«, aus dem 14. Jahrhundert. Die Kette hängt über dem linken Arm des Jesuskindes, die beiden Figuren, streng und sehr archaisch in der Wirkung, sind farbig gefasst: Die Madonna trägt ein rotes Kleid mit blauem Überwurf, alles schön in Falten gelegt.

MAL EHRLICH

MUSS DAS AUTO SEIN?

Wer in die Cinque Terre mit dem Wagen reist, ist selber schuld. Schuld daran, dass er entweder gar keinen Parkplatz findet oder nur einen überteuerten. Denn Parkplätze sind rar um die Fünf Dörfer herum, und im Ortsinneren dürfen nicht einmal die Einheimischen herumfahren, nur Notärzte und zu bestimmten Zeiten Lieferanten. Die Bewohner von Manarola haben sich gemeinsam eine Garage vor den Ort gesetzt, doch da dürfen nur sie parken. Riomaggiore hat zwar ebenfalls eine Garage errichtet, doch ist diese immer voll. Bleiben die Ränder der Zufahrtsstraßen und die wenigen Parkplätze im Freien. Fazit: Mit der Bahn anreisen und innerhalb der Cinque Terre mithilfe der angebotenen *Card* die kleinen Busse oder wieder die Bahn nutzen, das scheint das Gebot der Vernunft. Freie Fahrt zwischen Lévanto im Westen und La Spezia im Osten heißt es dann – was will man mehr? Auch per Boot sind vier der fünf Dörfer erreichbar, sofern das Wetter mitspielt.

Infos und Adressen

SEHENSWÜRDIGKEITEN

San Giovanni Battista. Reich ausgestattete Pfarrkirche (14. Jahrhundert), tagsüber immer offen. Via Pecunia 76, Riomaggiore, Tel. 01 87 92 02 72.

ESSEN UND TRINKEN

Dau Cila. Mit der schmalen Terrasse über der Küste schwebendes, relativ teures, aber gutes Lokal. Mo–So 12–22 Uhr, Via San Giacomo 65, Riomaggiore, Tel. 01 87 76 00 32.

Il Grottino. Einladendes Restaurant in Grotten-Ambiente. Fr-Mi im Sommer 12–23 Uhr, Via Colombo 231, Riomaggiore, Tel. 01 87 92 09 38.

ÜBERNACHTEN

Ca dei Duxi. Pension mit relativ kleinen Zimmern in historischen, vielfach freigelegten Mauern. Via Colombo 36/Via Pecunia 19, Riomaggiore, Tel. 01 87 92 00 36, www.duxi.it

Edi. Privatzimmer und Apartments, einer der ersten Vermieter des Ortes. Via Colombo 111, Riomaggiore, Tel. 01 87 92 03 25, www.appartamenticinqueterre.net

Locanda dalla Compagnia. Schlichte, aber saubere Pension mit nur fünf Zimmern im oberen Ortsbereich. Via del Santuario 239, Riomaggiore, Tel. 01 87 76 00 50, www.dallacompa.com

INFORMATIONEN

Info-Kiosk des Parco Nazionale Cinque Terre vor der Schranke zum Ort. Nur während der Saison geöffnet, sonst Infos in Manarola, s. S. 133

Die Hauptgasse von Portovénere, die Via Cappellini, sollte man in ihrer ganzen Länge genüsslich durchstreifen.

24 Portovénere

Ein gewaltiger Steinwall aus Häusern

Venushafen – welch schöner Name für eine so hübsche ligurische Stadt mit historischem Kern auf einem Felsgrat und langer Promenade am Meer sowie mit Blick auf die vorgelagerten Inseln und auf Lérici vis-à-vis. Liguriens wohl schönste Hochzeitskirche steht auch noch hier.

Francesco Petrarca (1304–1374) hat 1338 in Versen festgehalten, die griechische Göttin Venus, italienisch Minerva, habe sich an diesem Ort so wohl gefühlt, wo für sie ein Heiligtum errichtet worden war, dass sie sogar ihre Heimat Athen vergessen habe. Kein Wunder, dass man auf der Insel Palmária direkt vor Portovénere prähistorische Funde machte – bei der strategisch so günstigen Lage vor dem tiefen Golf. Doch Portovénere selbst gilt als römische, also spätere Gründung, wohl namens Portus Veneris, wie der Ort im 2. Jahrhundert genannt wird. Zur Zeit der Christianisierung boten gerade die Inseln davor Benediktinermönchen sicheren Schutz, die auf ihnen Klöster gründeten, von denen nur Reste erhalten sind. Nennenswerte Notizen über Portovénere finden sich erst im 11. Jahrhundert als Besitz der Herren von Vezzano und dann von Genua, das sich 1113 den Felsen von San Pietro sicherte, der sich strategisch besonders während der langen Kriegszeit mit Pisa (1119–1290) bewährte. So wurde Portovénere mit dem Castello Doria befestigt, das bis heute dem Städtchen so markant obenauf hockt. Das half bis 1494, als sich Aragon des befestigten Ortes bemächtigen wollte. Und auch wenn dies nicht gelang, danach versank Portovénere in die Bedeutungslosigkeit. Erst das 19. Jahrhundert riss den Ort aus dem Dornröschenschlaf, als die englischen Dichtern Byron und Shelley dessen Schönheit besangen.

Den Eingang in den historischen Ortskern markiert der Rundbogen der Porta Genovese, über der die Inschrift »Colonia Januensis 1113« beweist, dass es sich hier um eine Militärstation zur Zeit der Republik Genuas handelte. Links steht ein Turm aus dem 12. Jahrhundert, interessant sind die genuesischen Maße (17. Jahrhundert), die in die Mauer eingelassen sind. Im Tor selbst ein Fresko aus dem 15. Jahrhundert, das die Madonna Bianca und die Heiligen Petrus und Lorenz zeigt. Vor allem die Madonna Bianca (»Weiße Madonna«) wird in Portovénere bis heute verehrt. Seit etwa 1200 zieht jeden 17. August bei Sonnenuntergang eine Prozession mit Fackelträgern hinauf zu San Pietro – durch die lange Via Cappellini, die Hauptader des Zentrums bzw. der befestigten, mittelalterlichen Stadt. Dazu werden die Gassen mit kleinen Altären und Girlanden geschmückt und am Abend alles mit Tausenden von Lichtern beleuchtet, die Kirche San Pietro und Umgebung inbegriffen, als Rahmen für die eindrucksvolle Prozession. Auch wenn in der Via Cappellini viel im Laufe der Jahrhunderte verändert wurde, einige architektonische Details aus dem Mittelalter sind erhalten geblieben, etwa Stützbögen und Eingangstore aus Ardesia (s. S. 96) oder Marmor.

Trutziges Castello Doria

Rechts der Hauptgasse steigt man ein paar Treppengassen hinauf zum Castello Doria (ab 1161 bis ins 17. Jahrhundert), das nach seiner Restaurierung für kulturelle Veranstaltungen wie Ausstellungen und Konzerte offen ist. Eine prachtvolle genuesische Militärarchitektur im besten Sinne mit großem Exerzierplatz und zweigeteilt, alles

AUTORENTIPP!

AM KAI FANGFRISCHEN FISCH SCHLEMMEN

Antonio Canese ist seit November 2010 offiziell verantwortlich für die schmackhafte und gesunde Verköstigung der Juventus-Fußballer. Und das will schon etwas heißen! Doch jedermann kann sich von seiner Kochkunst überzeugen – in seinem in schönster Hafenlage von Portovénere liegenden Restaurant, am besten an einem Sommerabend. Garantiert fangfrisch sind Fische und Meeresfrüchte, die gar nicht aufwendig, aber perfekt zubereitet werden. Den Service bewacht Bruder Roberto mit Argusaugen, damit alles perfekt funktioniert, auch wenn der kochende Antonio auf Tour mit Juventus ist. Unbedingt probieren: die riesige Fischplatte, ein Augenschmaus, der auch noch schmeckt.

La Marina – da Antonio. Während der Saison Mo–So 12.30–14.30, 19–23 Uhr, Piazza Marina 6, Tel. 0187 79 06 86, www.trattorialamarina.it

Oben: Was für ein Anblick – ganz Portovénere breitet sich vor den Ankommenden aus.
Mitte und unten: Hauptanziehungspunkt aber ist das auf einem Felssporn hockende Kirchlein San Pietro, mit einem überraschend großen Innenraum.

sehr kompakt und verteidigungsbereit. Im unteren Bereich wurde auch die Casa del Capitano restauriert, die vom Podestà, dem Statthalter, bewohnt wurde. Im 16. Jahrhundert kam wegen der drohenden Angriffe mit Feuerwaffen der obere Festungsbereich hinzu.

Vom Castello aus erkennt man die langen Verteidigungsmauern, die Portovénere mitsamt San Pietro umfingen. Darunter erhebt sich die romanische Kollegiatskirche San Lorenzo (1116–1130). Nach Feuerkatastrophen und der Bombardierung durch die Aragoneser Ende des 15. Jahrhunderts haben jeweils Umbauten in Gotik und Renaissance viel am Aussehen geändert. Innen bewahrt man in der dreischiffigen Kirche ein kleines Bild auf Pergament aus der Florentiner Schule (15. Jahrhundert), das die geliebte Madonna Bianca, die Schutzpatronin Portovéneres, zeigt. Der zweite Ortsheilige, Lorenz, dem die Kirche eigentlich geweiht ist, wird mit einer Marmorstatue (17. Jahrhundert) bedacht. Im rechten Querschiffsarm ist der Kirchenschatz untergebracht, der aus den schönsten Votivtafeln besteht. – Von der Terrasse der Kollegiatskirche schaut man direkt auf San Pietro, eine Postkartenschönheit über dem Meer.

Zum Sonnenuntergang steigen nicht nur Liebespärchen zur schwarz-weiß gestreiften ligurisch-gotischen Kirche am schmalen Kap der Punta San

Pietro über breite Stufen empor. Die Kirche wurde 1266 über einer früheren Kapelle aus dem 6. Jahrhundert errichtet, sie erlitt im 15. Jahrhundert erhebliche Schäden, wurde in den 1930er-Jahren vielleicht allzu glatt restauriert und ist dennoch einfach traumhaft schön! Baumaterial sind weißer Marmor und der fast schwarze Palmária-Marmor in akkurater Streifung, die innen konsequenter ist als außen. Durch die Fenster dringt fast grelles Licht in die dreischiffige Basilika mit geradem Chorabschluss und beleuchtet den Innenraum mit schönem Schattenspiel. Hinter der rechten Chorapsis führt eine Tür zu einer Aussichtsterrasse.
Die von den meisten Besuchern leider kaum beachteten Bronzetüren wurden angeblich auf Initiative der Familie von Dino Clerici, der die nette »Osteria del Carugio« gehört, von Lello Scorzelli (1921–1997) in den 1970er-Jahren geschaffen. Andere Quellen sprechen davon, dass die damalige kommunistische Bürgermeisterin Maria Maddalena Rossi die Arbeiten in Auftrag gab. Beeindruckend an der *Porta del Cielo*, der Himmelspforte, wie sie der Künstler Scorzelli nannte, sind, fast losgelöst von den Türflügeln, rechts und links die Figuren von Gottvater und Petrus, der den Kirchenschlüssel empfängt.

Die Inseln vor dem Venushafen

Im Hochsommer schwimmen die meisten Sonnenanbeter von Portovénere einfach zur Nordseite der nahen Insel Palmária, wo eine breite Sandbank lockt. In der Nähe befindet sich die Bootsanlegestelle Terrizzo, dort beginnt ein rot ausgeschilderter Wanderweg. Neben der ehemaligen Festung Umberto I. oder der Torre Scuola von 1606 genießt man fast das ganze Jahr über den Duft der Macchia-Wildkräuter, kann im Sommer vom Erdbeerbaum naschen und die Technik der Trockenmauern für den Weinanbau bewundern.

AUTORENTIPP!

EXKLUSIVE BLEIBE FÜR INSEL-ROMANTIKER

Giuseppe Basso, 1938 in Vernazza geboren, hat sich bereits mit 14 Jahren auf einem Schiff als Küchenhilfe anheuern lassen. Bald wurde er Koch – und nach insgesamt 13 Jahren auf den Weltmeeren hat er dem Ruf seines Onkels Iseo nachgegeben, dessen Trattoria am Hafen von Portovénere zu übernehmen. Giuseppe Basso machte daraus ein berühmtes Fischlokal, in dem sich die Schönen und Berühmten ein Stelldichein geben. Die VIPs kommen mit ernsten Mienen an und verlassen mit einem Lächeln das Lokal, heißt es.

1997 hatte Basso aber seine beste Idee, die Eröffnung der Locanda Lorena im Naturschutzgebiet der Insel Palmária gegenüber, die bald zum In-Ziel im Golf von La Spezia werden sollte. Einfache Zimmer in der Locanda, exklusive in der Residenza La Maiella und ein tolles Restaurant in traumhaft schöner mediterraner Landschaft zwischen Macchia und dem Meer. Ländlich und doch sehr exklusiv, auch was die Preise angeht, und nichts für Kinder (!), wie betont wird. Ein venezianisches Taxiboot pendelt nur für die Hausgäste zwischen Festland und Insel.

Locanda Lorena. Via Cavour 4, Isola Palmária (SP), Tel. 0187 79 23 70, www.locandalorena.com

Oben: Dem singenden Wirt Antonio Clerici begegnet man mitten in Portovénere in seiner »Antica Osteria del Carugio«.
Mitte: Es lohnt sich, auf Details am Straßenrand zu achten …
Unten: … aber auch das Meer zu genießen.

Palmária ist ein schönes Wandergebiet mit dichter mediterraner Macchia und Weinterrassen, das unter strengem Naturschutz steht und auch noch historisch von Bedeutung ist. Die Funde aus prähistorischer Zeit, die im Museo del Castello von La Spezia zu sehen sind (s. S. 146), hat man in der Grotta dei Colombi auf der Südwestseite der Insel gemacht. Vom Wasser her lockt noch die Grotta Azzura etwas weiter nördlich Richtung Portovénere. Vielleicht geht man doch lieber gleich in den Süden Palmárias, wo sich gegenüber der Insel Tino der schöne Strand von Pozzale ausbreitet? Man kann auch von hier mit einem Boot zurück, es ist die zweite Anlegestelle der Insel.

Auf der Insel Tino erhebt sich ein Leuchtturm, doch ist sie mit ihrer dichten, duftenden Macchia Militärschutzgebiet, man kann sie nur an einem einzigen Tag im Jahr betreten, am 13. September (und manchmal am darauffolgenden Sonntag), wenn San Venerio, der Patron der Kirchen im Golf von La Spezia, mit einem Besuch auf seiner Insel geehrt werden darf. Der Eremit soll 630 verstorben und auf Tino bestattet worden sein; es gibt auch noch Reste alter Klosteranlagen. Doch im 11. Jahrhundert brachte man seine Gebeine nach Reggio Nell'Emilia. Jedes Jahr zieht die Meeresprozession Tausende nicht nur Gläubige nach La Spezia, wo sie nach der feierlichen Messe am Molo Italia beginnt und von da, mit einem Stopp an Portovéneres Kirche San Pietro, die Insel Tino ansteuert. Keine Frage, dass man sich die Tickets für die Bootsfahrt rechtzeitig organisieren sollte! – Übrigens ging die Besiedlung der Cinque Terre zum größten Teil von Tino aus, deren Mönche den Weinanbau vorangetrieben hatten.

Tinello, die dritte Insel, ist eigentlich nur ein Fels, um den herum gerne geschnorchelt wird und passionierte Fischer auf Fang gehen.

Infos und Adressen

SEHENSWÜRDIGKEITEN

Castello Doria. Zwischen dem 12. und 17. Jahrhundert von den Herrschern aus Genua errichtet, je nach Veranstaltung meist Di–So 10.30–17.30 Uhr. Tel. 01 87 79 30 42, www.portoveneresrl.it

San Lorenzo. Die Pfarrkirche an erhöhter Stelle im Ort zu Füßen der Festung; tagsüber durchgehend geöffnet. Piazzale della Chiesa di San Lorenzo, Portovénere, Tel. 01 87 79 06 84.

San Pietro. Zauberhaftes Kirchlein auf einer hoch aus dem Meer aufragenden Felsnase, beliebte Hochzeitskirche. Am Capo San Pietro; tagsüber meist geöffnet. Piazza Spallanzani, Portovénere

ESSEN UND TRINKEN

Antica Osteria del Carugio. Urgemütliche Osteria nach altem Vorbild mit dunklen Holztischen und einfachen, aber typisch ligurischen Gerichten, speziell aus dem Meer, aber z.B. auch Suppe aus Kichererbsen und Bohnen. Inhaber Antonio Clerici (zusammen mit Mutter Maria seit 1890 in der dritten Generation) sorgt abends für musikalische Einlagen. Fr–Mi 12–14, 19–22 Uhr, Via Cappellini 66, Tel. 01 87 79 06 17, www.anticaosteriadelcarugio.com

Iseo. Der Festlandsableger von Iseo auf der Insel Palmária, der vom Ruhm der teuren und sehr speziellen Locanda (s. Autorentipp) zehrt, Do–Di 12–15, 19–23 Uhr. Calata Doria 9, Portovénere, Tel. 01 87 79 06 10.

Portivene 1. Ganz modernes Lokal ohne Schnörkel mit ligurischen Spezialitäten, aber auch Pizza und Aperitivi im historischen Zentrum. Mo–So meist durchgehend 11–22 Uhr, Via Capellini 94/98, Tel. 0187 79 27 22, www.ristoranteportivene1.com

ÜBERNACHTEN

Genio. Jedes der nur sieben Zimmer mit eigenem Eingang, einfaches aber einladendes Haus, zentral an der Stadtmauer und gar nicht laut, weil zurückversetzt. Piazza Bastreri 8, Tel. 0187 79 06 11, www.hotelgenioPortovénere.com

Royal Sporting. Bestes Haus am Platzes für sportliche Urlauber, mit Restaurant, Meerwasserpool und Garage (!), am Ortsrand aber in Bummel-Entfernung. Via dell Olivo 345, Tel. 0187 79 03 26, www.royalsporting.it

EINKAUFEN

de Gustibus. Portovéneres Hauptspezialität heißt *Testarol*, eine Art dünner Fladen, der aufgeweicht und dann gekocht werden muss und im Ort überall angeboten wird. Eine gute Adresse dafür und auch für andere kulinarische Mitbringsel ist de Gustibus, Via Capellini 5 gleich beim Stadttor. Tel. 01 87 79 10 55.

BOOTSVERBINDUNGEN

Im Sommerhalbjahr verkehren ständig Boote zwischen Portovénere, La Spezia und den vorgelagerten Inseln; aber auch die Cinque Terre entlang bis nach Genua.

Cooperativa Barcaioli Portovénere. Molo Doria, Portovénere, Handy 347 802 48 17, www.barcaioliportovenere.com

Golfo Paradiso. Hauptsitz Via Scalo 2, Camógli (GE), Tel. 01 85 77 20 91, www.golfoparadiso.it

INFORMATIONEN

Pro Loco. Piazza Bastreri 7, Portovénere (SP), Tel. 0187 79 06 91, www.Portovénere.it

Parco Naturale Regionale di Porto Venere. Via Garibaldi 9, Portovénere, Tel. 01 87 79 48 23-885, www.parconaturaleportovenere.it

Sehr gute Webseiten auch zu Portovénere: www.about-cinqueterre.com/Portovénere/

Oben: Schon von Weitem wirkt La Spezia in seiner weiten Bucht vielversprechend …
Unten: … und in der Fußgängerzone kann man ungestört vom Straßenverkehr bummeln, in einem Café oder Restaurant einkehren oder einkaufen.

25 La Spezia
Beschützerin des Golfes der Poeten

In einem weiten Golf liegt La Spezia mit seinem natürlichen Hafen riesigen Ausmaßes. Die Stadt ist auch aufgrund dieser Lage Italiens wichtigster Marine-Stützpunkt. Sie besitzt ein dörferreiches Hinterland mit intensiver Landwirtschaft, die sich immer mehr dem biologischen Anbau verschreibt. Das Vara-Tal reicht weit in den Nordwesten Liguriens.

Wer genug Zeit mitbringt, sollte zuerst eine Bootsrundfahrt durch den Hafen von La Spezia unternehmen. Nur vom Wasser aus kann man sich die Ausmaße des Golfo di La Spezia vergegenwärtigen, unter Romantikern und Schwärmern besser bekannt als Golfo dei Poeti, Golf der Poeten. Im Westen begrenzt vom wunderhübschen Portovénere und im Osten vom auf andere Weise schönen Lérici, dem Ort, der viele Poeten anzog. – Kriegsstratege Napoleon Bonaparte sah jedoch vor allem das Nützliche und bezeichnete La Spezia als Hafen mit idealer strategischer Lage. 1812 ließ er eine Straße nach Portovénere bauen, die man heute noch als napoleonische Straße bezeichnet und die bei jeder Kurve herrliche Aussichten bietet. Nach wie vor spielt die Marine eine große Rolle, neben Venedig als Standort im historischen Arsenale ist La Spezia der zweite Stützpunkt der italienischen Kriegsmarine.

In den letzten Jahren hat sich La Spezia zu einer richtig schönen Stadt zum Flanieren entwickelt, als gute Einkaufsstadt hatte sie dank des großartigen Marktes auf der mit einer Glaskonstruktion überdachten Piazza Cavour, die einen Katzen-

Supermodern ist La Spezias Brücke am Hafen.

sprung vom Hafen entfernt liegt, schon länger einen guten Ruf. Nunmehr ist ihre Fußgängerzone zwischen der breiten Meerespromenade am Hafen und den Abhängen des Hausberges in den größten Teilen fertiggestellt, die Museen haben nach ihrer gekonnten Umgestaltung wieder feste Öffnungszeiten und kleine oder größere Aperitif-Bars tragen zu einer neuen Szene bei, die junge Menschen in die Stadt lockt bzw. sie hier festhält.

La Spezias Visitenkarte ist die breite Meerespromenade, die Passeggiata Morin, zusammen mit dem parallel verlaufenden Viale Italia. Dazu stadteinwärts die Parks, die grüne Lunge mit Spielplätzen und Ruhebänken unter alten Alleebäumen.

Das Marinemuseum der Hafenstadt

Beginnt man seine Entdeckungstour durch La Spezia am Touristenhafen (vielleicht nach der empfehlenswerten Bootstour), kann man dem Viale Italia nach Westen folgen, am I.A.T.-Informationsbüro vorbei, wo man sich zumindest einen Stadtplan holen sollte, dann die nahe Piazza Chiodo anpeilen, die das Tor zur Militärmarine bzw. zum Arsenal mit dem Museo Navale, dem Schiffs-

AUTORENTIPP!

SPRICHWÖRTLICH MARKTFRISCH

Das Meer mit guten Fängen vor der Haustür, das fruchtbare Vara-Tal mit Milch- und Käseproduktion im Rücken. Das sind sehr gute Voraussetzungen für einen Markt inmitten einer lebendigen Provinzstadt. Im Falle von La Spezia wurde diesem vor einigen Jahren sogar eine Glasdachkonstruktion verpasst, die das Stadtbild nicht stört, sondern im Gegensatz sogar noch bereichert. Auf diesem Markt gibt es alles, was man im wörtlichen Sinne marktfrisch kaufen möchte, und das tun Italiener bekanntlich noch mehr als Bewohner nördlich der Alpen. Wie angenehm, dass das alles noch mitten in der Stadt möglich ist, auf der Piazza Cavour, umgeben von weiteren Geschäften für den täglichen Bedarf der Einwohner und von vielen Cafés und typischen Lokalen.

Mercato quotidiano. Mo–Sa 8–13 Uhr, Piazza Cavour, La Spezia

AUTORENTIPP!

SPEISEN IN DER HÖLLE

Diese Osteria mit Küche, die es seit 1905 in den tiefen Gewölben eines Stadtpalazzo (daher der Name Zur Hölle) nahe dem Markt gibt, garantiert seit Jahrzehnten – nicht nur, weil sie in Familienbesitz geblieben ist – eine stets beachtliche Qualität der Speisen und einen freundlichen Service. Die Portionen sind groß, die Speisen frisch zubereitet – denn die wichtigsten Kunden sind die Marktleute von nebenan, und die wissen, wie es schmecken soll. Eine Sensation ist die Pasta, köstlich das Meeresgetier. Und dies alles ist zu unglaublich günstigen Preisen zu genießen. Nur Glück muss man haben, mittags ein Plätzchen an einem der schlichten Tische zu ergattern, denn die Marktfrauen- und -männer haben Vorrang.

All' Inferno. Mo–Sa 12–14.30, 19.30–22 Uhr. Via Lorenzo Costa 3, Tel. 0187 294 58.

museum der Marine von La Spezia, bildet. Man kann hier alles erfahren, was mit La Spezias Geschichte als Hafenstadt zu tun hat – mit Schiffsmodellen, historischen Landkarten, Fotos und Dokumenten. Unter den Modellen fehlen die der Karavellen von Kolumbus natürlich nicht.

Auf der Rückseite des Museums, noch innerhalb des Arsenals, hat Guglielmo Marconi (1874–1937) am 17. und 18. Juli 1897 eine Funkverbindung mit dem Rimorchiatore Numero 8 hergestellt, einer Empfangsstation, sowie später mit dem Schiff San Martino, das sich weiter als zehn Meilen entfernt befand – für damalige Verhältnisse eine unglaubliche Entfernung für eine Funkverbindung! Kein Wunder, dass man dem genialen Physiker 1909 den Nobelpreis verlieh.

Aufgeschlossen für die Moderne

Wieder über das Brückchen zur Piazza Chiodo und nach links gehend, findet man an der nahen Piazza Battisti das Centro Arte Moderne e Contemporanea, kurz CAMeC, wo fast ununterbrochen Ausstellungen zeitgenössischer Künstler gezeigt werden. – Rund um das CAMeC hat sich eine Szene entwickelt mit netten Apritif-Bars, wie es sie auch entlang der Fußgängerzone des Corso Cavour gibt, der weit über die Piazza Cavour mit ihrem herrlichen Markt hinaus nach Norden reicht.

Einer Familienstiftung sei Dank

Das Museo Civico Amedeo Lia inmitten der Fußgängerzone verdankt seine großartige Sammlung der Familienschenkung des Namengebers Amedeo Lia. Für die kostbaren Gemälde, Miniaturen (speziell aus Elfenbein) und Skulpturen hat man 1996 das aufgelöste Kloster des heiligen Francesco di Paola umgestaltet. In dessen ziemlich abgedunkel-

ten Räumen ist man fast immer allein, denn noch wird La Spezia eher wegen seiner Lage im Poeten-Golf und seiner guten Einkaufsmöglichkeiten besucht denn wegen seiner interessanten Museen. Zur Sammlung gehören aber immerhin Gemälde aus dem 13.–18. Jahrhundert wie Tizians *Bildnis eines Edelmannes* (1576), Pietro Lorenzettis *Heiliger Johannes der Evangelist* (1. Hälfte 14. Jahrhundert) oder das (vermutliche) Selbstbildnis von Pontormo (1494–1556). Übrigens sind alle Kunstwerke effektvoll ausgeleuchtet – ein zusätzliches Vergnügen beim Besuch des schönen Museums.

Archäologie hoch über der Stadt

Keine Sorge, niemand muss hier einen Berg erklimmen, auch wenn es dafür Treppengassen wie den Scalone Santa Lucia gibt – bequeme Aufzüge, so man sie kennt, führen einen von der Via XX Settembre in wenigen Minuten und (anders als in Genua) kostenlos auf den Burgberg von La Spezia. Die Festung allein ist Grund genug, San Giorgio zu besichtigen. Die traumhaft schöne Aussicht auf die Stadt darunter und den ganzen Golf belohnt den Abstecher zudem. Das Castello wurde im 14. bis 17. Jahrhundert an jener Stelle errichtet, an der sich die ersten Siedler niedergelassen hatten. Das Castello San Giorgio ist Sitz des Archäologischen Museums U. Formentini mit seiner Sammlung aus der Vorgeschichte bis zum Mittelalter.

Oben: Eine Museumslandschaft schon in der Unterstadt: das CAMEC für zeitgenössische Kunst.
Unten: Das Schifffahrtsmuseum liegt am Westrand des Hafens und zeigt beieindruckend alles Erdenkliche zum Thema.

Oben: Im Museo Amedeo Lia schaut uns Pontormo aus seinem vermeintlichen Selbstbildnis etwas fragend an.
Mitte: Vom Dach des Kastells aus liegt einem La Spezia zu Füßen.
Unten: Zu erreichen ist es ganz einfach per Aufzug.

Highlight sind die Stelenstatuen (4. Jahrhundert v. Chr.) aus der Lunigiana, dem Ursprung der Urligurer (s. S. 158) – flache Stelen mit angedeuteten menschlichen Formen. Auch dieses Museum ist der Privatsammlung des Geologen Giovanni Capellini (1833–1922) aus La Spezia zu verdanken, von dem sie die Stadt erwerben konnte. Zum Glück war der Geologe auch Paläontologe, also an Prähistorie interessiert und hatte europaweite Verbindungen zu gleichgesinnten Intellektuellen, mit denen er die Grundlagen der modernen Archäologie schuf.

Er kam wissenschaftlich wie politisch weit: In Bologna fungierte er ab 1874 als Rektor der Universität und als Gründer des Geologischen Institutes und des internationalen Kongresses für Anthropologie und prähistorische Archäologie. 1888 wird er in die Leopoldina aufgenommen, immerhin die älteste ununterbrochen existierende naturwissenschaftliche Akademie der Welt. Und in Rom wird Capellini 1890 zum Senator gewählt. Kein schlechtes Aushängeschild für La Spezia!

Das Besondere am Archäologischen Museum in der trutzigen Festung (großartig ist beispielsweisedie Reittreppe aufs Dach mit ihren flachen Stufen) ist die Art der Präsentation innerhalb der dicken Mauern. In tiefen Mauernischen etwa, genauer in die Bastionen der ersten Bauphase der Festung, sind Schaukästen nicht wie üblich aufgestellt, sondern in den Boden eingelassen. Man schaut von oben etwa auf nachgestellte Beerdigungsrituale, Schmuck und andere Beigaben inbegriffen. Aus der römischen Epoche sind speziell die Ausgrabungsfunde aus Luni (s. S. 158) hart an der toskanischen Grenze interessant, wiederum eine private Sammlung, die dem Museum als Dauerleihgabe überlassen wurde (im Obergeschoss).

Infos und Adressen

SEHENSWÜRDIGKEITEN

CAMeC (Centro Arte Moderne e Contemporanea). Speziell für Ausstellungen ausgebaute Räumlichkeiten für zeitgenössische Künstler, bei Ausstellungen normalerweise Di–So 11–18 Uhr. Piazza Cesare Battisti 1, Tel. 0187 73 45 93, http://camec.spezianet.it

Museo Civico Amedeo Lia. Städtische Galerie mit Kunstwerken aus dem 13.–18. Jahrhundert. Di–So 10–18 Uhr, Via Prione 234, Tel. 0187 73 11 00.

Museo del Castello. Archäologisches Museum auf dem Castello San Giorgio. Mo 9.30–12.30, Mi–So 9.30–12.30, 14–17, im Sommer Mo 10.30–13.30, Mi–So auch 17–20 Uhr, Via XXVII Marzo, Tel. 0187 75 11 42, www.museodelcastello.spezianet.it

Museo Tecnico Navale. Marine–Museum. Mo–So 8–19.30 Uhr, Viale Amendola 1, Tel. 0187 78 46 93.

ESSEN UND TRINKEN

Generell gilt: Die besten Lokale sind sonntags geschlossen, weil La Spezia von den Geschäfts- und Marktleuten und den Einheimischen, die in der Mittagspause schnell (und gut) außer Haus essen wollen, lebt.

La Posta. Relativ neues elegantes Lokal mit kreativer Küche. Via Giovanni Minzoni 24, La Spezia, Tel. 01 87 76 04 37, www.lapostadiclaudio.com

Osteria della Corte. Mit viel Liebe geführtes Restaurant in einem Innenhof aus dem 18. Jahrhundert nahe der Fußgängerzone bei der Salesianer-Kirche, sehr gemütlich eingerichtet, gepflegte lokale sowie toscanische Küche, hausgemachte Pasta und alles frisch zubereitet. Do Themenabende (Trüffel, Steinpilze, Käse etc.). Mo Abend–So 12.30–14.30, 19–22.30 Uhr, Via Napoli 86, La Spezia, Tel. 0187 71 52 10, www.osteriadellacorte.com

ÜBERNACHTEN

Genova. Seit Generationen familiär geführt, stets umgebaut und renoviert, zentral in der Fußgängerzone und das mit ruhigem Innenhof und Garage. Via Fratelli Rosselli 84/86, Tel. 0187 73 29 72, www.hotelgenova.it

My One Hotel La Spezia. Nettes modernes Hotel für Junggebliebene, zu Füßen des Castello San Giorgio (Aufzug hinauf) am Rande der Fußgängerzone. Via XX Settembre 81, Tel. 0187 73 88 48, www.myonehotel.it

INFORMATIONEN

I.A.T. La Spezia. Viale Italia 5 (mit Büro auch am Bahnhof, Piazza Medaglie d Oro), Tel. 0187 77 09 00, www.turismoprovincia.sp.it

Einer der schönsten Märkte der Region findet wochentäglich im Zentrum unter einem Glasdach statt.

Oben: Richtig romantisch ist der Hafen von Lérici und daher ein sehr beliebtes Ausflugsziel ...
Unten: ... mit einer erstaunlich weiten Piazza.
Rechts oben: Bunte Dinosaurier-Plastiken schmücken eine Bastion des Castello.

26 Lérici

Das romantische Poeten-Dorf

Ein architektonisches Kleinod an der äußersten Südostecke Liguriens, das vom im englischen Horsham geborenen Dichter Percy Bysshe Shelley entdeckt und besungen wurde und heute von vielen, vielleicht allzu vielen Ausflüglern besucht wird. Wegen der schönen Lage am Ostrand des Golfo dei Poeti, der Bucht der Poeten, ist das Städtchen dennoch besuchenswert; man muss ja nicht gerade in der Hochsaison kommen.

Der englische Dichter Percy Bysshe Shelley (1792–1822) verfocht in Leben und Werk gesellschaftliche Freiheitsideale, die ihn zu einem geradezu radikalen Anarchismus führten. Da er von der englischen Öffentlichkeit abgelehnt wurde, lebte er seit 1818 in Italien, wo er politisch anklagende Lehrgedichte (*Feenkönigin*, 1813) verfasste sowie philosophische und lyrische Werke (*Der entfesselte Prometheus*, Drama 1820; Gedichte u. a. *Ode to the Westwind*, *To a Skylark*, *The Cloud*). Er liebte und beschrieb Lérici – und ertrank im Meer davor am 8.7.1822. Shelley begründete den Ruhm des ganzen Golfes von La Spezia als Golf der Poeten, denn ihm folgten weitere Dichter.

Lérici ist aber auch wirklich allzu hübsch! Im tiefen Golf von La Spezia liegt es in einer eigenen Bucht, die von den eher schlichten Wohnhäusern umringt wird, allerdings überragt ein Castello an der Südseite die Häuser äußerst malerisch, und an die Befestigung schnmiegt sich der eigentliche historische Kern. Man darf sich auch hier also auf ordentliche Aufstiege und Abstiege vorbereiten. Allein zur Festung hoch sind es entweder

168 Stufen oder eine lange Straßenrampe durch das *centro storico*. Gehfaule: Aufzug vorhanden!

Dinosaurier-Funde im Castello

Einem kleinen Jungen hat Lérici seine attraktivsten Funde im Museum auf der Burg zu verdanken. 1987 hat der zwölfjährige Ilario am Strand Reste von Dinosauriern entdeckt und damit das Castello vor dem Verfall gerettet. Denn ursprünglich hatte niemand im Ort den Willen, etwas für dessen Wiederaufbau zu tun. Nun brauchte man jedoch eine ordentliche Bleibe für die wertvollen Knochen – voilà, die Entstehung des Museo Paleontologico del Castello di Lérici!

Es wäre aber auch wirklich schade gewesen um die so dekorative Festung, die nahe daran war, einzustürzen. Schließlich steht das von den Pisanern errichtete Castello bereits seit dem 13. Jahrhundert, es wurde später von Genua verstärkt, unter anderem im 16. Jahrhundert durch einen mächtigen rechteckigen Turm, der geradezu furchteinflößend wirkt. Im 17. Jahrhundert fügten die Genovesi die mächtigen äußeren Mauern hinzu. Damit war eine der wichtigsten Militärfestungen im Golf von La Spezia entstanden, weithin

AUTORENTIPP!

GENUSS SÜDLICH VON LÉRICI

Wem Lérici zu lebhaft ist, findet südöstlich davon sowohl in Fiascherino als auch in Tellaro angenehme Unterkünfte. Eine besonders empfehlenswerte Adresse ist in einer netten Villa mitten im Ort seit 1959 das »Miranda« mit nur sieben Zimmern und zwei Suiten sowie einem viel gelobten Restaurant, dessen Ambiente eher an einen Salon erinnert. Die wichtigsten Spezialitäten kommen natürlich aus dem Meer, also Fisch und Meeresfrüchte. Da ligurisch, wird der Fisch meist nur kurz gegart und mit frischem Gemüse und/oder Pinien garniert. Aber auch die hausgemachte Pasta und die Dolci können sich sehen lassen. Alles ist mit viel Sorgfalt und Liebe zubereitet.

Miranda. Restaurant Di–So 12.30–14.30. 20–23 Uhr, Via Fiascherino 92, Tellaro, 4 Kilometer südöstlich von Lérici, Tel. 01 87 96 81 30, www.miranda1959.com

sichtbar und Symbol des Städtchens. Betrachtet man sie vom Wasser aus, wird man ob ihrer steilen Lage und der aus den Felsen aufsteigenden

MAL EHRLICH

NACH LÉRICI BLOSS NICHT AM WOCHENENDE!
Wer den Ort entspannt erreichen will beziehungsweise darin herumschlendern möchte, sollte ihn an den Wochenenden meiden, erst recht während der sommerlichen Badesaison. Denn ganz gleich, wie man hinkommen möchte, ob mit dem Wagen (für den es keinen freien Parkplatz gäbe) oder mit dem Bus von La Spezia (garantiert überfüllt), Freude hat man weder bei der Anreise noch bei der Abreise. Vor dem Ort liegen die (teuren) Parkplätze, die dennoch schnell belegt sind.

Oben: Auf steilem Felsen hockt die Festung von Lérici, die heute das interessante Archäologische Museum beherbergt.
Unten: Südöstlich des Golfo dei Poeti findet man viele nette Winkel wie dieses Ausflugslokal in Montemarcello.

Massigkeit geradezu ehrfürchtig. Kein Wunder, dass man von dort oben auch einen grandiosen Blick über den ganzen Poeten-Golf und nach Süden hat. Innen gibt es zu den ausgestellten Resten der Dinosaurier vieles zusätzlich zu entdecken. Durch die vielen Änderungen ist der Bau ein ziemliches Gewirr an Räumen und Gängen. Auf jeden Fall sollte man sich darin die Cappella di Sant' Anastasia aus dem 13. Jahrhundert anschauen, die sich in bester ligurischer Gotik präsentiert. Im Castello wurde zudem ein Spielzeugmuseum eingerichtet. Es zeigt Spielsachen aus ganz Europa und aus allen erdenklichen Bevölkerungsschichten – allem voran Puppen.

Strandleben am besten abseits

Gleich unterhalb der Festung schaut man in eine mondsichelförmige Bucht hinein und weiter südlich türmten sich die Felsen der Steilküste hintereinander auf. Zu den schönsten Badebuchten auf der Westseite des Monte Murlo, der bis auf 375 Meter aufsteigt und mit dichter Macchia bewachsen ist, führen nur Trampelpfade hinab – etwa die Baia del Corvo am gleichnamigen Kap. Der beliebteste Badestrand von Lérici befindet sich aber nördlich im Vorort San Terenzo. Der Linienbus von La Spezia nach Lérici hält hier.

In Reih und Glied: Sonnenliegen an Léricis Strand

Infos und Adressen

SEHENSWÜRDIGKEIT

Museo Geo-Paleontologico. November–Februar nur auf Anmeldung, Di–So März bis Juni und Sept bis Okt. 10.30–17, Juli/Aug. 10.30–13.30, 17–21 Uhr. Castello di Lérici, Tel. 01 87 96 90 42 oder info@castellodilerici.it
Öffentlicher Aufzug auf die Festung ist zu den Öffnungszeiten des Museums in Betrieb.

ESSEN UND TRINKEN

Il Frantoio. Nettes Lokal in zwei gemütlichen Räumen einer Olivenölmühle aus dem 19. Jahrhundert im Zentrum mit ordentlich zubereiteten Fischgerichten, Mo–So 12.30–14.30, 19–22 Uhr. Via Cavour 21, Tel. 01 87 96 41 74, www.ristoranteilfrantoiosp.it

ÜBERNACHTEN

Piccolo Hotel. Nur zwölf Zimmer kleines Hotel mit Meerblick, April bis 15. Okt. Lungomare Biaggini 24, Tel. 01 87 96 81 59, www.locandadellido.it

Shelley e Delle Palme. Herrschaftliches Ambiente und klassische Räume, auch renovierte Zimmer in modernem Stil an der Hafenpromenade mit Blick auf die Bucht, Lungomare Biaggini 5, Tel. 01 87 96 82 04, www.hotelshelley.it

PARKEN

Es gibt vier meist belegte kostenpflichtige Parkplätze vor Lérici, das selbst strenge Fußgängerzone ist.

INFORMATIONEN

Informazioni Turistiche. Via Biaggini 6, Venere Azzura, 19032 Lérici (SP), Tel. 01 87 96 91 64.

Oben: Sarzana konnte sich in der Ebene des Magra-Tals gut ausbreiten und großzügige Plätze schaffen.
Unten: Durch das Stadttor spaziert man direkt ins historische Zentrum des schönen Städtchens.

27 Sarzana und das Magra-Tal

Ein unspektakuläres und doch liebenswertes Ligurien

Das Magra-Tal teilt oder verbindet, je nachdem wie man es sehen möchte, Ligurien und die Toskana. Die nettesten Orte im unteren Lauf des fischreichen und sauberen Magra-Flusses liegen jedenfalls in Ligurien, es sind Enklaven wie Sarzana, Castelnuovo Magra oder Orotonovo. Luni zu ihren Füßen ist die wichtigste archäologische Zone des Gebietes. Wo der Magra-Fluss sich ins Mittelmeer ergießt, breiten sich die herrlichsten Sandstrände aus.

Die Lunigiana, die vom Tosko-Emilianischen Apennin bis ans Mittelmeer als das Ursprungsgebiet der Altligurer gilt, wird vom Magra durchflossen und bildet wie schon früher die Grenze zwischen Ligurien und der Toskana, historisch ist alles Etruskerland. Der einzige Ort, der Platz genug hatte, sich im südlichen Magra-Tal auszubreiten, ist Sarzana, mit rund 22 000 Einwohnern ein ganz schön großes Städtchen. Mit eigener Autobahnausfahrt im bequem flachen Land »gesegnet« hat es sich auch industriell gut entwickeln können. Der Flugplatz Luni-Sarzana bietet Verbindungen, und die Werften an der Bocca di Magra wertvolle Arbeitsplätze.

Ihre Entwicklung hat die Stadt, die erstmals 963 in einer Urkunde Kaiser Ottos I. erwähnt wird, dem Untergang des römischen Luna (s. S. 158) zu verdanken. Doch richtig in Schwung kam ihre Entwicklung erst 1163, als Sarzana Wegzoll erheben und sich mit einer Mauer umgeben durfte. Nach einem bei der geografischen Lage nicht verwunderlichen Hin und Her zwischen den nahen toskanischen Städten und Genua fiel es 1562 endgültig Genua zu, wo es bis heute geblieben und daher ligurisch ist.

Im Zweiten Weltkrieg wurde die Stadt bombardiert und stark beschädigt, doch hat der historische Kern seinen Charakter bewahrt. Auffallend ist dessen klare städtebauliche Strukturiertheit mit schnurgeraden Haupt- und Querstraßen. Das wird spätestens sichtbar, sobald man vom Magra-Tal und dem schmalen Zufluss Calcandola kommend, die Porta di Parma passiert hat und über die Via Bartolini zur ausladenden, unregelmäßigen Piazza Matteotti mit dem hohen Denkmal für die Gefallenen von Carlo Fontana (1934) und dem Rathaus aus dem 16. Jahrhundert gelangt ist. Ein guter Platz auch für eine kleine Pause. Auf der Rückseite des Rathauses befindet sich die kleine Piazza Luna, und im elegant von Arkaden umgebenen Rathaus-Innenhof gedenkt man des antiken Luna mit Fragmenten der Vorgängerstadt.

Zurück zur Piazza Matteotti und die Via Mazzini entlang, die bis zur südöstlichen Porta Romana und darüber hinweg in die Neubauviertel führt. – Via Bartolini und Via Mazzini folgen übrigens genau dem Verlauf der Via Francigena, der Frankenstraße, der Pilgerstraße nach Rom, die Sarzana im Mittelalter zum Aufblühen brachte. Sie führte vorbei am Turmhaus Nummer 28 (heute mit der Banca della Versilia e della Lunigiana), dem Stammsitz der Familie Buonaparte, die erst 1529 nach Korsika umgesiedelt war – und später Napoleon hervorbringen sollte. Weiter ging es vorbei am Kirchlein Sant´Andrea und an der Kathedrale mit kostbarem bemaltem Kruzifix vom Maestro Guglielmo (1138). Nach dem Teatro Impavidi geht

AUTORENTIPP!

GUTE TROPFEN VOM WEINGUT CA'LUNAE

An der Landstraße und nicht zu übersehen ist das in der fünften Generation von der Familie Bosoni geführte Weingut mit Lagen, die bis in die Hügel der Lunigiana hinauf klettern. 45 Hektar nennen die Bosoni ihr Eigen, hinzu kommen Trauben von rund 150 kleineren Winzern, die sie verarbeiten. Ein eigenes Museum zum Thema Weinbau und sonstiger Landwirtschaft (mit allem Handwerk, das dazu notwendig war und ist) macht aus dem Weingut aus dem 18. Jahrhundert auch ein Ausflugsziel für Leute, die nicht unbedingt den Kofferraum mit Weinflaschen füllen möchten. Außer Wein produzieren die Bosoni auch 14 verschiedene Liköre und Schnäpse sowie Konfitüre aus eigenem Obst und Olivenöl – eine tolle Einkaufsadresse also!

Via Bozzi 63/Via Aurelia SS 1,
19034 Ortonovo (SP),
Tel. 01 87 66 92 22,
www.essentiaelunae.it

Oben: Die Städtchen im Magra-Tal strahlen eine erstaunliche Urbanität aus.
Unten: Geradezu wuchtig sind die dazugehörigen Festungen wie die Fortezza Firmafede.

es linker Hand zur Piazza Citadella, wo sich das Prunkstück der Stadt erhebt: die Fortezza Firmafede. Eingebettet ist sie in die in großen Teilen erhaltene Stadtmauer, die weitere Bastionen aufweist: im Norden rechts und links der Porta di Parma, San Giorgio und Stella, im Osten San Francesco, im Südwesten Testaforte zum Schutz der Porta Romana.

Eine Bilderbuch-Festung

Die vor Ort Cittadella genannte Fortezza Firmafede, die seit ihrer aufwendigen Restaurierung 1985–2002 für Ausstellungen und Veranstaltungen genutzt wird und dann zu unterschiedlichen Öffnungszeiten zugänglich ist, besitzt zur Verteidigung zweier Höfe insgesamt sechs Rundbastionen und einen ebenfalls runden Wehrturm im ersten Innenhof. Die Festung war im Mittelalter nur etwa halb so groß. Ihre später imposanten Ausmaße hat sie der Fortentwicklung durch die Medici zu verdanken, die sie 1487–1494 vollständig umgestalten ließen, nachdem sie Sarzana eingenommen hatten. Dennoch konnte sie von Genua übernommen werden, bei dem sie bis 1797 blieb. Als im 19. Jahrhundert das Gebiet zu Savoyen kam, diente die Festung als Polizeikaserne und Gefängnis.

Noch imposanter: Fortezza Sarzanello

Beschützt wird die Stadt weiterhin von der Fortezza di Sarzanello auf einem Hügel im Osten, die Castruccio Castracani (1281–1328) als Luccheser Herzog bauten ließ. Eine bessere strategische Lage im sonst flachen unteren Magra-Tal gab es wahrlich nicht, weshalb dieser Hügel bereits Ende des 10. Jahrhunderts eine Festung obenauf sitzen hatte, aber richtig befestigt wurde der Ort erst 1493;

er blieb eine Militärfestung bis zum Zweiten Weltkrieg. Eine einmalige, unregelmäßige Konstruktion der Renaissance, mit Schwalbenschanzzinnen, die einer romantischen Interpretation des 19. Jahrhunderts entstammen, und von einem tiefen Graben umgeben. Auf den Mauern Aussparungen für die Aufstellung der Artillerie.

Natürlich bildet eine Zugbrücke den Zugang in die Festung; am Maschio, dem Hauptturm, befindet sich der Zugang zum früheren Lebensmittellager aus dem 17. und 18. Jahrhundert. Im Osten schützte der Torrione di San Rocco, in dem sich noch der Backofen befindet, im Westen der Torrione della Campana. Interessant sind auch die Brunnen, die an mehreren Stellen innerhalb der Festung für Autonomie sorgten.

Festungsdörfer und Superstrände

Schaut man nach Osten und Südosten Richtung Toskana, besetzen mehrere Festungsdörfer die Hügelkuppen. Einen Besuch wert sind wenigstens Castelnuovo Magra sowie Ortonovo. Dafür braucht man allerdings Zeit, denn sie sind nur auf kurvenreichen engen Straßen erreichbar – oder noch besser: Man macht sie zu Wanderzielen. In Castelnuovo Magra sind einige Portale entlang der Via Dante bemerkenswert schön gearbeitet.

Das signalisiert eine gewisse Bedeutung des Ortes in 182 Meter Höhe, und tatsächlich entstand Castelnovo im 11. Jahrhundert ebenfalls durch Siedler aus Luna (heute Luni) besiedelt, das wegen der Versumpfung des Mündungsgebietes des Magra sowie der Gefährdung vom Meer her verlassen wurde. Ein Teil der Bevölkerung errichtete Sarzana, ein anderer u. a. Castelnuovo Magra in noch sicherer Lage. Im 13. Jahrhundert war Dante zu

AUTORENTIPP!

SCHLEMMERNEST VEZZANO

Dort, wo das untere Magra-Tal in das fruchtbare Vara-Tal mit ausgedehnten Gärtnereien übergeht, erhebt sich auf einem strategisch günstigen Hügel das zweigeteilte Vezzano Ligure: Vezzano Basso und Vezzano Alto. Einst war es ein bedeutender Festungsort der Grafen von Vezzano, deren hoher Festungsturm jetzt funktionslos, aber weithin sichtbar den Zusammenfluss von Magra und Vara bewacht. Im beschaulichen Nest mit seinen schlichten Häusern kann man nett wohnen und vor allem wunderbar speisen. Beide Lokale liegen an der kleinen, kopfsteingepflasterten Piazza Regina Margherita, Borgo di Vezzano Ligure (SP).

Relais al Convento. Zwölf romantisch eingerichtete Zimmer und Suiten. Tel. 01 87 99 44 44, www.hotelalconvento.it

Locanda del Viandante. Feinere Küche beim Relais al Convento, Mo–Sa, Juni–Sept. Mo–So ab 19 Uhr. Tel. 01 87 99 47 25, www.lalocandadelviandante.it

Osteria delle Pietre. Uriges Gewölbelokal schräg gegenüber, Mi–Mo ab 19 Uhr. Tel.01 87 99 43 84.

Gast auf der Burg der Malaspina-Familie. Von dort gibt es einen verlockenden und weiten Blick auf das südlich gelegene Bergnest Nicola, das sich ebenfalls hart an der Grenze zur Toskana erhebt.

An der einst malariaverseuchten Bocca di Magra, der Magra-Mündung, bieten am Ostufer Marinella di Sarzana und am Westufer Bocca di Magra herrliche Sandstrände, die vor allem der hiesigen Bevölkerung bekannt sind – und wenigen anreisenden Kennern. Ein jeder hat hier seine Lieblings-Bagni, seine liebste Eisdiele, vielleicht auch eine versteckte Bucht, in die er im Sommer morgens hinabläuft und die er erst spätnachmittags wieder verlässt.

Roms beeindruckende Relikte – Luni

Highlight römischer Archäologie sind die nahen Ausgrabungen von Luni, dem antiken Luna. Dem Ort hat die gesamte Lunigiana ihren Namen zu verdanken, das rund 60 Kilometer lange Tal, aus dem die Urligurer stammen. 117 v. Chr. wurde die Stadt gegründet und im Schutze Roms sehr reich und bedeutend. Sie widerstand diversen Belagerungen. Doch als die Magra-Mündung immer mehr versumpfte und die Malaria überhand nahm, läutete dies im 11. und 12. Jahrhundert den Untergang Lunis ein. Der Exodus begann. Wie schon erwähnt, gründete man andernorts neue Gemeinden.

Wie bedeutend Luni war, kann man allein schon am Amphitheater erkennen, das rund 5000 Menschen Platz bot. Im angenehm schlichten Museum vor Ort sind einige der wichtigsten Ausgrabungsfunde zu sehen, darunter Bodenmosaiken, Porträts und zwei kopflose Statuen. Natürlich aus weißem Marmor – Carrara liegt schließlich vor der Tür ...

Oben: Unter den Festungsstädtchen des Magra-Tales breiten sich wie bei Castelnuovo di Magra Olivenbaumterrassen aus.
Unten: Das Archäologische Museum von Luni zeugt wie das große Amphitheater auch von der Bedeutung der römischen Siedlung.

Infos und Adressen

SEHENSWÜRDIGKEITEN

Area Archeologica di Luni. Ausgrabungen und Museum des römischen Luna. Di–So 9–19 Uhr, im Winter evtl. kürzer, Via Luni 37, Località Luni, Ortonovo (SP), Tel. 0187 668 11.

Fortezza Firmafede. Trutzige Festung am östlichen Standrand, Via Cittadella, Sarzana, bei Veranstaltungen zugänglich.

Fortezza di Sarzanello. Wasserburg oberhalb von Sarzana. Mo–So November–März 10.30–12.30, 15–17, April–Juni 10.30–12.30, 16–18.30, Juli/Aug. 10.30–12.30, 17–19.30, Sept/Okt. 10.30–12.30, 15–17.30 Uhr, ganzjährig Fr/Sa auch 20–24 Uhr, wenn das Festungsrestaurant geöffnet ist, s. u.; Via Fortezza 19038, Località Sarzanello, Sarzana, Tel. 0187 62 20 80, www.fortezzadisarzanello.com

ESSEN UND TRINKEN

Chioccia d' Oro. Einst wunderbares Terrassen-Restaurant an den Ausgrabungen, inzwischen leider ziemlich vernachlässigt, aber vielleicht ändert sich das wieder zum Besseren. Via Appia Nuova 6, Ortonovo (SP), Tel.01 87 668 40

La baraccheta. Familiäre Osteria unter einer Pergola zwischen den Feldern, wenige aber perfekt zubereitete Gerichte, die aus Zutaten von den umliegenden Gärten und dem nahen Meer stammen, darunter gebratene Aale und Frösche (!), gefüllte Miesmuscheln; nur Saisonbetrieb, meist Di–So 12–14, 19.30–22 Uhr. Via Appia Antica, Ortonovo (SP), Tel. 01 87 66 05 79.

Locanda della Fortezza. Restaurant innerhalb der Festung Sarzanello, Themenwochen bieten Besonderes, etwa »Alles mit Schokolade«, sonst Fr/Sa ab 20, So auch 13 Uhr. Tel. 01 87 62 20 80.

Caffè del Teatro. Einladendes Café mit schattigen Plätzen im Freien, Di–So 7–2 Uhr (im Winter bis 21, Sa/So bis 2 Uhr). Piazza Garibaldi 28, Sarzana, Tel. 01 87 62 02 43.

ÜBERNACHTEN

Antico Casale. In kleinem Landgut aus dem 19. Jahrhundert vor der Toren Sarzanas gelegene Residenz mit 13 Zimmern und Apartments mit Kochnische, Via Navonella 7, ca. 1,5 Kilometer südlich Sarzana, Tel. 01 87 62 25 43, www.anticocasalesarzana.com

INFORMATIONEN

I.A.T. Piazza San Giorgio, 19038 Sarzana (SP), Tel. 01 87 62 04 19.

I.A.T. Via Aurelia 141, 19030 Castelnuovo Magra (SP), Tel. 01 87 69 33 06.

Die Pizzeria Il Selvatico in Fosdinovo im Hinterland, der Ort liegt bereits in der Toskana, zeigt, dass man auch mit Humor werben kann. Dem Lokal ist ein kleines Museum mit Fahrzeugen und anderen Gebrauchsgegenständen angegliedert.

VON GENUA NACH WESTEN

Oben: Strand satt gibt es in Celle Ligure …
Unten: … und Parks zum Durchatmen in Pegli, wie hier bei der Villa Durazzo Pallavicini mit hübschem Venus- oder Dianatempel im Teich.

28 Von Genua bis Celle Ligure

Villen, Parks und Palmen

Riviera delle Palme nennen die Ligurer werbeträchtig den Küstenabschnitt westlich von Genua, der bis zu den Badeorten Alassio und Laiguélia reicht. Die Nennung der Palmen ist berechtigt, sie schmücken fast jede Ortschaft. Gleich am westlichen Stadtrand von Genua bestechen Pegli und Voltri mit ihren Villenparks, mit Arenzano beginnen die Badeorte, die man im Hochsommer besser den einheimischen Badelustigen überlassen sollte.

Es geht von Genua, so man doch die Landstraße statt der Autobahn wählt, die durch Tunnel und über Hochbrücken in schwindelerregender Höhe über die Region geradezu fliegen lässt, am Flughafen, an Schiffswerften und Stahlwerken vorbei, die entweder bessere Tage gesehen haben oder gänzlich stillgelegt sind. Keine attraktive Strecke vorerst, bis Pegli (fast 27 500 Einwohner), wo Liebhaber italienischer Gärten einen Stopp einlegen müssen. Denn Pegli gilt als Stadt der Parkanlagen, sie war im 19. Jahrhundert Residenz der High Society.

Villen und Parks wie an einer Perlenschnur

Da ist beispielsweise der Park der Villa Durazzo Palavicini. Die Villa ist eines der schönsten Beispiele aristokratischer Sitze Genuas, doch noch berühmter ist die zugehörige Grünraumgestaltung. Den Park ließ der Marchese Ignazio Pallavicini von Michele Canzio (1788–1868) anlegen, der damals eigentlich für die Bühnenbilder des Teatro

Carlo Felice zuständig war. Entstanden ist 1840–1846 einer der großartigsten romantischen Parks des 19. Jahrhunderts – dramatisch wie Bühnenbilder eben. Besonders hübsch ist der große Teich mit dem anmutigen Venustempel, gefolgt von Grotten, Brückchen, Tempelchen und Pagoden sowie Kiosken. In der Villa wurde bereits 1936 das Museo di Archeologia Ligure eingerichtet, das Exponate vom Beginn der Besiedlung an besitzt, vor allem aus der vorrömischen Nekropole von Genua, bereichert durch Schenkungen wie die griechische und römische Sammlung des Fürsten Odone di Savoia. Erst 2001 kamen die beiden Säle mit der Ägyptischen Sammlung sowie für römische Marmorstücke hinzu.

Die Villen von Pegli befinden sich inzwischen zum größten Teil in städtischem Besitz. Die meisten von ihnen besaßen die Lomellini: Villa Lomellini Rostan (privater Park), Villa Pignone Chiesa (Villa zerstört und der Park verwildert), Palazzo Lomellini (heute Hotel Méditerranée), Villa Rosa (Ex-Lomellini), Villa Banfi (ebenfalls Ex-Lomellini) und Palazzo Della Chiesa (bekannt als Palazzo del Papa, weil hier Giacomo Della Chiesa, Papst Benedikt XV., geboren wurde). Die Familie Lomellini war ein genuesisches Adelsgeschlecht, unter anderem war ein Familienmitglied Doge von Genua, ein anderes war Kardinal, reich waren sie fast alle.

Am eindrucksvollsten war wohl der Komplex der Villa Centurione, der von Giovanni Andrea Doria erweitert wurde und bis heute im südlichen Bereich in Privatbesitz ist. Immerhin reichte der Park von den Hügeln bis ans Meer. In der Renaissance-Villa ist heute das Marine-Museum untergebracht mit Sammlungen zur Geschichte Genuas als Seemacht: Karten und Zeichnungen, Gemälde und Schiffsmodelle vom 15. bis zum 19. Jahrhundert sowie Navigationsgeräte.

AUTORENTIPP!

DIE BRONZETAFEL VON POLCEVERA

Sie stammt aus dem Jahre 117 v. Chr., ihre Größe beträgt 47,5 auf 37,5 Zentimeter, die gestanzte lateinische Inschrift besagt, dass die Brüder Quinto und Mario Minucii nach Genua gesandt wurden, um Gebietsstreitigkeiten im nördlichen Polcevera-Tal zu schlichten. Dies gelang auch, es wurden neue Gebietsgrenzen festgelegt. Für jede Partei fertigte man jeweils eine Tafel mit dem Schlichterspruch. Eine fand ein Bauer bei der Feldarbeit bereits 1506 am Passo della Bocchetta an der Grenze zum Piemont. Fast wäre sie damals eingeschmolzen worden. Heutzutage wird ihr zu Ehren im Polcevera-Tal sogar ein Palio gefeiert mit Umzügen und Jahrmärkten – und zwar im September in den Ortschaften Rivarolo, Bolzaneto und Pontedecimo.

Zu bestaunen ist die Bronzetafel im Museo di Archeologia Ligure in der Villa Durazzo Palavicini von Pegli.

Festumzug in Genua in Anspielung an die Bronzetafeln von Polcevera

Oben: Männer-Pause in Celle Ligure – doppelt gesehen
Unten: Auf der Strandpromenade von Celle Ligure spaziert man unter hohen Palmen.

Voltri (gut 13 000 Einwohner), fast eingequetscht zwischen Eisenbahn, Aurelia und Autobahnen, lohnt einen weiteren Halt. Hier hat die begabte und wohlhabende Duchessa Maria Brignole Sale (s. S. 53) die im 17. Jahrhundert konzipierte Villa 1780 umbauen und nach ihren Gusto auch den Park alla Italiana anlegen lassen, auf immerhin 32 Hektar Fläche mit rund 18 Kilometer Wegen, darin inzwischen so mancher riesige Baum, Zedern, Kastanien und Zypressen, aber auch Magnolien und Palmen, Marmorstatuen und Hütten sowie ein kleines Schloss. Schlusspunkt am Berg ist die Wallfahrtskirche Nostra Signora delle Grazie, erstmals 1205 erwähnt und von der Duchessa im neugotischen Stil verändert. Darin wurde sie 1888 bestattet.

Seebäder für die Einheimischen

Arenzano ist ein Seebad, das mit dem Pinienwald am Capo San Martino intensives Grün bietet und mit dem Park der Villa Pallavicino-Negrotto-Cambiaso, heute Rathaus, einen leider nicht mehr originalen Park, dessen Ursprünge im 16. Jahrhundert liegen. Gleich hinter Cogoleto, im Sommer sehr beliebt, verläuft Genuas – unsichtbare – Grenze mit der Provinz von Savona. Varazze (rund 14 000 Einwohner) gehört schon zur westlichen Nachbarprovinz und liegt schön an einer Bucht zwischen Capo Mola und Capo Aspera. Genuas Hafengebiet ist weit genug entfernt und das Meer so sauber, dass an Varazzes Strand, bekannt als gutes Surfrevier, die Blaue Europaflagge für Wasser- und Strandqualität wehen darf. Das gilt auch für das nahe Celle Ligure (knapp 5500 Einwohner) mit seinem teils kiesigen Strand und dem Jachthafen für kleine Boote. Hier ist der Fremdenverkehr entsprechend eher bescheiden, durchwegs sympathisch. Nette Bleiben, kleine Lokale, viele Eisdielen …

Infos und Adressen

SEHENSWÜRDIGKEITEN

Museo Navale di Pegli. Marine-Museum. Di–Fr 9–13, Sa 10–18, So 10–13 Uhr, Piazza Cristoforo Bonavino 7, Pegli (GE), Tel. 010 696 98 85.

Villa Brignole Sale. Nur der Park kann besichtigt werden. Mo–So 8–19.30 Uhr, im Winter kürzer. Via San Nazaro 20, Pegli (GE), Tel.010 548 51.

Villa Durazzo Palavicini. Park und Museo di Archeologia Ligure, 2014 wahrscheinlich noch limitiert zugänglich wegen Umbauarbeiten, daher lieber vorher anrufen, Tel. 010 407 64 73 oder die Homepage von Pegli anschauen. Generell gilt: Di–Fr 9–19, Sa/So 10–19 Uhr, Villa Pallavicini, Via Pallavicini 11, Pegli (GE), Tel. 010 698 10 48, www.pegli.com

ESSEN UND TRINKEN

Bri. Informelle Osteria, familiär, typisch ligurische Küche, vor allem Fisch. Dezember–Oktober Do–Di, Juni–September Mo–So 12.30–14, 19.30–22.30 Uhr, Piazza Bovani 13, Varazze (SV), Tel. 019 93 46 05, www.ristorantebri.it

Ostaia da ü Santü. Schmackhafte Hausmannskost, im Sommer unter einer schattigen Pergola. Mo–Sa Mittag 12.30–14, 19.30–22 Uhr, Via al Santuario delle Grazie, 1,5 km nördlich von Voltri (GE), Tel. 010 613 04 77– Tisch reservieren!

Teresa. Von Frauen geführtes, klassisches Restaurant mit historischen Aufnahmen an den Wänden, hauptsächlich Meeresküche. Mo–Sa Mittag 12.30–14, 19–22.30 Uhr, Piazza Lido di Pegli 5, Pegli (GE), Tel. 010 697 37 74, www.ristoranteteresa.com

ÜBERNACHTEN

Ines. Nur zwölf Zimmer kleines Hotel in Liberty-Villa mit umlaufender Terrasse und Mosaikböden. Via Cavour 10, Varazze (SV), Tel. 019 973 02, www.hotelinesvarazze.it

San Michele. Komfortables Hotel mit hübschem Garten, Pool und Durchgang zum Strand, Mitte Mai–September. Via Monte Tabor 26, 17015 Celle Ligure (SV), Tel. 019 99 00 17, www.hotel-sanmichele.it

Torre Cambiaso. Luxuriöse Villa in früherer Klosteranlage, mit Antiquitäten bereichert, schöne Suiten und elegantes Abendrestaurant. Via Scarpanto 49, Pegli (GE), Tel. 010 698 06 36, www.torre-cambiaso.com

INFORMATIONEN

I.A.T. Corso Matteotti 56, 17019 Varazze (SV), Tel. 019 93 50 43, www.visitriviera.it (für die gesamte Palmenriviera)

So wie in Celle Ligure lieben die Italiener ihre Strandpromenade, nicht nur im Sommer.

29 Albisola und Albissola

Alles Keramik, oder was?

Ihren Ruhm verdankt die Stadt der Keramikproduktion, die ganze Säle in manchen Museen Liguriens füllt und die es hier bis heute gibt. Albisola Superiore ist der Verwaltungsort, Albissola Marina der meerseitig liegende Keramik- und Strandort, der von Juni bis September garantiert überlaufen ist. Das Auto parkt man am Straßenrand, direkt vor dem Strand, wo Familien den ganzen Tag verbringen.

Albissola Marina mit weniger als 6000 Einwohnern steht im Schatten erstens des Verwaltungszentrums Albisola Superiore (mehr als 11 000 Einwohner) und zweitens der großen Nachbarin Savona – übrigens schreibt sich der eine Ort tatsächlich mit zwei s im ersten Namensbestandteil, während der andere sich mit einem begnügt. Sehr oft wird die Keramik Savona zugeschrieben, obwohl die meisten Werkstätten in Albissola seit dem 12. Jahrhundert belegt sind und ab dem 16. Jahrhundert ihre Blütezeit erlebten. Markenzeichen ist die blaue Farbe. Historische Ereignisse werden szenisch eingefangen, auch von großen Vorlagen abgeschaut, wie es sie in Genua im Barock ja reichlich gab. Aber auch biblische oder mythologische Szenen waren ab dem 17. Jahrhundert gefragt. Manchmal werden historische Gestalten auch einfach vor bekannte Burgen oder Schlösser gestellt.

Möglich war die Keramikproduktion wegen der im Hinterland abgebauten roten Erde und dem weißen Kalkstein. Aber auch die heiß brennende Sonne trug ihren Anteil dazu bei: Man legte die fertig geformten Stücke zum Trocknen einfach am

Oben: Auf der *Passeggiata degli Artisti* am Meer erkennt man gleich, was Albissola Marina berühmt gemacht hat – die Keramik. **Unten:** Blau als Farbe des Meeres und Fische, die häufigsten Motive der zeitgenössischen Keramik von Albissola

Einen sauberen und gut ausgestatteten Strand besitzt die Nachbarin Albisola Superiore.

Strand vor der Haustür aus. Von hier aus war es zudem leicht, die trockene Keramik zum Verschiffen zu verladen. An diesem Strand haben 1963 nationale und internationale Künstler die *Passeggiata degli Artisti* geschaffen, ein Bodenmosaik aus 21 Tafeln auf einer Länge von 800 Meter entlang der Via Aurelia. 2002 restauriert, bildet das Mosaik noch immer eine Attraktion der anderen Art, passend zum Keramikort. Zu den Künstlern, die sich hier verewigt haben, gehören Mario Gambetta (1886–1968) mit *Mitico mondo marino* (Nummer 3) in hübschen geometrischen Formen. Lucio Fontana (1899–1968) ist mit *Concetto spaziale* (Nummer 12) vertreten, einem recht geordneten spazialen Konzept aus fünf großen blauen Kugeln. Aus Franco Garellis (1909–1973) *Donna sulla passeggiata* (Nummer 16) könnte man ein Suchspiel machen – was tut die Dame beim Promenieren? Nummer 4 (Pannello 1972, eine der mythischen Gestalten Jorns) wurde während der Restaurierungen hinzugefügt als Hommage an Asger Jorn (s. rechts) und zu den Erweiterungen der Künstlermeile gehören Werke wie das *Monument*

AUTORENTIPP!

EIN DÄNE IN ITALIEN

Asger Jorn (1914–1973) war ein dänischer Künstler, der Italien und speziell Albissola Marina liebte. Er wohnte und arbeitete hier bis zu seinem Tod und hinterließ sein Anwesen der Gemeinde. Wohnhaus und Atelier sind nun nach langen Restaurierungsarbeiten der Öffentlichkeit zugänglich gemacht worden. Jorn war gerne in Albissola Marina, wo man ihn 1959 zum Ehrenbürger ernannte. Ab diesem Jahr schuf er seine Kreationen angeblich ausschließlich für die Ceramiche San Giorgio. Viele seiner in Albissola geschaffenen Werke sind nun in seiner Casa Museo zusammen getragen worden.

Asger Jorn Villa. Unregelmäßige Öffnungszeiten, normalerweise Fr, Sa 16.30–18.30, So auch 10–12 Uhr, Via Gabriele D'Annunzio 8, Albissola Marina (SV), Tel. 019 40 02 91.

Der Grenze zum Piemont entgegen

Von Albissola geht nach Norden die Regionalstraße 334 bis Passo il Giove und Pontivrea, dann unterhalb der Grenze mit dem Piemont weiter nach Westen bis Dego, wo man die Straße Nummer 29 parallel zur Eisenbahn nach Süden fährt. Über Cáiro, Calcare und Altare peilt man wieder Albissola an. Rund 70 oder 80 Kilometer schöne Strecke ins Hinterland.

A **Albissola** – Der zweigeteilte Keramikort bietet außer Majolika und interessanten Museen auch einen Badestrand mit Blauer Europaflagge.

B **Stella** – Sandro Pertini (1896–1990), der siebte Präsident Italiens, ist im Hauptort Stella San Giovanni geboren.

C **Colle del Giovo** – Ein kurzer Abstecher führt zum gleichnamigen Pass (516 Meter) mit der Festungsruine aus dem 19. Jahrhundert.

D **Pontivrea** – Sommerfrische (425 Meter) mit gut 800 Einwohnern, von dichten Wäldern umgeben. .

E **Giusvalla** – Kaum 500 Einwohner leben hier in 474 Meter Höhe, überragt von der Ruine der einst prächtigen Burg aus dem Jahr 1142.

F **Dego** – Dego (317 Meter über N.N.) wurde wegen der strategisch günstigen Lage auf einem von drei Wasserläufen umgebenden Hügel gegründet.

G **Cáiro** – Ein Städtchen mit zahlreichen Kirchen und Kapellen, überragt von Burgruinen (11./12. Jahrhundert).

H **Carcare** – 365 Meter hoch, 5600 Einwohner. An der P.za Germano 7 wird an Napoleon erinnert.

I **Altare** – Knapp 400 Meter hoch im Bormida-Tal gelegen (rund 2300 Einwohner), teils mittelalterlich, teils vom Jugendstil (ital. Liberty) geprägt, als man hier große Glasscheiben produzierte.

J **Savona** – Die Provinzhauptstadt mit über 60 000 Einwohnern, schönem historischem Zentrum, imposanter Festung und wichtigem Hafen.

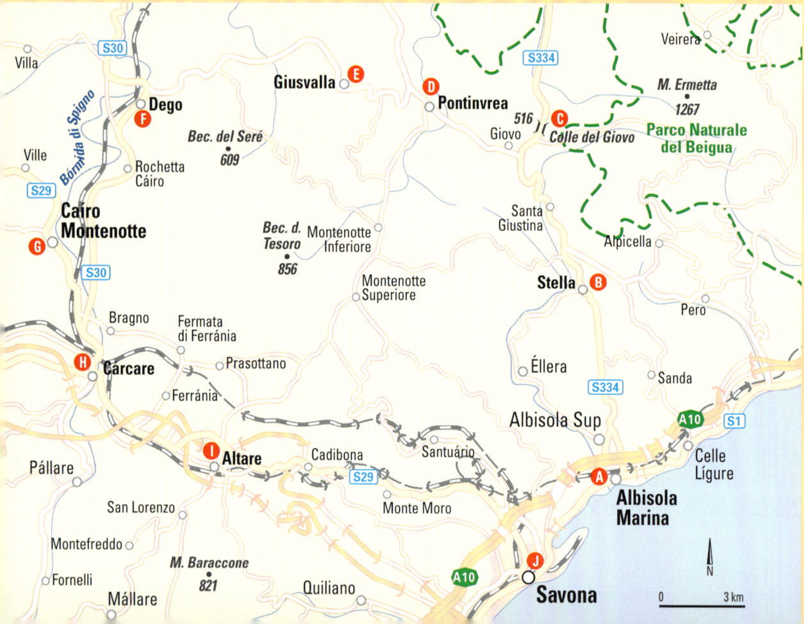

für die Gefallenen aller Kriege von Leonardo Leoncillo (1915–1968), das wie aus zerrissener Keramik zusammengesetzt wirkt.

Villa mit Majolika-Boden

Auch Nobelarchitektur entstand in Albissola Marina, etwa die Villa Faraggiana, die im 18. Jahrhundert errichtet und mit ausgesuchten Möbelstücken eines englischen Designers eingerichtet wurde – umgeben von einem Park mit Springbrunnen, Marmorstatuen (Bacchus und Diana) sowie hohen Zedern und Magnolien. Die Galleria delle Stagioni (»der Jahreszeiten«) darin besitzt, wie könnte es in Albissola anders sein, noch den originalen Fußboden aus Majoliken aus der Entstehungszeit der Villa. Die reich bestückte Bibliothek sowie Gemälde der genuesischen Schule aus dem 17. bis zum 19. Jahrhundert vervollkommnen die Sammlungen der Villa Faraggiana. Eine schöne Location auch für private Feste.

Die wunderbare Idee des Museo Diffuso

Seit 1903 arbeitet die Keramikwerkstatt Giuseppe Mazzotti in Albissola Marina, man kann deren Verkaufs- und Ausstellungsräume besichtigen, die Arbeiten zwischen Tradition und Design zeigen. Auch andere Werkstätten stehen auf dem Programm, und so entstand hier 2012 die Idee des Museo Diffuso di Arte Contemporanea (MuDAC), mit dem Besucher (anhand einer Broschüre, die man herunterladen kann) vorerst drei verschiedene Touren durch den Ort machen können: Tour der zeitgenössischen Kunst, Tour zu den historischen Brennöfen sowie eine historisch-religiöse Tour. – Man sieht, wie kreativ auch die zeitgenössischen Bürger des Städtchens sind! Bei der Realisierung des Projekts helfen Studenten aus Genua.

Infos und Adressen

SEHENSWÜRDIGKEITEN

Museo dell' Arte Vetraria Altarese. Glasmuseum, So–Fr 16–19, Sa 15–19 Uhr. Villa Rosa, Piazza Del Consolato 4, 17041 Altare (SV), Tel. 019 58 47 34, www.museodelvetro.org

Villa Faraggiana. Nobelvilla mit Museum. 15. März–15. Oktober Di–So 15–19 Uhr, Località Villa Faraggiana 1, Albissola Marina (SV), Tel. 019 48 06 22, www.villafaraggiana.it

ESSEN UND TRINKEN

La Nicchia. Auf Farinata spezialisierte Trattoria im historischen Zentrum. Mo–So 12.30–14, 19–22 Uhr, Via Matteo Repetto 102, Albissola Marina (SV), Tel. 019 48 85 55

Ristorante 21.9. Vom stadtbekannten Wirt Flavio Costa, der sich in Savona einen Michelin-Stern erkocht hat, neu eröffnetes Restaurant mit Degustationsmenü sowie preiswertem Menü. Fr Abend–Mi 13–14.30, 20–23 Uhr (noch unsicher), Corso Bigliati 70, Albissola Marina (SV), Tel. 019 400 45 43, www.ristorante21punto9.it

ÜBERNACHTEN

La Cambusa. Schlichteres B&B mit tollem Gewölbe-Restaurant *La Cambusiera*. Via Repetto 86, Albissola Marina (SV), Tel. 019 48 16 63, www.cambusiere.it

INFORMATIONEN

I.A.T. Piazza Lam, 17012 Albissola Marina (SV), Tel. 019 400 25 25.

Oben: Ohne die Kreuzfahrtschiffe der Reederei Costa würde die Wirtschaft der Stadt leiden.
Unten: Die Arkaden der Via Paleocapa schützen bei Sonne und Regen.
Rechts oben: Wo hören die Schiffe auf, wo beginnen die Glaspaläste?

30 Savona
Verkannte Schönheit

Die Hafenstadt hat zwei komplett verschiedene Seiten – den supermodernen Passagierhafen als Anhängsel des riesigen Handelshafens und die teilweise schon sehr schön sanierte Altstadt, das historische Zentrum. Überragt wird sie von der Fortezza Priamàr, die steht, wo die Stadt ihren Ursprung hat. Das Grabungsfeld der früheren Kathedrale macht dies deutlich. Nur so im Vorübergehen ist Savona nicht zu entdecken!

Wer sich Savona vom Hafen her nähert, wird vielleicht einem Trugbild verfallen: Sind es Wohnhäuser oder Schiffe, die das verwirrende Bild liefern? Tatsächlich besteht der moderne Teil im zentrumsnahen Bereich des Hafens aus total verglasten Hochhäusern, in deren Scheiben sich die Riesenschiffe der Reederei Costa spiegeln, die hier praktisch täglich mit neugierigen Kreuzfahrern einlaufen. Seit die Reederei Genua den Rücken zugekehrt und sich in Savona angesiedelt hat, hat sich die Stadt mit diesem Neubaugebiet total verändert. *Quartiere di Vetro*, »Glas-Viertel«, nennen die Savonesi dieses neue Hafengebiet.

Albissola und Savona, einst Italiens größter Kohle-Importhafen mit wichtiger Stahlindustrie, sind fast zusammengewachsen. Am besten nähert man sich der Provinzhauptstadt (über 60 500 Einwohner) vom Norden her, vorbei am Handelshafen, Liguriens zweitwichtigstem nach Genua, für Kreuzfahrten inzwischen wohl der wichtigste. Weiter den Lungomare Giacomo Matteotti am Wasser entlang die Fortezza Priamàr anpeilen und den Wagen in der Garage entweder am Jachtha-

fen oder unter der Festung abstellen. Für die Stadt braucht man ihn nicht, im historischen Zentrum ist sie ohnehin eine ziemlich strenge Fußgängerzone. Vormittags könnten Museumsbesuche auf dem Plan stehen, dann Mittagssnack in einer netten Bar des historischen Zentrums. Abends sollte man unbedingt einen Tisch am Jachthafen in der Darsena Vecchia, der alten Werft, reservieren. Im Hafenbecken schaukeln noch ein paar Fischerboote – das ist der stimmungsvollste Platz in der Stadt.

Bogengänge als Spezialität

Besiedelt war der Platz schon vor rund 2000 Jahren, richtig bedeutend wurde Savona im Mittelalter, es war in ständigem Wettbewerb mit Genua, das Savona 1542 praktisch völlig zerstört hatte: Dort, wo Genua später das Castello Priamàr errichtete, hatte sich der erste Stadtkern mitsamt Kathedrale befunden, der dem Erdboden gleichgemacht wurde. Wenn es also in Savona um historische Bauwerke geht, dann vor allem um solche aus der Zeit nach 1542.

Die Altstadt prägen enge, krumme Gassen, dort sind die wichtigsten Paläste der Stadt, teils mit Museen, und der Dom zu sehen. Anders der neue-

AUTORENTIPP!

MODERNES HOTEL IM GLASKASTEN

Schön zwischen Alter Werft und Passagierhafen gelegen, außen Glashaus, innen komfortable, große Zimmer mit (Glas-)Balkonen und großzügiger Halle. Den Wagen kann man in der Tiefgarage darunter parken und Savona gemütlich zu Fuß genießen. Man wohnt im modernen In-Viertel, die abendliche Szene vor der Hautür. Und man muss nur über eine schmale Fußgängerbrücke gehen, um ins historische Zentrum zu gelangen, oder ein Stück nach Westen schlendern, um die Festung Priamàr zu erkunden und noch ein Stück weiter durch die Grünanlagen am Corso Colombo entlang und man ist an Savonas einladendem Strand. Erste Adresse dort und dem Stadtzentrum noch ziemlich nahe: die Bagni Cavour.

NH Hotel Darsena. Via A. Chiodo 9, Savona, Tel. 019 80 32 11, www.nh-hotels.it

Oben: Gleich gegenüber dem Hafen erheben sich die mittelalterlichen Geschlechtertürme und das Eingangstor in die Altstadt.
Unten: Die Pinacoteca Civica sollte sich kein Savona-Besucher entgehen lassen.

re Teil im Westen, den Stadtpalazzi des 18. und 19. Jahrhunderts kennzeichnen, wobei sich eine spezielle städtebauliche Komponente hier sehr schön entwickelt und erhalten hat: die sogenannten *Portici porticati*, Arkadengänge, die sich über die Seitenstraßen hinweg fortsetzen und für die Eckhäuser rechts und links Terrassen bieten, die sich, getrennt durch schön geformte Schmiedeeisengitter, mittig über der Seitenstraße treffen. Besonders schön ist das um die Piazza Goffredo Mameli herum zu sehen.

Zwischen Piazza Mameli und der Piazza Léon Rancaldo mit dem gleichnamigen Turm, dem Tor zum Hafen, liegt die Via Paleocapa. Sie hat so ziemlich alles aufgenommen, was man in einer Stadt benötigt, von Geschäften aller Art und mehreren Apotheken bis hin zu Cafés und Restaurants. Auch das Verkehrsamt der Provinz ist hier anzutreffen. Das Besondere aber sind vor allem im östlichen Bereich Richtung Hafen die edlen Paläste. Unten Arkadengänge, deren Gewölbe mit schönen Stuckarbeiten dekoriert sind, die Wände darüber (zur Straße hin) mit Bildern aus bemalter Majolika – Albissola Marina ist ja nicht weit.

Altstadtbummel

Beginnt man den Altstadtbummel an der Piazza Léon Pancaldo mit dem markanten Turm aus dem 19. Jahrhundert, Torretta oder Torre della Quarda genannt und Symbol der Stadt, kann man die Calata Sbarbaro entlang bis zum Ende der Alten Werft schlendern, der Vecchia Darsena, und die Südostecke der mittelalterlichen Stadt anpeilen – erkennbar am hohen Turm an der Piazza Brandale, dem Torre Brandale oder Torre a Campanassa wegen der Glocke, die er früher besaß, und umgeben von zwei weiteren Wohntürmen (Riario und Corsi), die wie alle Türme Savonas nach der Eroberung durch Genua gekürzt werden mussten. Im Laufe der Jahrhunderte wurden sie in Wohnhäuser integriert und erst nach dem Zweiten Weltkrieg wieder freigelegt. Im Krieg hatte die Bombardierung der wegen ihrer Stahlwerke und des Hafens wichtigen Stadt das Werk der »Freilegung« schon begonnen: Die neueren Mauern hielten ihnen nicht stand, nur die mittelalterlichen Türme!

Ein hoher schmaler Torbogen lockt in die recht finstere, aber mit kleinen Läden doch sehr einladende, leicht ansteigende Gasse der Via Pia hinter den Türmen. Schuhe, Kleider, Bettwäsche, Bars beleben die enge Gasse, die auch tagsüber elektrisch beleuchtet werden muss, weil sie kaum Tageslicht zu sehen bekommt. An der kleinen, unförmigen Piazza della Maddalena steckt in einer Ecknische am Renaissance-Palazzo Sacco Multedo eine nachdenkliche Magdalenenstatue unter schützendem Baldachin. Im Innenhof des Palastes erhebt sich die Torre dei Sacco, deren Wohnturm aus dem 12. Jahrhundert (privat). In der außen schwarz-weiß freskierten Casa Boselli gegenüber sitzt die Historische Gesellschaft von Savona hinter gotischen, leider veränderten Fenstern. Hier findet man ein Renaissance-Portal am anderen mit grauen, skulpierten Stürzen, beispielsweise an den Häusern Nummer 13, 11, 10, 9.

Kostbare Pinakothek

Vor lauter Schauen ist man vielleicht überrascht, linker Hand plötzlich vor drei hohen Bögen zu stehen, die in einen Innenhof mit Café und Durchgang zur Piazza Chabrol dahinter führen. Schon steht man im Palazzo Gavotti mit der Pinacoteca Civica, der Städtischen Gemäldegalerie. Im dritten, vierten und fünften Obergeschoss befinden sich die eigentlichen Sammlungen, der Rest des Palazzo wird u.a. für Wechselausstellungen

AUTORENTIPP!

ITALIENS LÄNGSTER BUCHLADEN

Im historischen Zentrum leicht zu übersehen ist die *Libreria Economica*, wenn sie nicht gerade auf großen Plakaten oder Aushängern Werbung für Neuzugänge macht. Denn der Eingang besteht nur aus einer schmalen Tür und kleiner Auslage. Dafür ist der Laden innen scheinbar endlos lang, bleibt aber schmal wie die EinganSfront. Verkauft werden hier vor allem preiswerte italienische Bücher. Der Nachfrage entsprechend gibt es hier auch – normalpreisige – Reiseführer und Romane, eine kleine Auswahl auch in englischer Sprache. Interessierte Leser finden sicher die eine oder andere Kuriosität.

Libreria Economica. Mo–Sa 9–20 Uhr. Via Pia 86r, Savona, Tel. 019 83 88 74 24.

AUTORENTIPP!

SAVONAS SIXTINISCHE KAPELLE

Rechts von der Kathedrale befindet sich im früheren Kloster die sogenannte Sixtinische Kapelle von Savona (Cappella Sistina), die Papst Sixtus IV. Della Rovere, der Onkel von Papst Julius II., als Grabmal für seine Eltern in Auftrag gegeben hatte. Goldüberzogener Stuck und Fresken sind prägende Ausstattungsmerkmale. Sixtinische Kapelle? Richtig, auch für die weit bekanntere im Vatikan hatte er den Auftrag erteilt, weshalb sie nach ihm benannt wurde: Sixtus/Sixtinische. Diese befindet sich nördlich des Petersdoms und ist der Ort des Konklave, wenn ein neuer Papst gewählt werden muss. Freskiert von Michelangelo mit dem berühmten Deckenbild der Erschaffung Adams.

Cappella Sistina. Piazza del Duomo, Savona, Sa/So 10–12, 16–18, Mo 10–12 Uhr

genutzt. Erstaunlicherweise sind die ersten Räume zeitgenössischer Malerei und Skulptur gewidmet, und zwar Privatsammlungen wie die der Stiftung Milena Milani, die Stifterin ist selbst auf einem Porträt von Picasso zu sehen. Erst in den Geschossen darüber hängen die wundervollen kleinen Ikonen-Tafelbilder, u.a. Werke Alter Meister. Vielleicht das bedeutendste Werk stammt von Donato De' Bardi (belegt ab 1426, gestorben vor 1451), eine Kreuzigung von 1448: perfekte Komposition und großes Pathos in den Gesichtern, sehr natürlich, sehr lebensecht und mit einer erstaunlichen Variierung der Rosa- und Ockertöne. Weiter oben, angenehm ausgeleuchtet und mit bequemen Sitzbänken ausgestattet, heißt das Thema Savona im 14. und 15. Jahrhundert. Zu sehen sind Holztafeln und abgenommene Fresken u.a. aus dem früheren Kloster Sant' Agostino. Etwas verwirrend ist die Lage des letzten Geschosses mit dem Keramiken-Raum, der *Vaseria dell' Ospedale San Polo* gewidmet. Die Apothekengefäße tragen das Wappen von Savona, einige mit GS versehen – dies steht für Gugliemo Salamone, der 1660–1680 in Savona sehr aktiv war. Wir zählen 172 Gefäße in schönem Weiß und Blau. – Die Pinakothek ist auf nachahmenswerte Weise auf blinde Besucher eingestellt.

Den Päpsten sei Dank

»Stadt der Päpste« nennt sich Savona gerne. Die Stadt hat einigen Ruhm und so manche Umbauten der Tatsache zu verdanken, dass zwei Päpste von hier stammen: Papst Sixtus IV. (1414–1484), geboren im nahen Albissola, und sein Neffe Papst Julius II. (1503–1513), geboren im nahen Celle. Julius II. war so begeistert von der Certosa di Pavia, einer Klosteranlage bei Pavia, dass er dieselben Meister verpflichtete, um das intarsierte Chorgestühl für die später zerstörte Kathedrale

auf Priamàr fertigen zu lassen. Glücklicherweise überdauerte das Gestühl und konnte im neuen Dom eingepasst werden. Mönche hatten bei der Belagerung durch Genua das Chorgestühl vorsichtshalber abmontiert und versteckt – wie weise! Den neuen Dom, Nostra Signora Assunta geweiht, hatte man im Franziskanerkloster eingerichtet und 1605 geweiht. – Eine Besonderheit gilt es zu beachten: Anfang und Ende des Gestühls zeigen je eine Heilige, Santa Barbara rechts und Santa Caterina d'Alessandria links, die einzigen Frauengestalten in einem Chorgestühl überhaupt, so heißt es.

Ein dritter Papst, dessen Apartment besichtigt werden kann, wurde hier von Napoleon, der damals den Kirchenstaat abgeschafft hatte, gefangen gehalten (1809–1814): Pius VII., der wiederum den Kaiser exkommuniziert hatte …

Festung Priamàr – tatsächlich vor dem Meer

Pietra sul mare, ligurisch Pri-a-màr, zu Deutsch »Stein über dem Meer«, soll der Name der imposanten Festung bedeuten. Errichtet hat sie die Re-

Oben: Von der Festung Priamàr genießt man einen großartigen Blick auf die Altstadt.
Unten: Das wunderbare Chorgestühl der Kathedrale stammt noch aus dem ersten Dom der Stadt.

Oben: Der perfekte Dreiklang Savonas: der geradezu anmutige Kreuzgang der Kathedrale, ... **Mitte:** ... die herrliche Spiaggia die Fornaci im Süden der Stadt ... **Unten:** ... und eine Café-Pause in der Altstadt

publik Genua ab 1542, nachdem sie zuvor den kleinen historischen Kern Savonas mitsamt Kathedrale dem Erdboden gleichgemacht hatte. Oder fast. Geblieben sind kleine Reste der Kathedrale und die Loggia des Castello Santa Maria. Die Festung, die schon wegen ihrer imposanten Militärarchitektur einen Besuch wert ist, beherbergt in der erhalten gebliebenen Loggia aus dem 15. Jahrhundert das Archäologische Museum, das vor allem deshalb interessant ist, weil es viele Grabfunde in situ zeigt, also vor Ort, römische Bodenmosaiken und Sarkophage. Doch reichen die ausgestellten Stücke bis ins Mittelalter.

Das Museum für Zeitgenössische Kunst ist eine Stiftung des über Parteigrenzen hinweg hoch angesehenen Politikers Sandro Pertini (1896–1990). Der italienische Staatspräsident von 1978 bis 1985 und spätere Senator auf Lebenszeit wurde im nahen Stella (s. S. 168) geboren. Er hat alles, was er während seiner Amtszeit gesammelt hatte, in großer Verbundenheit seiner Heimatstadt vermacht. Zu den gesammelten Künstlern zählen Giorgio de Chirico, Renato Gutuoso, Luciano Minguzzi, Joan Mirò und Emilio Vedova.

Wer im Glashaus sitzt ...

... braucht in Savona nicht unbedingt vorsichtig zu sein, muss aber das nötige Kleingeld gehabt haben, um sich dort einzuquartieren. Es ist das absolute In-Viertel mit Osterien und Fischlokalen, Cafés und Pubs teils in den früheren Lagern der *Camali* genannten Hafenarbeiter, teils in den Neubauten des »Glas-Viertels« um ein Hochhaus herum. Viele junge Leute trifft man hier abends, vor allem zur Aperitivo-Zeit. Auch das kleine Hafenviertel östlich der Alten Werft ist Fußgängerzone, eine Fußgängerbrücke verbindet den Passagierhafen mit der Altstadt.

Infos und Adressen

SEHENSWÜRDIGKEITEN

Nostra Signora Assunta. Savonas (zweite) Kathedrale mit der Sixtinischen Kapelle (s. Autorentipp). Mo–So 8–12, 16–18 Uhr, im Sommer So, Mo, Di durchgehend. Für den Besuch der Appartamenti di Papa Pio VII. (nur Sa 16–16.30 Uhr) muss man sich anmelden. Piazza Duomo, Tel. 019 838 96 36.

Pinacoteca Civica. Savonas Pinakothek. Mo, Di, Mi 9.30–13, Do, Fr, Sa auch 15.30–18.30, So 10.30–13 Uhr, Palazzo Gavotti, Via Pia/Piazza Chabrol 2, Savona, Tel. 019 81 15 20, musei@comune.savona.it

Priamàr. Festung mit Museo Archeologico, 16. Juni–14. September Mi–Mo 10.30–15, 15. September–15. Juni Mi–Fr 9.30–12.30, 14,30–16.30, Sa–Mo 10.30–15 Uhr (das sogenannte Polo Museale mit der Sammlung Paolo Pertini und Wechselausstellungen kann davon abweichende Öffnungszeiten haben), Corso Mazzini 1, Tel. 019 82 27 08, www.museoarcheosavona.it

ESSEN UND TRINKEN

Blue. Teures In-Restarant mit fein gedeckten Tischen auch vor dem Lokal am kleinen Jachthafen der Darsena Vecchia. Di–So 13–14.30, 20–23 Uhr, Calata Sbararo 30, Porticciolo Turistico, Savona, Tel. 019 82 67 58.

Caffè del Duomo. Wine Bar mit Restaurant. Via Manzoni 30r, Tel. 019 80 81 61.

Caffè Palazzo Gavotti. Nettes Café unter dem Durchgang des Palazzo Gavottti mit der Pinakothek. Mo–Sa 7–22, So 15–22 Uhr, Piazza Chabrol 9r, Savona, Handy 349 254 13 29.

Casa della Panizza. Wer nicht unbedingt groß einkehren möchte, kann sich hier an Savonas Spezialität namens *Panizza* oder ligurisch *Panissa* halten, aus Kichererbsenmehl gebackene Art Chips. Vico dei Crema 4, Savona, Handy 349 196 07 36.

Club Nautico di Savona. Restaurant am Jachthafen (Spezialitäten: hausgemachte Pasta, fangfrischer Fisch gegrillt, *Fritelle di baccalà*, also Frikadellen aus Stockfisch), auch Zimmer. Mo–So 12–15, 19.30–22.30 Uhr. Piazza d' Alaggio 3r, Tel. 019 848 52 76, www.clubnauticosavona.it

Haiti. Bar-Caffetteria mit einer großen Auswahl an Milch-Shakes. Mo–S 6–21 Uhr, Via Manzoni 43r, Savona, Handy 346 352 83 99

Il Pescatore. Fisch-Restaurant in bester Panoramalage an der Darsena Vecchia, über den langsamen Service wird allerdings öfter geklagt. Do–Di 11.30–15, 18.30–24 Uhr. Handy 347 558 78 07, www.ristoranteilpescatoresavona.it

L' Angolo dei Papi. Bescheidenes Lokal mit preiswertem Mittagsmenü während der Woche. Mo–Sa Mittag 12–14, 19–22 Uhr, Vico del Marmo 10, Tel. 019 85 42 63, www.langolodeipapi.eu

Osteria Cù de Beù. »Ochsenherz« bedeutet der ligurische Name des kleinen Lokals an der Darsena Vecchia; es gibt die typische Pasta al pesto, Fisch und Meeresfrüchte. Mi–Mo 12–15, 18.30–ca. Mitternacht, Calata Sbarbaro 34, Tel. 019 82 10 91.

Santa Lucia. Nettes Café an der Darsena Vecchia mit guten Aperitivi. Di–So 10–3 Uhr. Via Baglietto 20r, Tel. 019 840 13 41.

ÜBERNACHTEN

s. auch Autorentipp NH Darsena

Mare. Modernes Hotel am Stadtrand, aber direkt am Meer mit Privatstrand (nur April–Oktober). Via Nizza 89r, Tel. 019 26 40 65, www.marehotel.it

San Marco. Nettes Hotel in der westlichen Strandzone. Via Leoncavallo 32r, Tel. 019 81 36 60, www.hotelsanmarco.com

INFORMATIONEN

I.A.T. Nur Mo, Di, Fr, Sa 9–12.30, 15–19 Uhr. Via Paleocapa 76r, Savona, Tel. 019 840 23 21, savona@inforiviera.it bzw. www.turismo.provincia.savona.it

Oben: Noli blickt auf eine interessante Geschichte als einstige Seerepublik zurück, …
Unten: … was die Fischer am Strand vor dem Ort weniger kümmern dürfte als ein guter Fang.
Rechts oben: Capo Noli: hellsandige Traumbucht

31 Noli

Klein, aber sehr fein

Von Vado gehen die Fähren nach Korsika, der schönen Insel – und die Via Aurelia führt von dort die Küste entlang mit wunderbaren Ausblicken aufs Meer nach Noli, einer wahren Perle der mittelalterlichen Stadtarchitektur. Immerhin handelt es sich um eine mehr als fünf Jahrhunderte lang (1272–1797) selbstständige Seerepublik und um einen alten Bischofssitz.

Knapp 2700 Einwohner, die nicht alle im historischen Zentrum Platz finden, leben in Noli, einer der schönsten und am besten erhaltenen mittelalterlichen Ortschaften Liguriens und Italiens überhaupt. Die halbrunde Bucht zwischen den Abhängen des Monte Ursino im Norden und dem Capo Noli im Süden mit seinem hellgrauen Kiesstrand fällt ziemlich bald steil ins Meer ab, was für Noli im Laufe der Geschichte sowohl Vorteile als auch Nachteile gebracht hat: Man konnte sich von hier aus einfach ausschiffen, aber genauso leicht konnten auch Feinde mit ihren Galeeren bis an die Stadt »vorfahren«. Es muss besonders schön ausgesehen haben, als die Anlagestellen unter den äußeren *Portici* entlang dem heutigen Corso Italia noch Seefahrer empfingen, ähnlich wie in Genua an den *Sottoportici*.

Ursprünglich hieß der byzantinische Ort Neapolis, also neuer Ort, er wurde 768 von den Langobarden eingenommen und dem Erdboden gleichgemacht. Die Eroberer machten ihn erstaunlicherweise bald darauf doch lieber zu einem ihrer Verwaltungssitze. Mit Beginn des 9. bis ins 15. Jahrhundert hinein erlebte Noli mehrere Sarazenenüberfälle. Im 12. Jahrhundert versuchte

man seine Verteidigung durch den Bau des trutzigen Castello Ursino zu stärken. Heute wirkt es zusammen mit den Resten der Stadtbefestigung eher malerisch denn abwehrend. Eigentlich wundert man sich, dass hier ein Strand Baia dei Saraceni heißt und im benachbarten Varigotti (s. S. 184) ein ganzer Stadtteil nach den Orientalen benannt ist (Borgo dei Saraceni). Nicht verwunderlich ist allerdings die Teilnahme der Seefahrer von Noli am ersten Kreuzzug 1097. Die Privilegien, die sie dafür erhielten, konnten sie gut für den späteren Aufstieg zur Seerepublik brauchen.

Wohntürme und Bogengänge

Wer von der Aurelia ins historische Zentrum mit seinen hohen Wohntürmen will, muss durch ein enges Stadttor in der Mauer gehen, die auf der Innenseite über weitere Strecken aus recht niedrigen Bogengängen besteht. An diesen *Sottoportici* mit einigen Marmortafeln u.a. für Kolumbus und zur Erinnerung an die Seemacht Noli öffnet sich die hohe Loggia della Repùbblica Nolese, davor die recht große Piazza Milite Ignote mit einladendem Café. Unter den Bogengängen findet sonntags ein Markt statt, der bedeckt dann den schö-

AUTORENTIPP!

NOLI – NICHT NUR BACI!
Unter den *Sottoportici* an der Stadtmauer verkaufen werktags die Fischer ihren frischen Fang, an Sonntagen findet dort ein ländlicher Markt statt mit Haushaltswaren und einigen Lebensmittelständen. Landwirte verkaufen ihr Obst und Gemüse auf der Piazza vor der Chiesa della Madonna dello Scoglio – regional vermarkten heißt die Devise. Der große Wochenmarkt findet am Donnerstag zwischen der Aurelia und der Stadtmauer statt. Auch an Sonntagen bleiben die Lebensmittel- sowie Obst- und Gemüseläden offen, zumindest vormittags. Man kann hier also immer richtig gut einkaufen. Nicht zu vergessen: die *Baci di Noli*.

La Crêpe. Pasticceria mit großer Auswahl an *Baci di Noli*, alles hausgemacht. Do–Di 8–12, 15/16–19/20 Uhr, Via Colombo 61, Noli (SV), Tel. 019 748 57 69.

AUTORENTIPP!

FEINE KÜCHE IM BISCHOFSPALAST

Wo heute eine *Residenza* mit wenigen Zimmern unter Freskendecken auf genießerische Feriengäste ausgerichtet ist, empfingen früher die Bischöfe von Noli ihre Gäste. Ob sie eine so feine Küche wie im heute zum Hotel gehörenden, von Michelin besternten Restaurant hatten, ist nicht überliefert. Mittags fallen die Menüs etwas einfacher aus und kosten entsprechend weniger, am Abend ist jedoch höchste Kochkunst angesagt, mit köstlichen Fischgerichten wie Fisch in Paniermehlkruste mit Mayonnaise aus Bottagra, dem Schleie-Rogen. Innovativ und doch ligurisch. Im Sommer wird auch auf der Terrasse aufgetischt.

Il Vescovado – La Fornace di Barbablù. Di Abend–Mo 13–14.30, 20–23 Uhr, in der Residenza Palazzo Vescovile, Piazzale Rosselli, Noli (SV), Tel. 019 749 90 59, www.hotelvescovado.it

Die Ortspolizisten von Noli wachsen mit Argusaugen darüber, dass sonst kein Motorisierter in die Altstadt einfährt.

nen Bodenbelag aus schwarz-weißen Kieseln. Werktags bieten am gleichen Ort Fischer ihren Fang an. Vielleicht haben sich aber zuvor direkt vom Boot Restaurant-Köche die besten Fische und Meeresfrüchte geschnappt?

Von hier heißt es einfach herumschlendern, denn die eigentliche Attraktion des Städtchens ist sein historisches Zentrum mit schmalen hohen Wohntürmen, Wohnpalästen an engen Gassen und der Möglichkeit, unbehindert durch motorisierten Verkehr zu bummeln, um die netten kleinen Läden zu entdecken, die einladenden Bars, die guten Bäckereien und Konditoreien, die den *Bacio di Noli* anbieten, der nicht ganz so schokoladig ist wie der von Alassio (s. S. 218). Fünf Wohntürme sind erhalten geblieben von den 72, die es gegeben haben soll. Es konnten bislang allerdings nur 56 nachgewiesen werden. Immerhin sind das schon mehr Türme als im dafür berühmten San Gimignano in der Toscana!

Geht man also durch das Stadttor, steht man unter der Loggia und damit eigentlich im mittelalterlichen Rathaus mit seinem hohen Stadtturm, dessen Schokoladenseite die Außenfassade mit den Zwillings- und Drillingsfenstern ist. Dann geht man auf die Kathedrale San Pietro zu (13. Jahrhundert, im 17. umgestaltet), die einen sehenswerten Hauptaltar von 1678 und ein Bischofspult des 16. Jahrhunderts besitzt. Sie ist die zweite Kathedrale nach San Paragorio, das noch recht ungeschützt außerhalb der Stadtmauer stand und wohl daher als Bischofssitz aufgegeben wurde.

Die einschiffige Chiesa della Madonna dello Scoglio mit der großen, von Müttern mit ihren Kindern gerne frequentierten Piazza Giuseppe Rovico davor beherbergt die namengebende Pietà, eine kleine Figurengruppe aus dem 15./16. Jahrhundert

aus farbig gefasstem Holz, die erst 2010 restauriert wurde und nun hinter dem Glas einer Vitrine gesichert rechts vor dem Chor zu finden ist. Eine kleine Gestalt stützt links den Kopf Christi, auf den die Madonna in rotem Kleid mit blauem Überwurf ihren Blick zu lenken scheint. Einfach anrührend schön! Diese Pietà befand sich ursprünglich in der Kapelle Nostra Signora Addorata auf dem Weg zwischen Savona und Spotorno.

Kaum zu toppen: San Paragorio

Auch wer wenig Zeit zur Verfügung hat, San Paragorio am südlichen Rand der Altstadt und so nahe an der Via Aurelia sollte man nicht auslassen. Das Kirchlein war lange der erste Bischofssitz Nolis und weist zwei Bauphasen auf:

Oben: Hohe Geschlechtertürme erzählen von der einstigen Macht der Familien in der Seerepublik Noli.
Unten: Wie die Arme einer Krake umklammern die Festungsmauern auch tiefer liegende Noli.

Oben: In San Paragorio gilt der *Volto Santo*, das heilige Antlitz, als das kostbarste Relikt aus der großen Ära Nolis als Bischofssitz.
Mitte: Wanderpfade wie am Capo di Noli bieten die herrlichsten Ausblicke aufs Meer, …
Unten: … das zum Baden lockt.

eine frühchristliche (5./6. Jahrhundert) und eine romanische (11. Jahrhundert). Geweiht ist San Paragorio dem gleichnamigen Heiligen aus dem 3./4. Jahrhundert, der auf Korsika den Märtyrertod gestorben sein soll und dessen Gebeine seit dem 5. oder 6. Jahrhundert in Noli bestattet sind. 1887 wurde das Gebäude bei einem Erdbeben stark beschädigt und 1890 restauriert und zum Nationalmonument erklärt. Seit 2013 sind die elf schönen islamischen *Bacini*, Keramikschüsseln aus dem 11. Jahrhundert, in einer Vitrine ausgestellt. An der Fassade wurden sie durch Kopien ersetzt.

Vom Eingang auf der Nordseite schaut man in der dreischiffigen Basilika direkt auf das *Volto Santo*, das als heiliges Antlitz bezeichnete Kruzifix, das seit Längerem »eingekleidet« ist. Das schlichte und doch körperhafte Kreuz aus dem 11. Jahrhundert trägt ein angemaltes blaues Kleid, die Arme sind weit ausgestreckt, als hinge Jesus mühelos am Kreuz, das auf einer roten Unterlage festgemacht ist. Links öffnen sich erhöht die drei runden Chorapsiden, die mittlere mit einem Kruzifix-Fresko, in den seitlichen stehen die Heiligen Peter und Paul, unter denen sich eine Vorhangdekoration ausbreitet. Zwei Treppen führen in die Krypta aus dem 11. Jahrhundert, die über einem früheren Kultplatz direkt auf Kiesgrund errichtet wurde. Es gibt viele interessante Einzelheiten in San Paragorio zu entdecken, die jungen Leute, die darin Dienst tun, helfen gerne dabei.

Einen schönen Strand hat Noli auch noch

In den letzten Jahren wurde der helle Kieselstrand vor dem historischen Zentrum jenseits der Via Aurelia mit neuer Promenade zu einer wahren Augenweide umgestaltet. Geblieben ist der romantische Eindruck durch die an Land liegenden, bunt bemalten Fischerboote, noch mehr südliches Strandambiente bringen die neu gepflanzten Palmen. Kein Wunder, dass Noli vor allem bei jungen Italienern ein beliebtes Ausflugsziel ist, die den Ort im Hochsommer fest im Griff haben, eine bunte und nicht gerade leise Invasion ...

Wanderern bietet sich eine wunderbare Strecke zwischen Noli und Varigotti. Start ist in Noli, bis zum Capo Noli geht es ganz schön steil hinauf. Belohnt wird man aber mit einem grandiosen Blick in die Ferne über den kompletten Golf von Genua. In der Nähe genießt man dagegen Einblicke in die schönen Buchten, die von hohen Felsabstürzen begrenzt werden.

Die kleine Insel Bergeggi nördlich von Noli und Spotorno, die verlockend wirkt, ist strenges Naturschutzgebiet und nur an wenigen Tagen geführt zu besichtigen. Das gilt auch für die Grotte von Bergeggi. Nicht schlimm, es gibt in Ligurien noch viele anderen Naturschönheiten, die man besichtigen darf.

Sehnsuchtsinsel Bergeggi, die unter Naturschutz steht

Infos und Adressen

SEHENSWÜRDIGKEITEN

San Paragorio. Die erste Kathedrale Nolis, jetzt eine archäologische Stätte von hohem Rang. Di, Do, Fr 10–12.30, Sa/So auch 15–17 Uhr, im Hochsommer länger.

ESSEN UND TRINKEN

Lilliput. Angenehmes Gartenrestaurant auf dem Lande, spezialisiert auf Fischküche. Di–So 19–22.30, Sa/So/Fei auch 12.30–14 Uhr (dann unbedingt Tisch reservieren), Via Zuglieno 49, Località Voze (SV) 4 Kilometer nordwestlich von Noli, Tel. 019 74 80 09.

Nazionale. Einfaches, aber solides Restaurant an der Stadtmauer. Di–So 12.30–14, 19–22.30 Uhr, Corso Italia 37, Noli (SV), Tel. 019 74 88 87.

ÜBERNACHTEN

Italia. Familiäres Hotel an der äußeren Stadtmauer. Corso Italia 23, Noli (SV), Tel. 019 74 83 26, www.hotelitalianoli.com

Residenza Palazzo Vescovile. 13 Zimmer im wunderschönen Ambiente des aufgelassenen Bischofspalastes; mit Sternerestaurant. Piazzale Rosselli, Noli (SV), Tel. 019 49 90 59, www.hotelvescovado.it

Triestina. Familiäres Hotel im historischen Zentrum, nur 14 Zimmer. Via Anton da Noli 16, Noli (SV), Tel. 019 74 80 24, www.hoteltriestina.com

NFORMATIONEN

I.A.T. Nur Do, Fr, Sa 9–12.30, 15–19 Uhr. Corso Italia 8, 17026 Noli (SV), Tel. 019 749 90 03, www.visitriviera.it

32 Varigotti und die Mànie

Wo kommt das Maurische her?

Die Sarazenen haben der ligurischen Küste ganz schön zu schaffen gemacht, meist waren es nordafrikanische oder türkische Galeeren, deren Mannschaften vom Meer her über das Land fielen. Warum aber ausgerechnet in der Nähe der fünften Seerepublik Italiens, Noli, ein Fischerort im maurisch anmutenden Stil gebaut wurde, ist unklar. Jedenfalls gilt Varigotti als der »maurische« Ort Liguriens.

Varigotti hat seinen maurischen Charakter erhalten können, vor allem mit den pastellfarbenen Häusern direkt am Strand.

Der schön breite Strand besteht aus grauen Kieseln und ist mit Sand vermischt. Direkt daran schließt sich die erste Häuserreihe an, keine Straße trennt sie vom Wasser. Die Via Aurelia verläuft hinter dem historischen Zentrum, der neuere Teil Varigottis hat sich jenseits der Straße entwickelt – und ist weniger attraktiv.

Borgo Vecchio und Baia dei Saraceni

Die meist nur zweistöckigen Häuser sind kubisch-schlicht, einige stützen sich mit ihren Mauern geradezu breitbeinig auf den Strand, die Farben changierend zwischen Gelb, Ocker und Beige. Die Hotels stehen am Strand oder in seiner Nähe und sind erfreulicherweise bescheiden dimensioniert. Im Sommer ist der Strand voller italienischer Familien, die Bagni eher bescheiden ohne Pomp und allzu große Unterhaltungsangebote. Einfach angenehm!

Aber am allerschönsten ist das, was sich nach der langen Mole hinter der Punta Carena verbirgt: die

Varigotti und die Mànie

An so einem Strand möchte man doch länger verweilen!

Baia dei Saraceni, die Bucht der Sarazenen, einer der schönsten Strände Liguriens mit weißem Sand und klarem Wasser. Diese Bucht nutzten bereits die Römer als Liegeplatz. Ihnen folgten die Sarazenen, um hier auf Eroberungszug an Land zu gehen. Weiter nördlich breitet sich bis zum Capo Noli der bei Weitem nicht so schöne, aber lange Strand von Malpasso aus, der Ort selbst liegt hügelaufwärts.

Ausflug in die Mànie

Auf halber Strecke zwischen Varigotti und Finale breitet sich landeinwärts die Hochebene der Mànie aus. Sie gehört zwar zur Gemeinde von Finale Ligure, liegt jedoch näher an Varigotti. Ein wunderbares Wandergebiet mit so zahlreichen und nicht immer genau ausgezeichneten Wegen, dass man sich hier leicht verirren kann. Aber fast immer bietet sich bald ein Ausblick auf das Meer und schon kann man sich wieder orientieren. Immer streift man durch dichte mediterrane, duftende Macchia, in der im Frühsommer die gelb blühenden Ginsterbüsche Akzente setzen und aus der immer wieder Pinien oder Steineichen herausragen. Nach Norden blickend schaut man auf die Festungsruine von Noli, die wie eine Klammer den

AUTORENTIPP!

RELAXEN IM ARABESQUE

Obwohl es das vielleicht größte Hotel von Varigotti ist, ist es auch eines seiner schönsten. Allein schon wegen der Lage direkt am Strand, ohne störenden Weg oder laute Straße zwischen ihm und dem Meer. Es ist insgesamt ein sehr helles lichtdurchflutetes Ambiente. Im Sommer öffnet das Restaurant, das auch Passanten offen steht, seine Terrasse, wo man unter Olivenbäumen die gute ligurische Küche genießen kann. Der Service ist ausgesprochen freundlich, die Zimmer großzügig. Steht man auf der Terrasse der Hotelhalle, hat man das Gefühl, sich auf einem Schiff zu befinden. Abends spielt »der Mann am Klavier« – es ist Pianobar-Zeit angesagt.

Hotel Arabesque. Ostern–Oktober geöffnet, mit eigenem Parkplatz. Piazza Cappello da Prete 1, Varigotti (SV), Tel. 019 69 82 62, hotelarabeqsque@gmail.com (Homepage in Arbeit)

Palmen, Strand und Pastellfarben sind das Wahrzeichen Varigottis.

Oben: Eines der schönsten Ausflugsziele ist die Hochebene der Mánie mit der archäologisch wichtigen Grotte …
Mitte und unten: … und den kleinen Dörfern in Aussichtslage wie Borgio Verezzi mit einladenden B&B und wunderhübschen Ecken.

Hang über dem Städtchen zu umfangen scheint. Oder man wendet sich zum Meer, schaut hinein in die Baia dei Saraceni, vor der den Sommer über Boote haltmachen. Die an die 300 Meter hohe Mànie ist ein Ausflugsziel wegen der Grotte Arma delle Mànie, in der prähistorische Funde gemacht wurden. Die umgebenden Berge erreichen Höhen von bis zu 1000 Meter, der dort niedergehende Steigungsregen war für die Wasserversorgung der Gegend seit jeher wichtig.

Das profanierte Kirchlein San Giacomo, jetzt »Trattoria Gambero Verde«, zeigt an, dass man bald die Grotte erreicht. Es folgt die »Trattoria La Grotta«, von der ein kurzer Pfad abwärts führt zur weit offenen Grotte, in deren Schlund sich die Archäologen ausgebreitet haben, sodass man nur eine Ahnung davon bekommen kann, wie es hier einmal ausgesehen haben mag. Aber die zahlreichen Funde in den unzähligen Kavernen der Grotte haben zu vielen wichtigen Erkenntnissen über das Leben der Menschen seit dem Paläolithikum (vor ca. 2,5 Millionen Jahren) geführt. Reste einer römischen Nekropole und weiter die mittelalterlichen Behausungen mitsamt San Giacomo beweisen die Kontinuität der Besiedlung.

Natur zum Durchatmen

Die Natur ringsum ist fast unberührt geblieben – Pflanzenfreunden dürfte hier das Herz höher schlagen, leicht sind Ginster und Myrthe, Zistrose und Weißdorn, Glockenblumen und Baumerika zu erkennen, und im Spätsommer kann man von den Erdbeerbäumen naschen – aber nicht zu viel, manche können größere Mengen nicht vertragen. Wandern, Reiten, Mountainbiken und sogar Paragliden – alle nur erdenklichen Outdoor-Sportarten sind hier machbar. Seit 1994 kümmert sich der Verein *Vivere le Mànie* darum.

Infos und Adressen

SEHENSWÜRDIGKEIT

Grotta delle Mànie. Offen zugänglich. Arma delle Mànie, Finalborgo (SV), Via alle Mànie, Infos über Vivere le Mànie, Località Mànie 11, Varigotti, Tel. 019 69 84 83.

ESSEN UND TRINKEN

Il Corsaro. Traditionelle ligurische Küche im historischen Zentrum. Do–Di 12.30–14, 19–22.30 Uhr, Vico delle Stelle s/n, Varigotti (SV), Tel. 019 698 81 05.

La Caravella. Großes Terrassenrestaurant über dem Strand am südlichen Ende des Ortes, hauptsächlich Fischgerichte und vor allem 15 verschiedene, hausgemachte Pastasorten und hausgemachte Süßigkeiten. Mi–Mo 12.30–14.30, 20–23 Uhr, Sa/So nur auf Vorbestellung, Via Aurelia 56, Varigotti (SV), Tel. 019 69 80 28, www.varigotti.it

La Grotta. Urige familiäre Trattoria in zwei Räumen und Terrasse vor der prähistorischen Grotte, Fr–Mi, aber auf die Frage nach den Öffnugszeiten antwortet die Wirtin »I nostri orari sono sempre molto elastici«, mit anderen Worten flexibel, im Sommer ca. 10–22 Uhr, und einen Teller Pasta bekommt man den ganzen Tag über. Località Mànie 15, Finale Ligure (SV), Tel. 019 69 84 57, www.trattorialagrotta.net

Muraglia-Conchiglia d'Oro. Bekannt-gutes Fischrestaurant, das nur tagesfrischen Fang benutzt, an der Hauptstraße mit Terrasse (Meerblick), mit sechs Zimmern und einer Suite. Do–Di, Oktober–Mai nur Do–Mo 13–14.30, 19.30–23 Uhr, Via Aurelia 133, Varigotti (SV), Tel. 019 69 80 15.

ÜBERNACHTEN

Albatros. Schön gestaltetes, komplett renoviertes Haus am Meer, manche der 18 Zimmer mit Terrasse, März–Mitte November geöffnet. Via Aurelia 58, Varigotti (SV), Tel. 019 69 80 39, www.hotelalbatrosvarigorri.it

Al Capo. Nettes Hotel in einem neueren Gebäude von 1957 in zweiter Reihe im historischen Kern. Ostern–Mitte Oktober geöffnet. Vico Mendaro 3, Varigotti (SV), Tel. 019 698 80 66, www.hotelalcapo.it

Ca' Parodi. Casa Vacanze, Ferienhaus mit Terrasse direkt über dem Strand, ganzjährig geöffnet. Vico al Portico 7, Varigotti (SV), Tel. 019 689 82 68, www.casavacanzecaparodi.com

INFORMATIONEN

I.A.T. Via Aurelia 79, 17029 Varigotti (SV), Tel. 019 69 80 13, www.visitriviera.it sowie www.varigotti.liguria.it

Die familiäre »Trattoria La Grotta« ist auf der Hochebene eine Institution.

Oben: Streng bewachtes, dreigeteiltes Finale Ligure, ein Ort voller Geschichte …
Unten: … aber auch ein Strand mit viel Raum vor allem für Familien mit Kindern; die »sieben Sachen« bewahrt man da am besten in einer der hübschen Kabinen auf.

33 Finalpia, Finale Marina, Finalborgo

Die ligurische Dreieinigkeit

Das kann schon verwirren, wenn man nach Finale Ligure kommt. Ist es ein Ort, sind es drei? Zur Klärung: Finale Ligure ist der Überbegriff, der Name der Gemeinde, zu der unter anderem – vom Norden kommend – das bescheidene Finalpia gehört, weiter südlich ebenfalls am Meer das Ferien signalisierende Finale Marina und landeinwärts das historische Finalborgo, von noch intakter Mauer umgeben.

Das Besondere an der Lage von Finale Ligure (knapp 12 000 Einwohner) sind die drei Hochebenen, die terrassenartig hintereinander aufsteigen. Sonst gibt es in Ligurien entweder Ebenen am Meer mit Ortschaften oder Steilküsten, mitunter ebenfalls mit daran »klebenden« Dörfern. Finalpia lohnt einen kurzen Stopp wegen seiner Benediktinerabtei. Hinter deren Rokokofassade steckt eine einschiffige Halle mit je drei Seitenkapellen rechts und links und tiefem Chor. Wie fast überall in der Gegend ist der Innenraum reich mit Fresken geschmückt und die Altäre weisen Marmorintarsierungen auf. Auffallend ist der sechsgeschossige Glockenturm mit vier oberen mit Zwillingsfensterbögen als Klangöffnungen, darüber ein spitzes Steindach. Er stammt aus dem 13./14. Jahrhundert. Die Kirche selbst entstand aus einer Kapelle von 1170, sie wurde im 16. Jahrhundert von Olivetanermönchen in ein Kloster integriert und wird heute vom Benediktinerorden geführt.

Im Hinterland breitet sich das Sciusa-Tal aus, am Fluss zählt man noch heute fünf mehr oder weniger gut erhaltene oder restaurierte römische Brücken aus dem 2. Jahrhundert, als Kaiser Hadrian den Wiederaufbau der Via Julia Augusta anordnete. Gegenwärtig werden in West-Ligurien verschiedene Abschnitte dieser historisch wichtigen Via Julia Augusta (die die Römer aus Sicherheitsgründen landeinwärts geführt hatten) restauriert und ausgeschildert.

Illusionsmalerei und andere Kunstfertigkeiten in Finale

Finale Marina ist ein sehr einladender Badeort, entstanden aus einem Fischernest mit dem üblichen Budello, der Hauptgasse parallel zum Meer. Sie ist eine nach frischen Backwaren duftende, mit vielen kleinen Geschäften und Cafés lockende Einkaufsmeile. In ihrem westlichen Bereich breitet sie sich vor der Kollegiatskirche San Giovanni Battista (1619–1674) aus, eine der schönsten Liguriens überhaupt, die zeitweise dem großen Barockarchitekten Gian Lorenzo Bernini (1598–1680) zugeschrieben wurde. Wahrscheinlicher waren es aber lokale Architekten, die Berninis Bauweise kopierten. Die große Kirche ist dreischiffig, die Seitenschiffe fassen zwölf Kapellen, die reich mit Architekturmalerei ausgestattet sind. Aber dann die Hauptchorkapelle: Man muss lange hinschauen und den Kopf weit in den Nacken beugen, um zu erkennen, wo die Architektur aufhört und die umwerfend schöne Fresken-Malerei beginnt oder umgekehrt!

Familienferienort Finale Marina

Die breite Meerespromenade beschattet eine noch in Teilen erhaltene doppelte Palmenallee, darunter Ruhebänke und viele Spiele für Kinder. Finale Marina rühmt sich ein Familienferienort zu sein. Und das ist er, was auch zwei besondere Hotels beweisen (s. S. 193.). Auch Marina kann auf eine inte-

AUTORENTIPP!

BEI DEN OLIVENÖLMÜHLEN
Betritt man das Lokal, ist man erst eher verwirrt, denn vorne ist es ein Andenkenladen mit allem, was in der Gegend von Handwerkern angeboten wird, erst dahinter stehen die wohltuend großen, fein eingedeckten Tische des Restaurants in einem langgezogenen Gewölbe, in dem Oliven gepresst wurden und große Mühlsteine gelungene Dekoration sind. Man ist hier auf Fisch spezialisiert, der fangfrisch sein muss, auch daher wird auf rechtzeitige Reservierung Wert gelegt. Wer es einfacher mag, kann im winzig kleinen »Ai Bitèga« Platz nehmen, so noch einer zu finden ist. Hier gibt es wechselnde Menüs, die auf Tafeln angeschrieben sind. Etwas Wartezeit muss man einplanen, denn es wird alles frisch zubereitet.

Ai Torchi und Ai Bitèga.
Mi–Mo 12–14, 19.30–22 Uhr.
Via dell'Annunziata, Finalborgo,
Tel. 019 69 05 31,
www.ristoranteaitorchi.com

AUTORENTIPP!

DIE GROTTEN VON BORGIO VEREZZI

Nach den Grotten von Toirano (s. S. 196) sind die von Borgio Verezzi die schönsten ganz Liguriens, doch kaum jemand kennt sie. Zu nahe liegen wohl diejenigen von Toirano, die überall beworben werden. Dabei sind die Grotten von Borgio Verezzi gerade wegen der darin gemachten prähistorischen Funde wichtig und weisen zudem eine besondere Form der Stalaktiten auf: Nirgendwo sonst sind sie in so vielen Farben (Weiß und Gelb vom Kalk, Rot und Braun durch Eisen und Grau durch Magnesium) vertreten, kaum woanders zeigen sie so vielfältige Formen, teilweise wachsen sie in alle Richtungen. Und die Seen mit tiefgrünem Wasser, in denen sich Stalaktiten spiegeln, gestalten eine unwirkliche unterirdische Welt. Fünf Kilometer der Grotte sind bislang erforscht, immerhin 800 Meter für die Öffentlichkeit zugänglich. 16 Grad Celsius und 95% Luftfeuchtigkeit herrschen darin das ganze Jahr über, an die 60 Minuten dauert die Führung (auch auf Deutsch!). Von den prähistorischen Funden (Höhlenbären, Säbelzahntiger oder Elefanten) sieht man freilich nichts, sie wanderten alle ins Museum.

Grotte di Borgio Verezzi. Di–So Juni–September 9.30, 10.30, 11.30, 15.20, 16.20, 17.20 Uhr, Oktober–Mai vormittags wie im Sommer, nachmittags 15, 16, 17 Uhr, Piazza Grotte, Borgio Verezzi (SV), Info-Telefon 019 61 01 50, www.grottediborgio.it

Als seien sie von Natur nicht farbig genug – die Grotten von Borgio Verezzi.

ressante Geschichte zurückblicken, der Ort war ab dem 16. Jahrhundert sogar ein bedeutendes Wirtschaftszentrum. Am östlichen Rand des historischen Zentrums erheben sich die hohen Mauern des Castelfranco, das Genua 1365–1367 errichtet hat. Unter der mächtigen Familie der Del Carretto blieb es bis ins 17. Jahrhundert genuesisch, dann aber übernahmen die Spanier das Kastell und befestigten es weiter. Im 19. Jahrhundert war die Festung Gefängnis und 1938 gelang sie in den Besitz der Gemeinde, die die Mauern abends theatralisch anstrahlt und darin immer wieder große Veranstaltungen organisiert.

Ins Mittelalter nach Finalborgo

Etwa zwei Kilometer muss man von der Strandpromenade aus einfach landeinwärts bummeln, schon ist der historisch bedeutendste Ort erreicht, Finalborgo. Er ist von einer Mauer umgeben, in die bis heute nur vier Tore Einlass gewähren. Das über die Gemeinde wachende Castel San Giovanni ist in die Befestigung eingebunden. Logisch, dass im Borgo mit seinen engen, mit dunklen Steinplatten gepflasterten Gassen fremde Fahrzeuge nichts verloren haben, man kann ungestört flanieren und den sehr überschaubaren Ort genießen. Geschäfte aller Art werden neu eröffnet und wieder geschlossen, andere machen in der Hoffnung auf, länger existieren zu können. Denn hier herrscht absolutes Saisongeschäft. Ist der Sommer vorbei, geht es auch zu Ende mit den vielen Touristen, die nach dem Strandtag hier gerne den Abend verbringen oder schattige Bummelstunden.

Finalborgo war der Hauptsitz des Marchesato di Finale, der Markgrafenfamilie Del Carretto, die hier vom 14. bis zum 16. Jahrhundert residierte. Gleich links vom Stadttor (von Finale Marina kommend) ist die reich ausgestattete dreischiffige Pfeilerbasilika von San Biagio zu erkennen, die in einen Turm der Stadtmauer integriert wurde. Und zwar schon 1372, also im Mittelalter. Den oktogonalen, leicht geneigten Glockenturm mit vielen Klangöffnungen aus feinen Zwillingsbögen erhielt die Kirche in spätgotischem Stil 1463, ihre prächtige Innenausstattung im 17. Jahrhundert, u. a. mit dem Mausoleum Sforza Andrea Del Carretto (1604), des letzten Markgrafen der Familie. Die Altäre zieren farbig eingelegte Marmorplatten, einige mit Ortsbildern. Die zweite Kapelle links zeigt in der Mitte Finalborgo, wie es einmal war. Geschichte kann man auch so präsentieren.

Rund um die erstaunlich große zentrale Piazza findet man die beliebtesten Cafés, darunter die

Gepflegte Häuser bei der Kathedrale in Finale Marina

Oben: Auch ohne Markt kann man in Finalborgo mit seinen vielen kleinen Läden gut einkaufen.
Unten: Die kleine Pfarrkirche am Stadttor von Finalborgo ist reich ausgestattet.

Oben: Für jeden das Seine oder zu seiner Zeit: Intensivbesuch im Archäologischen Museum von Finalborgo mit seinen interessanten Funden …
Unten: … oder Freizeitspaß an einem der zahlreichen Kletterfelsen über dem befestigten Ort.

traditionsreiche Bar »Centrale« mit dem angeblich besten Eis von Finale, wo es auch *das* Gebäck des Städtchens gibt, das mandelschwere *Chifféro*. Man sollte sich losreißen und ein paar Schritte Richtung Porta Testa zum aufgelösten Convento Santa Caterina gehen. Auch dieses wurde von den Del Carretto 1359 errichtet, 1864 dann aufgelöst, bis 1965 diente das Gebäude als Gefängnis. Das hat zwar zu schwerwiegenden Umbauten des Dominikanerklosters geführt, aber der gesamten Schönheit des Komplexes hat es nicht geschadet. Nach der Restaurierung erstrahlen die beiden Renaissance-Kreuzgänge und auch die Kirche, die Grabstätte für einige der Del Carretto wurde, wieder in voller Schönheit. In den Klosterräumen wurde eines der schönsten, didaktisch aufwendigsten Archäologischen Museen der Region eingerichtet. Auch Kinder und gar nicht so an Vergangenem interessierte Besucher haben daran Freude! Die ausgestellten Funde umfassen prähistorische, römische und mittelalterliche aus Finale sowie Umgebung, nur die Keramiken zeigen Beispiele bis in die Gegenwart.

Kletterparadies und Strandvergnügen

Das Hinterland von Finale Ligure gilt als Kletterparadies, und das beginnt gleich hinter Finalborgo mit Orco Feglino in 161 Meter Höhe mit den Pietra di Finale genannten Felswänden von Rocca Perti oder Monte Cucco etc., die zusammen an die 2000 Kletterrouten in allen Schwierigkeitsgraden bieten. Entlang der Küste reiht sich ein schöner Strand an den anderen. Manche Orte sind fast nur deshalb nennenswert, weil sie über einen ansehnlichen Strand verfügen. Das gilt beispielsweise für die südlich von Finale Ligure wie an einer Perlenschnur liegenden Pietra Ligure, Loano, Borghetto und Ceriale.

Infos und Adressen

SEHENSWÜRDIGKEITEN

Museo Civico Archeologico. Hochinteressantes und wunderbar aufbereitetes archäologisches Museum im früheren Kloster Santa Caterina. Di–So Juli/August 10–12, 16–19, September–Juni 9–12/14.30–17 Uhr, Chiostri di Santa Caterina, Finalborgo (SV), Tel. 019 69 00 20, www.museoarcheofinale.it

ESSEN UND TRINKEN

Ai Cuattru Canti. Urige Osteria. Di–So 11–22 Uhr, Via Torcelli 22, Finalborgo (SV), Tel. 019 68 05 40.

Caffè Centrale. Das beste Eis von Finalborgo wird hier produziert. Mi–Mo 7–24 Uhr, August Mo–So, Via Torcelli 28, Finalborgo (SV), Tel. 019 69 17 68.

Da Giuseppe. Angenehmes kleines Fischlokal mit Mini-Terrasse nahe der Kirche, der Koch ist Süditaliener aus Kalabrien und entsprechend sind seine Rezepte. Di–So 12.30–14, 19–22.30 Uhr, Via Roma 7, Finale Ligure (SV), Tel. 019 69 22 45, www.ristorante-dagiuseppe.it

Giovannacci Caffè. Café mit eigener Rösterei; nette Sitzecken, teils lässt man sich auch auf Kaffeesäcken nieder. Mo–So 7.30–20, Juli/August bis 23 Uhr, Via Rossi 26, Finale Ligure (SV), Tel. 019 69 25 06, www.giovannaccicaffe.it

ÜBERNACHTEN

Alle Vecchie Mura. Nettes Hotel an der Stadtmauer von Finalborgo, nur 15 Zimmer, Parkplatz; reiches Frühstücksbüfett. Via delle Mura 1, Finalborgo (SV), Tel. 019 69 12 68, www.allevecchiemura.it

Florenz. Sehr freundlich geführtes schlichtes Hotel in einem aufgelassenen Kloster am nördlichen Ortsrand (auf dem Weg nach Finalborgo), ideal für sportliche Gäste sowie für Familien mit Kindern. Via Domenico Brunenghi 124, Finale Ligure (SV), Tel. 019 69 56 67, www.hotelflorenz.it

Loano 2. Weitläufige Anlage ca. 2 Kilometer vom Strand entfernt (Busshuttle), ganzjährig geöffnet (!) mit großzügigen Zimmern und Apartments, drei Pools, einer Schwimmhalle, vielen Sportmöglichkeiten; familienfreundlich (mit Kinderclub), drei Restaurants, Parkplatz und Garage. Via degli Alpini 6, 17025 Loano (SV), Tel. 019 679 11, www.loano2village.it

SPORTAUSRÜSTUNG

Salewa. Alles speziell für Kletterer. Via Nicoreta 6, Finalborgo (SV), Tel. 019 681 62 30, www.salewa.it

INFORMATIONEN

I.A.T. Via San Pietro 14, 17024 Finale Ligure (SV), Tel. 019 68 10 19, finaleligure@inforiviera.it sowie www.visitriviera.it

Sehr interessante Homepage der Gemeinde unter http://new.comunefinaleligure.it

Puren Wassserspaß versprechen die großzügigen Pools der Hotelanlage Loano 2.

Verezzi, halb am Meer, halb die Hügel hoch

Das wichtigste Ausflugsziel der ganzen Gegend sind mit Sicherheit die Grotten von Toirano, für die man allerdings ganz gut zu Fuß sein sollte.

34 Toirano

Die ligurische Dreieinigkeit

Die drei Grotten von Toirano dürften die berühmteste Attraktion dieses Abschnitts der italienischen Riviera sein. Im Jahr werden sie von etwa 150 000 Menschen besucht. Alles an diesen Höhlen ist gigantisch: die Länge der Besichtigungstour, die Höhe der Stalaktiten und die der Stalagmiten. Entdeckt wurden die Grotten bereits 1890, seit 1953 können sie besichtigt werden. Immerhin 1300 von den insgesamt 1700 erforschten Metern.

Im Vallone-del-Vero-Tal, dem »Tal der Wahrheit«, wie es übersetzt heißt, soll es außer den drei Grotten von Toirano noch rund 70 weitere Tropfsteinhöhlen geben, die eher den Spezialisten vorbehalten sind. Es handelt sich insgesamt um ein Kalkmassiv aus grauem Dolomit. Man sollte gut zu Fuß sein, wenn man das Höhlensystem von Toirano besichtigen möchte, allein schon wegen der zahlreichen Stufen, die es zu überwinden gilt, und wegen der Stellen, an denen man sich bücken oder ganz dünn machen muss.

Grotta della Bàsura, die Hexenhöhle

1890 wurde der Eingangsbereich der Grotta della Bàsura, die Hexenhöhle, erforscht, der Schutt von vielen Jahrhunderten auf die Seite geräumt. 1950 wurde sie als Schauhöhle mit ihren fantastischen Stalagmiten und Stalaktiten eingerichtet und 1953 zur Besichtigung freigegeben. Den Zugang bildet die Sala Morelli, nach dem ersten Erforscher benannt, gefolgt vom Salotto und dem Corridoio delle Impronte, dem »Korridor der Abdrücke der

Kaum bekannt und doch besuchenswert: das Museo Etnografico in Toirano

Urmenschen« (hier darf nicht fotografiert werden). Vor rund 12 000 Jahren lebten hier einige Familien des Homo sapiens, die einen Fußabdruck, einige Knieabdrücke und solche von Fingerkuppen hinterließen. Auch Tonkugeln sind zu sehen und deren Abdrücke an der Wand, ein Zeichen dafür, dass sie dorthin geworfen wurden – ein Spiel, ein ritueller Akt oder Kampfzeichen?

Jetzt geht es an die sechs Meter tiefer zu einem kleinen See, dem Laghetto, man überquert ihn über einen Steg, steigt wieder in den nächsten Schacht auf und erblickt besonders schöne Kalkformationen, Kathedrale genannt. Im folgenden halbrunden Gang sind an den Wänden Kratzspuren von Bärenkrallen zu erkennen und bald steht man über dem »Friedhof der Bären« (Cimitero degli Orsi), die Tiere sollen vor etwa 20 000 Jahren die Höhle bewohnt haben. Hier liegen Knochenreste, in so großer Tiefe der Höhle eigentlich erstaunlich. Höhlenforscher vermuten, dass sie mit dem Wasser hierher gespült wurden. Andere sehen Tatzenabdrücke von Bären im festgebackenen Ton des Bodens ... Einen Krimi kann man sich ausmalen, sieht man die Abdrücke von menschlichen Füßen und Bärenpranken so nah aneinander.

AUTORENTIPP!

TOIRANO – DORF MIT INTERESSANTEM MUSEUM

Es liegt nur drei Kilometer von der Küste entfernt und auf dem Weg zu den berühmten Grotten, dennoch lässt man das nette Dorf rechter Hand meistens liegen. Dabei ist Toirano mit etwa 2000 Einwohnern ein richtig schmucker Ort mit engen Gassen und das eigentliche Tor zum Varatella-Tal.

Eben diesem ist das Ethnografische Museum gewidmet, das auch einige Funde aus dem Höhlenkomplex aufgenommen hat. Toirano war sogar Sitz des Bischofs von Albenga, es liegt in geschützter Lage am Zusammenfluss von Varatella und Barascione und wurde schon von den Byzantinern im 6. Jahrhundert befestigt. Im Museum ist die Bedeutung des Olivenanbaus für das Tal dokumentiert. Bei der Besichtigung lernt man ganz nebenbei einen schönen und einst noch viel größeren Palast kennen, der den Marchesi Del Carretto gehörte. Er wurde im Laufe der Zeit unter den zahlreichen Erben aufgeteilt und gehört nun im erhaltenen Kern der Gemeinde.

Museo Etnografico della Valle Varatella. Palazzo del Comune Vecchio, Via G.B. Parodi, Toirano (SV). Mo–So 10–13, 15–18 Uhr. Tel. 01 82 98 99 68

Oben: Turm von Pisa nennt man diese imposante Tropfsteinformation in der Grotta di Santa Lucia Inferiore.
Unten: Ringsum gibt es aufregende Formationen zu entdecken.

Eine Besonderheit ist der Antro di Cibele, nach der griechisch-römischen Muttergöttin der Fruchtbarkeit Kybele genannt. Dieser Raum stand bei der Entdeckung völlig unter Wasser, wurde entleert und gab eine einmalige Formation frei: riesige gelbliche, kugelförmige Ablagerungen, großen Frauenbrüsten ähnlich, die entsprechend als *Concrezioni mamellonari* bezeichnet werden. Ein 120 Meter langer Verbindungsgang wurde hier 1967 mit großem Aufwand geschaffen, der in die Grotta di Santa Lucia Inferiore führt.

Grotta di Santa Lucia Inferiore

Sie zeichnet sich, wohl wegen der hier herrschenden Temperatur von 18 Grad Celsius, durch feine Formationen aus, die wie Aragonitblumen aussehen: sehr dünne Kristalle, die alles bedecken – Stalagmiten und Stalaktiten ebenso wie die Wände –, vermischt mit exzentrisch gewachsenen Stalaktiten und kleinen Kalkkugeln. Eine Metallbrücke führt in 24 Höhe über dem Abgrund in einen Stollengang, der im großen Saal des Pantheon endet, in dem die höchsten Stalagmiten des Höhlensystems wachsen, bis zu acht Meter hoch und rund einen Meter dick. Interessant ist auch der bald folgende Saal der Kapitelle, durch unterschiedliche Wasserniveaus haben sich übereinander Formen gebildet, die wie Säulenkapitelle wirken. So wie beim sogenannten Turm von Pisa. Das letzte Stück der Grotte, *Il Tanone* genannt, diente früher als Luftschutzkeller und heute als Weinlager.

Grotta di Santa Lucia Superiore und Grotta del Colombo

Diese Grotte, seit dem Mittelalter besucht und genutzt, steht in Verbindung mit der Kapelle aus dem 15. Jahrhundert, die kurz nach dem Ausgang der Grotta Inferiore über einen nach rechts den Steilhang hinaufführenden kurzen Weg zu erreichen ist. Sie wurde zum Teil in die Felswand hineingehauen – und zwar dort, wo eine Quelle entspringt, die wundertätiges Wasser spenden und bei Augenkrankheiten helfen soll – sie ist der heiligen Lucia geweiht, der Schutzpatronin der Blinden. Links vor dem Altar führt ein enger Zugang zur etwa 240 Meter langen Grotta di Santa Lucia Superiore.

Noch einmal 50 Meter weiter nach oben liegt die Grotta del Colombo. Sie dient ausschließlich wissenschaftlichen Zwecken, denn die darin gemachten Funde von Knochenfragmenten sollen ein Alter von mehr als 300 000 Jahren haben und werden dem Homo heidelbergensis zugeordnet. Aber: Von dort oben genießt man einen unglaublichen Blick über das ganze »Tal der Wahrheit«.

Die Panoramalage der Cappella di Santa Lucia

Infos und Adressen

SEHENSWÜRDIGKEIT

Grotte di Toirano. Große Schauhöhlen oberhalb des Dorfs Toirano (SV). Mo–So 9.30–12.30, 14–17, im Sommer bis 17.30 Uhr, Tel. 01 82 980 62, www.toiranogrotte.it

ESSEN UND TRINKEN

Al Ravanello Incoronato. Wunderbar romantisches Ambiente unter Kreuzgewölbe und Fresken; es werden regionale Produkte bevorzugt. Mi–Mo 12.30–14, 19–22.30 Uhr, Via Giovanni Battista Parodi 27a, Toirano (SV), Tel. 01 82 92 19 91.

Il Cappello di Guguzza. Romantisches Eckchen im historischen Zentrum, innovative, nicht gerade preiswerte Küche. Do–Di 12.30–14, 19–22.30 Uhr, im Sommer Mo–So, Via Giovanni Battista Polla 22, Toirano (Sv), Tel. 01 82ä 92 20 74, www.ilcappellodiguguzza.com

Il Portico. Einladende Trattoria mit Tischen am Hauptplatz. Di–So 19–24, Sa/So auch 12.15–14 Uhr, Piazza della Libertà 10, Toirano (SV), Tel. 01 82 98 97 68/69.

Rosa dei Venti. Restaurant mit gutem Preis-Leistungs-Verhältnis. Do–Di 12.30–14, 19–22.30 Uhr, Juni–September Mo–So. Via Giovanni Battista Polla 42, Toirano (SV), Tel. 01 82 985 74, www.ristoranterosadeiventi.org

ÜBERNACHTEN

Profumo di Dolci. B&B über der Pasticceria im historischen Kern von Toirano, zwei nette Zimmer jeweils mit eigenem Bad. Via G. B. Parodi 24, Toirano (SV), Handy 339 836 72 62, www.profumodidolci.it

Oben: Wunderschöne, uralte Esskastanienbäume prägen die Landschaft bei Callizano im Hinterland von Toirano …
Unten: … und laden zu Wanderungen in der wilden Natur.

35 Von Toirano ins Hinterland

Trutzige Burgen und Burgdörfer

Das »Tal der Wahrheit« von Toirano steigt mit wechselnden Namen tief in den Norden Richtung Grenze zum Piemont auf. Seine Flanken bewachen, was früher ja notwendig war, befestigte Dörfer wie Bardineto, weiter im Norden Callizano, dann zurück über Bardineto di Rocca Barbena und weiter auf das Meer zu Castelvecchio di Rocca Barbena und schließlich Zuccarello auf dem Weg nach Albenga.

Toirano ist ein wunderbarer Ausgangspunkt für die Erschließung des nach Norden weisenden Tales, das bis an die Grenze zum Piemont reicht. Bis Bardineto sind es 18 schöne, geruhsam zu bewältigende Kilometer durch Steineichenwälder, die aus dichter Macchia emporwachsen, unterbrochen durch schmale Terrassen mit Olivenbäumen. Das Tal schlängelt sich in Haarnadelkurven hoch. Links ein Bachlauf, rechts ein Steinbruch, bei Kilometer 10 öffnet sich das Tal bei einem kleinen Friedhof in 683 Meter Höhe, der, wie so oft in Italien, ein bemerkenswertes Panorama bietet, auch auf das Dörfchen Carpe am Hang gegenüber. Weiter steigt die Straße an und gibt den Blicke frei bis ans Meer und auf die ligurischen Seealpen. Margeriten, Zistrosen und Bocksbart säumen die Straße, Feigenbäume und Buchen setzen Akzente in die Landschaft. Bei Kilometer 17, an der verlassenen Casa Cantoniera, öffnet sich das Tal noch weiter nach Osten, den Straßenrand markieren Rubinien und unglaublich hohe Linden.

Bald quert man die Alta Via dei Monti Liguri (AV) mit Schutzhütte, vielen Wanderzeichen und der

Ein Schmuckstück ist die total freskierte Cappella di San Nicolò bei Bardineto

Haltestelle des Escursionibus, den man bei Bedarf Montag bis Freitag 7.15–19 Uhr, Samstag bis 13 Uhr kostenlos bestellen kann (800 01 27 27). Informationstafel und Mülltonne, an alles ist hier für Wanderer gedacht!

Pilzorte Bardineto und Callizano

Die Straße neigt sich auf die andere Seite des Höhenweges, Birken, Kastanien und Holunderbüsche, Riesenfarne und Nadelbäume bestimmen die Vegetation. In 711 Meter Höhe ist die Sommerfrische Bardineto erreicht, wo man sich vor allem im Spätsommer und Herbst zum Schlemmen trifft – Pilze und Wild stehen dann auf der Speisekarte der Restaurants. Aber auch Eselgulasch, *Pansotti* (eine Art Ravioli) mit Walnusssoße. Im kaum erkennbaren Ortskern befindet sich das bescheidene Museo Silvana e Edo Lombardini, das so ziemlich alles gesammelt hat, was im ländlichen Bereich wichtig war. Einen kurzen Fußmarsch wert ist die Cappella di San Nicolò. Am Ortsrand erheben sich noch die Ruinen der Festung, die 1265 von Giacomo Del Carretto an einen seiner Söhne überschrieben wurde, mitsamt Borgo und den darin lebenden Untertanen. Nach der Schlacht von Loano 1795 (s. S. 202) verfiel sie zusehends.

AUTORENTIPP!

FRESKEN IN WALDEINSAMKEIT

Etwa einen Kilometer südöstlich von Bardinetos Zentrum an der Straße Richtung Toirano finden sich Hinweisschilder für einen Weg zur Cappella di San Nicolò (11. Jahrhundert), der auf den Hügel in den Wald führt. Es sind nur wenige Minuten auf Forst- oder Wanderwegen bis zur kleinen Kapelle, für deren Besichtigung man sich vorher verabreden muss (s. u.). Aber es lohnt sich! Welche Farbenpracht der fast durchgehend gut erhaltenen oder restaurierten Fresken aus dem 15. Jahrhundert strahlt einem entgegen! Die schönsten Szenen: Am Triumphbogen vor dem Chor eine Verkündigung, aber eine der besonderen Art, nämlich mit Gottvater. Zwischen ihm und dem Heiligen Geist (der Taube), der Maria verkündet, sie werde einen Sohn gebären, sieht man bereits das kleine Jesuskind – Führer Mario meint, damit es keine Missverständnisse gäbe, wer verkündet werde. Links vom Triumphbogen die große Szene mit dem heiligen Georg auf einem schönen Apfelschimmel und der Königstochter, die dem Drachen geopfert werden sollte. Doch der Heilige erlegt den Drachen mit einem Lanzenstich.

Cappella di San Nicolò. Bardineto (SV), Buchung telefonisch bei Mario, Tel. 019 790 72 28 oder im Hotel Maria Nella (s S. 205).

AUTORENTIPP!

DIE ANMUTIGE TOTE AUS ZUCCARELLO

Hinter dem südlichen Ortsausgang von Zuccarello steht auf dem kleinen Platz (mit wenigen Parkplätzen) eine Bronzestatue mit der anmutigen Gestalt einer jungen Frau. Es ist Ilaria Del Carretto, Tochter des Markgrafen Carlo I di Zuccarello, die man 1403 ins toscanische Lucca begleitete, um dort den Stadtherren Paolo Guinigi zu heiraten. Sie starb zwei Jahre später im Kindbett und ihr Grabmahl im Dom von Lucca zählt zu den anrührendsten Grabmonumenten, geschaffen von Jacopo Della Quercia (1367–1438). Die in Zuccarello stehende, 160 Zentimeter hohe Bronzegestalt von 2008 zeigt ebenfalls eine anmutige junge Frau, aber mit Jacopos Feinheit kann und will sie wahrscheinlich gar nicht konkurrieren, könnte man dem Bildhauer Flavio Furlani aus Albenga (geb. 1933) unterstellen. Er zeigt sie lebendig, mit offenen Augen und in festlichem Kleid.

Bronzo d'Ilaria Del Carretto. Porta Albenga, Zuccarello (SV)

Vorbei an den Ruinen des Castello del Castellaro ist bald in 647 Meter Höhe Calizzano erreicht. Bekannt ist der Ort für gutes Holzofenbrot und seine ergiebigen Mineralquellen, deren Wasser, abgefüllt in Flaschen, in den Restaurants und Trattorien ringsum zum guten Ton gehören. Es ist hier recht ländlich, und so ist auch die touristische Infrastruktur, die aus einigen B&B sowie Agriturismo-Betrieben besteht. Über den Eingangstüren hängt fast immer eine kleine, meist aus Keramik geformte Madonna delle Grazie in einer Glorie, Kopien des Motivs im nahen Santuario Madonna delle Grazie in Garessio (schon im Piemont). Ringsum dominieren Mischwälder mit alten Kastanien und Haselsträuchern. Nach Osten ginge es über den 1028 Meter hohen Colle di Melogno abwärts und zurück nach Finale Ligure. Fährt man doch das kurze Stück wieder nach Bardineto und zweigt dort nach Westen zum Colle Scravaion (820 Meter) ab, schaut man direkt auf die 1142 Meter hohe Rocca Barbena, ein paar wenige Kilometer weiter auf die Ruinenstadt Castelvecchio di Rocca Barbena in unglaublich schöner Panoramalage.

Eine alte Trutzburg

Von oben über die engen Kehren kommend, erreicht man zuerst den großen Parkplatz gegenüber dem Festungsstädtchen, wo man seinen Wagen abstellen muss. Denn abwärts nach Castelvecchio di Rocca Barbena geht es für Besucher nur zu Fuß. Oben zeigt eine Tafel an, wie die Anordnung der Truppen während der Schlacht von Loano (benannt nach einem Ort an der Küste) am 22. November 1795 in ihrer ersten Phase zwischen den Franzosen und Österreich-Piemont aussah.

Wenn ein Dorf es verdient hat, zu den schönsten Italiens gezählt zu werden, dann dieses! Überragt wird es vom Kastell der Clavesana (11. Jahrhundert), das später in den Besitz der Del Carretto gehen sollte. Es bewachte die Salzstraße, der Verbindung zwischen dem Piemont und dem Westen Liguriens für den Tauschhandel mit Getreide, Olivenöl und Wein. So befestigt, konnten sich die Del Carretto gegen die mächtigen Nachbarinnen Savona und Genua behaupten. Heute ist das Kastell restauriert und bewohnt wie eine große Anzahl der mittelalterlichen Steinhäuser entlang der engen Gassen mit ihren erdbebentauglichen Stützbögen. Auf den Häusern fallen die Dachterrassen auf, auf denen man früher Feigen und Pilze zu trocknen pflegte, und an den Außenwänden hängende Öfen, in denen das Brot gebacken wurde. Auffallend sind auch die weißen Fenster- und Türrahmen.

Die Schweden von Castelvecchio di Rocca Barbena

In einem dieser Häuser, die sich rings um das Kastell gruppieren, hat der schwedische Sänger Björn Afzelius (1947–1999) einige seiner Songs komponiert. Darunter die Zeilen »Guarda che stelle lucenti! Senti, che venti carezzevoli! E' notte in Liguria! ... il vecchio castello sul monte Barbena ha visto molto di più di quanto possiamo immaginarci.« (»Schau, welch leuchtende Sterne! Fühle, welch streichelnde Winde! Es ist Nacht in Ligurien! ... das alte Castello auf dem Monte Barbena hat viel mehr gesehen, als wir es uns vorstellen können.«) – Schwedisch? Tatsächlich existiert gerade hier in Castelvecchio di Rocca Barbena seit 1976 eine nordeuropäische Kolonie. Ruinen wurden aufgekauft und restauriert. Erst kamen die Schweden, dann auch Dänen. Man braucht sich hier also über Blondschöpfe nicht zu wundern. Wenn im Sommer das mittelalterliche Fest ansteht, machen sie mit, zwängen sich in Fantasie-

Oben: Castelvecchio di Rocca Barbena wird von der heute wieder bewohnten Burg überragt.
Unten: Der ganze mittelalterliche Ort mit engen Gassen und Stützbalken (gegen Erdbebenschäden) ist eine Augenweide.

kostüme, Frauen sticken, Männer spielen auf. Aber allzu touristisch wollen sie nicht werden, wollen ihre Umwelt schützen und haben deshalb einen Verein gegründet, die Associazione Scandinavi di Castelvecchio. U. a. bekämpfen sie auch mit publizistischen Mitteln den geplanten Bau einer Autobahn entlang des Tales als schnelle Verbindung zwischen dem Piemont und der ligurischen Küste.

Famos restauriertes Zuccarello

Zuccarello (126 Meter) ist in den letzten Jahren zu einer wahren Schönheit erblüht, das liegt wohl auch daran, dass es relativ küstennah und recht eben ist. Vom Norden kommend erreicht man zuerst die relativ großzügige Piazza IV Novembre mit zwei einladenden Lokalen vor dem Festungstor, hinter dem einige Wanderwege ausgeschildert sind. Die Via Tornatore schlängelt sich durch den ganzen Ort, rechts und links begleitet von Bogengängen mit Kreuzgewölben, ihre dicken Stützen sind im Laufe der Jahrhunderte vergrößert worden, mal rund, mal rechteckig wurden sie ummantelt. Kaum Geschäfte sind auszumachen, aber drei Bars. Das mag einem neugierigen Reisenden reichen, sicher aber nicht den Bewohnern. Aber die lebhaften Küstenorte mit ihrer perfekten Infrastruktur sind ja nicht weit.

Oben: So stellt man sich doch eine Landschaft vor, in der man ganz tief durchatmen kann – das waldreiche Hinterland von Toirano.
Unten: Zuccarello wurde in den letzten Jahren saniert und ist eine wahre Augenweide.

Infos und Adressen

SEHENSWÜRIDGKEITEN

Museo Silvana e Edo Lombardini. Geöffnet meist nur im Sommer oder nach Anfrage im kleinen Info-Büro darunter. 17057 Bardineto (SV)

ESSEN UND TRINKEN

Antica Osteria alla Posta. Gemütliche Osteria in rohen Steinmauern mit großem offenem Kamin, Cantina mit Probier- und Kaufmöglichkeit von Olivenöl und Wein. Mi–So 12.30–14, 19.30–22 Uhr, Castelvecchio di Rocca Barbena (SV), Tel. 01 82 782 82, www.anticaosteriaallaposta.it

Il Torchio. Urige Keller-Trattoria mit großem Kamin, preiswertes Mittagsmenü. Mo–Fr, So 12–14 Uhr, Piazza IV Novembre/Via Tornatore 184, Zuccarello (SV), Tel. 01 82 790 00.

Vorspeisen im Restaurant des Hotels »Maria Nella«

Ohne Olivenbäume ist Westligurien nicht denkbar.

La Trattoria Di Malco. Ligurische Hausmannskost in familiärer Atmosphäre (seit 1913 am selben Ort), festes, preiswertes Tagesmenü. Mo–Sa 12–14, 19–22 Uhr, Via Roma 9, Castelvecchio di Rocca Barbena (SV), Tel. 01 82 781 81.

Usteria du Burgu. Familiäres Lokal mit Terrasse zum Bach. Mi–Mo, im Sommer Mo–So 19.15–22, Sa/So/Fei auch 12.15–14 Uhr, Piazza IV Novembre s/n, Zucarello (SV), Tel. 01 82 791 00.

ÜBERNACHTEN

Antico Melo. B&B im Agriturismo im oberen Bereich des Festungsdorfes. Via Campo 12, Castelvecchio di Rocca Barbena (SV), Handy 329 314 37 95.

Casa Cambi. Nettes B&B in Panoramalage mit Castello-Blick. Via Roma 42, 17034 Castelvecchio di Rocca Barbena (SV), Tel. 01 82 780 09, www.casacambi.it

Maria Nella. Familiäres, sehr freundlich geführtes Hotel mit großem Garten und großartiger lokaler Küche. Das Restaurant steht nicht nur den Hotelgästen offen. Zur Saison Wild- und Pilzspezialitäten. Via Cave 1, Bardineto (SV), Tel. 019 790 70 17, www.hotelmarianella.com

INFORMATIONEN

I.A.T. Bardineto. Via Roascio 5, 17057 Bardineto, Tel. 019 79 72 28, bardineto@inforiviera.it

I.A.T. Toirano. Piazzale Grotte, 17055 Toirano (SV), Tel. 01 82 98 99 38, toirano@inforiviera.it

Pro Loco di Zuccarello. Via Tornatore 10, 17039 Zuccarello (SV)

Oben: Albengas historisches Zentrum betritt man durch noch intakte Stadttore.
Unten: Rind um Albenga werden duftende Kräuter leider vielfach auf hässlichen Plastikfolien in Töpfen gezogen, fertig für den Verkauf.

36 Albenga

Römisch und mittelalterlich

Schon von Weitem machen die hohen Türme Albengas neugierig. Der historische Kern des Städtchens römischer Prägung besteht aus kompakter Architektur des Mittelalters. Riesengärtnereien für mediterrane Würzkräuter prägen dagegen unschön die Landschaft zwischen Stadt und Hinterland, das überraschend viele kleine Festungsstädtchen zu bieten hat und für den Anbau guter Weine bekannt ist.

Fast 23 000 Menschen leben im Gemeindegebiet von Albenga, viele verdienen ihren Lebensunterhalt in der Landwirtschaft. Sie bauen die begehrten Artischocken von Albenga, die trompetenartigen dünnen Zucchini namens *Trombette* an, den lila Spargel und neuerdings immer mehr und fast ausschließlich Würzkräuter. Das alte *Albium Ingaunum* war bereits im 6.–4. Jahrhundert v. Chr. besiedelt und 181 v. Chr. unter die römischen Fittiche geraten. Das akkurat in Rechtecke geteilte Stadtbild des ummauerten historischen Zentrums ist auf die Römer zurückzuführen, die den Ortsnamen nur geringfügig änderten in *Albingaunum*. Goten und Vandalen zerstörten die Stadt, die im 5. Jahrhundert vom späteren byzantinischen Kaiser Konstantin wieder aufgebaut wurde. Der Grundriss blieb aber immer mehr oder weniger gleich. Langobarden- wie Sarazenenüberfälle folgten, im 11. Jahrhundert nahm Albenga am ersten Kreuzzug teil, was wie üblich viele Privilegien mit sich brachte und den wirtschaftlichen Erfolg sicherte.

Ein Hin und Her unter diversen mittelalterlichen Feudalherren folgte, bis es 1251 unter Genuas

Kontrolle geriet, was in diesem Fall der Stadt nicht schaden sollte. Der Wiederaufbau der Stadtmauer und der wichtigsten öffentlichen wie sakralen Bauten folgte und machte aus Albenga – bis heute – eines der am besten erhaltenen historischen Zentren West-Liguriens. Der Hauptarm des Flusses Centa wurde in den Süden verlegt, das brachte Albenga mehr Sicherheit und erlaubte außer der florierenden Landwirtschaft auch die Öffnung zum Meer und damit zum Anlegen eines Hafens. Doch dieser versandete allzu schnell und das Meer rückte immer weiter weg. Aus war es mit den Vorzügen der Hafenstadt. – Sichtbares Überbleibsel des alten nördlichen Flusslaufes ist der Ponte Lungo, die zehn Bogen lange und sehr eindrucksvolle Brücke aus dem 12. Jahrhundert am Ende der Via Pontelungo, über deren Pflaster aus Cisano-Stein man zwar gehen kann, man bekäme aber auch ohne Brücke keine nassen Füße.

Das Baptisterium und die Zahl acht

Alles, was in Albenga besonders sehenswert ist, befindet sich im historischen Zentrum, das dem römischen entspricht und reine Fußgängerzone ist – mit *decumanus maximus*, der vertikalen römischen Hauptorientierungsachse, der die Via Enrico d´Aste und deren Verlängerung Via Ricci folgen, an denen alle wichtigen Gebäude stehen. Mittendrin duckt sich das oktogonale Baptisterium aus dem 5. Jahrhundert, das älteste noch erhaltene christliche Monument Liguriens. Es duckt sich nur optisch, denn es stand früher wie die ganze Stadt mindestens einen Meter tiefer als das heutige Platzniveau. Vom Eingang gegenüber dem alten Rathaus, dem Palazzo Vecchio mit der Torre Civica (innen: die Gallerie Moderner Kunst), aus schaut man auf den kleinen Chor, der in zierlichen Mosaikbildern wichtige christliche Symbole

AUTORENTIPP!

AUF RÖMISCHEN SPUREN ENTLANG DER VIA JULIA AUGUSTA

Albenga und Alassio verbindet die römische Via Julia Augusta, die von Piacenza kommt und in die heutige Provence führt. Die Straße wurde im Jahre 13 im Auftrag von Kaiser Augustus ausgebaut. Man kann die Strecke von Albenga bis Alassio (acht Kilometer) zu Fuß oder mit dem Mountainbike bequem bewältigen, zu Fuß dauert es je nach Tempo und Besichtigungsdauer an die zwei Stunden. Der Weg führt entlang der römischen Nekropolen, die zugänglich sind und deren Mauerwerk in typisch römischer Art mit dem *opus reticulatum* verziert ist, die akkurat behauenen kleinen Steine diesmal aber nicht Spitze an Spitze gestellt, sondern parallel. An bislang vier der insgesamt sieben Nekropolen wird auf großen Tafeln veranschaulicht, wie sie ausgesehen haben (könnten). Der Weg führt abwechselnd durch schattigen Wald und offenes Gelände mit schönen Ausblicken. Kurz vor Alassio ist ein langes Stück Straßenpflasterung im Original erhalten.

Oben: Die Wappen der Bischöfe von Albenga schmücken im Bischofspalast die Wände der *Sala degli Stemmi.*
Mitte: : Reliquienschrein in der nahen Kathedrale
Unten: Zarte Mosaiken im bedeutenden Baptisterium der Kathedrale

zeigt: zwölf Tauben für die zwölf Apostel, achtstrahlige Sterne und acht Säulen als die Symbolzahl Christi. Sie steht u. a. für den achten Schöpfungstag als Symbol der Auferstehung Christi. Doch speziell der achtstrahlige Stern wie im Baptisterium von Albenga symbolisiert das Siegel Gottes, und die Acht wird die Zahl der Taufe und daher der Taufkapellen überhaupt.

Der Bischofspalast und seine Sammlungen

In nördlicher Richtung gelangt man durch den Innenhof in den Palazzo Vescovile, ein Gebäude-Konglomerat seit dem 11. Jahrhundert, in dessen »neuerem« Teil aus dem 15. Jahrhundert im Obergeschoss das Museo Diocesano d'Arte Sacra untergebracht ist. Das muss man gesehen haben! Erst dann begreift man, wie riesig das Diözesangebiet von Albenga war, das bis heute noch immerhin mehr als 600 Kirchen sein Eigen nennt. Auf einem Kreuzigungsgemälde von Raffaele de Rossi (1514–1572), das aus der benachbarten Kathedrale stammt, sieht man zu Füßen des Gekreuzigten die Heiligen Antonius Abate und Johannes den Täufer mit dem Bischof Gambarana, der um 1540 in Albenga sein Amt ausübte, und dazu als Stadtbild Albenga mit der Via Julia Augusta.

In der *Sala degli Stemmi* sind unter der Decke die Wappen aller Bischöfe beziehungsweise hoher kirchlicher Würdenträger Albengas von 451 (Quinzio) bis 1990 (Mario Oliveri, der noch immer amtiert). Sie wurden in den 1940er-Jahren restauriert, gerieten dabei allzu bunt. Grüne Hüte stehen für Bischöfe, rote für Kardinäle, darunter zwei Päpste, zusätzlich durch die Papst-Tiara kenntlich gemacht – lila Hüte tragen diejenigen, die apostolische Botschafter im Vatikan waren.

Türme bestimmen das Stadtbild Albengas.

Wunderschön sind die Wandteppiche in der *Sala degli Arazzi*. Ihr Thema ist die Lebensgeschichte Moses', gegen den Uhrzeigersinn zu lesen: Moses wird als Neugeborenes in einem Korb aus dem Nil gezogen, Moses wird dem Pharao vorgestellt und greift nach dessen Krone, und schließlich die Geschichte mit der Prüfung, bei der Moses Goldmünzen und glühende Kohlen angeboten werden, um zu entscheiden, ob das Kind Moses wegen der begangenen Majestätsbeleidung (Griff nach der Krone!) bestraft werden müsse. Der Legende zufolge führte ein Engel dem Kind die Hand, sodass es nach den Kohlen griff und sich diese sogar in den Mund steckte. Verbrennungen waren die Folge, aber auch die Einschätzung, dass das Kind zu unreif sei, um gefährlich zu werden. Nur vier der acht großen Wandteppiche Brüsseler Herkunft hängen hier, die anderen vier im Kathedralmuseum von Zaragoza (Spanien).

Bummeln durch das Mittelalter

Der Bischofspalast besitzt einen hohen Turm, die Kathedrale San Michele Arcangelo jenseits des Baptisteriums, der Alte Kommunalpalast und ein paar Adelspaläste ebenso. Sie sind aus rotbraunem

AUTORENTIPP!

LÄNDLICHER LUXUS

Seit vielen Jahren immer gleichbleibend freundlich und gepflegt und vor allem: sehr ruhig! Wer von einer ländlichen Bleibe aus die Gegend erkunden möchte, ist auf dem weitläufigen Landgut La Meridiana bei Garlenda genau richtig.

Golfspieler finden einen der schönsten Plätze Liguriens auf der anderen Seite der schmalen Landstraße, Tennisspieler einen nahen Club, und wer einen Reiterhof sucht, geht nur ein paar Meter zu Fuß. Die Zimmer und Suiten sind im Landhausstil eingerichtet, die Halle mit offenem Kamin ist trotz ihrer Größe durch die Aufteilung in supergemütliche Sitzecken einladend.

Und dann erst die beiden Restaurants: informell »il Bistrot«, Michelinverdächtig das »Il Rosmarino«, beide aus derselben mediterranen Küche, kräuterduftend, und aus einem perfekt ausgestatteten Weinkeller versorgt. Und noch ein Punkt: Das Besitzerehepaar Segre liebt und kennt die Umgebung perfekt und empfiehlt seinen Gästen die schönsten Ausflugsziele, auch mit einer eigens dafür produzierten Broschüre.

La Meridiana. März–Novbember.
17033 Garlenda (SV) nur 10 Kilometer von Albenga entfernt.
Tel. 01 82 58 02 71,
www.lameridianaresort.com

AUTORENTIPP!

ALLES BIO BEI VIO

Man würde hier nichts Besonderes vermuten in diesem Nest zwischen Autobahn und dem historischen Albenga an der römischen Via Aurelia. Ringsum lauter mit Plastikfolien abgedeckte Felder, die einst für den Anbau von Artischocken und Ochsenherztomaten, Trombetti (den langen Trompeten ähnlichen Zucchini) und lilafarbenem Spargel genutzt wurden. Heute zieht man darauf in sauberen Plastiktöpfen Würzkräuter wie Basilikum und Rosmarin, Salbei und Origano, Thymian etc.

Anders bei Bio Vio, bei Vater Aimone, Mutter Chiara und den Töchtern Caterina, Camilla und Carolina (C als Anfangsbuchstabe war ein Spleen von Aimone). Hier wird ausschließlich biologisch angebaut und dazu gehört, dass die Kräuter noch richtig im Boden wachsen dürfen und für den Verkauf mühsam per Hand geerntet werden. Auch der Wein wird biologisch angebaut und von der Familie selber hergestellt, allen voran der weiße Pigato – der Wein Albengas überhaupt. Diese Rebsorte ist seit mehr als vier Jahrhunderten bekannt. Man kann bei Aimone und seiner Familie direkt einkaufen. Neu sind wunderbar ausgebaute Ferienapartments auf dem kleinen Landgut mitten im Dorf.

Bio Vio. Via Crociata 24, 17031 Bástia d'Albenga (SV),
Tel. 01 82 21 856, www.biovio.it

Caterina, Tochter von Aimone Vio, mit reifen Pigato-Trauben

Backstein und im Grunde sehr schlicht. Sie stehen eng beisammen und bilden die weithin sichtbare Skyline von Albenga. Auch der Palazzo Peloso Cepolla besitzt einen hohen Turm, zudem beherbergt er in seinem ersten Obergeschoss außer der interessanten Sammlung der Apotheken-Vasen des Ospedale di Santa Maria di Misericordia noch das Museo Navale Romano d'Albenga. Leider ist dieses nur nach Anmeldung zugänglich, aber lohnend allein wegen der ausgestellten Amphoren (nur ein Bruchteil der rund 10 000 gefundenen) aus dem römischen Schiff aus dem 1. Jahrhundert v. Chr., das der »Vater der italienischen Taucharchäologie« Nino Lamboglia (1912–1977) 1950 in nur 42 Meter Tiefe und nur eine Meile vor der Stadt gehoben hat.

Die Via Medaglia d'Oro wiederum folgt dem römischen *cardo maximus*, der zweiten und horizontalen römischen Hauptorientierungsachse, und ist eine der lebhaftesten Einkaufsgassen Albengas, umstanden von mittelalterlichen Häusern, die zum Teil Renaissance-Portale tragen. Die Straße quert nicht nur, wie es sich gehört, den *decumanus maximus*, sondern auch die Via Roma weiter südlich. In ihrem Osten nimmt der Palazzo Oddo ein ganzes Geviert ein, er soll einmal ein Museum werden. Aber schon jetzt, aus bürokratischen Gründen, die man wohl nur in Italien versteht, vorerst als »Ausstellung« bezeichnet, befindet sich in einer der oberen Etagen eine unbeschreiblich schöne Sammlung römischer Glasarbeiten, die man in den Nekropolen entlang der Via Julia Augusta gefunden hat. Alles Importware aus dem ersten nachchristlichen Jahrhundert und alles mehr oder weniger dem reinen Körperkult oder dem Kulinarischen dienlich – ob als Parfümphiolen oder Salbgefäße. Und dann noch etwas ganz Besonderes: *il piatto blu*, schlicht »der blaue Teller« genannt und in Grab Nummer 26 gefunden. Seine Magie entfaltet der 1482 Gramm schwere, nicht perfekt kreisförmige, 5 bis 7 Millimeter dünne und mit rund 46 Zentimeter Durchmesser recht große Teller erst, wenn man ihn, wie hier im Ausstellungsraum, von hinten beleuchtet. Es muss ein wahrer Meister gewesen sein, der den Teller von seiner Rückseite aus mit feinstem Gerät ausgeschabt hat, um zwei tanzende geflügelte Gestalten herauszuschälen. – Kein Wunder, dass sich die (Dauer-)Ausstellung *Magiche Transparenze* nennt, magische Durchsichtigkeit.

Kleine Festung

Fast schon am Meer, im neueren Teil Albengas, der mit seinen Stränden auf dem vom Centa geschaffenen Delta errichtet wurde, über die schattige Alleenfolge des Viale Martiri della Libertà und des Viale Italia jenseits der Bahnlinie zu erreichen, erhebt sich eine kleine Festung, umgeben vom Park der Piazza Europa. Es ist das sogenannte Fortino, neuerdings obenauf mit einem einladenden Terrassen-Café und darunter das kleine Museo del Mare. Multimediale Tafeln gestalten den Besuch anregend, mit dem man das Mittelmeer näher gebracht bekommt. Seine Flora und Fauna, auch seine Probleme und sein Schutz rund um die vorgelagerte Insel Gallinara. – Von hier ist es nicht mehr weit bis an die Strände rund um das Delta.

Oben: *Il piatto blu*, der vielleicht größte Schatz Albengas ist im Palazzo Oddo zu bewundern.
Unten: Ein Bummel durch die Altstadt verwandelt sich schnell in eine kulinarische Reise zu Albengas Delikatessen.

Infos und Adressen

SEHENSWÜRDIGKEITEN

Galleria Arte Moderna – GAMA. Gallerie Moderner Kunst für Wechselausstellungen im Palazzo Vecchio mit der hohen Torre Civica. Öffnungszeiten je nach Ausstellung, Handy 335 704 52 11, www.gamalbenga.it

Da muss man doch einfach einkehren, oder?

Museo del Mare. Der Insel Gallinara und dem Meer ringsum gewidmet, Zugang über das Mood (s. u.). Mo–So 9–12, 15–19 Uhr, Fortino, Piazza Europa, Handy 366 139 07 61

Museo dell' Olio. Privates Olivenölmuseum in früherer Ölmühle an der Stadtmauer. Geöffnet zu den Ladenzeiten des Sommariva Mo–Sa 9–12.30, 15.30–19 Uhr, Via Mameli 7, Albenga (SV), Tel. 01 82 55 92 22, www.oliosommariva.it

Museo Diocesano d' Arte Sacra. Sakralmuseum im Bischofspalast. 16. Juni–14. Sept. Di–Sa 10–12, 17–19 Uhr, So nur 17.30–19.30 Uhr, 15. Sept.–15. Juni Di–Do 10–12, 15–17 Uhr, Fr/Sa bis 18 Uhr, Via Episcopio 5, Albenga (SV), Tel. 01 82 502 88

Museo Navale Romano d'Albenga. Ausstellung eines kleinen Teils der Funde aus dem vor der Stadt gehobenen römischen Schiff. Di–So 15. Juni–15. Sept. 9.30–12.30, 15–30–19.30, 16. Sept.–14. Juni 10–12.30, 14.30–18 Uhr, Palazzo Peloso, Piazza San Michele 12, Albenga (SV), Tel. 01 82 512 15, ingauna.iisl@uno.it

Palazzo Oddo. Adelspalast mit der Dauerausstellung Magiche Transparenze. Mo 15.30/16,30–18.30/19.30 Uhr, Di–So auch 10.30–12.30 Uhr, Via Roma 58, Albenga (SV), Tel. 01 82 57 14 43, www.palazzooddo.it

ESSEN UND TRINKEN

Babette. Vor den Toren des historischen Zentrums auf dem Weg zum Ponte Lungo liegt dieses kleine Lokal mit elegantem Ambiente; an Werktagen preiswertes Mittagsmenü, sonst muss man für die fantasievollen Küchenkreationen etwas deutlicher in die Börse greifen. Di Abend–So 12.30–14.30, 19.30–23 Uhr, Via Pontelungo 26, Albenga (SV), Tel. 01 82 54 45 56, www.ristorantebabette.com

Bagni Albenga. Helles Restaurant im modernen Strandbad mit eigenen Liegen und Sonnenschirmen, besonders angenehm außerhalb der Hochsaison, wenn man sich nach dem Essen am Strand ausruhen kann. In Familienbesitz seit 1985, hervorragende, leichte Küche. Leider nur Ostern–1. Oktoberwochenende Mo–So 7–20 Uhr geöffnet, Lungomare Cristoforo Colombo 1, Albenga (SV), Tel. 01 82 54 40 27.

Il Pernambucco. Wunderbares traditionsreiches Gartenrestaurant (Mitglied der italienischen Buon-Ricordo-Restaurants) mit besonders guten Spezialitäten aus dem Meer, im Besitz des Weingutes Alessandri in Ranzo im Hinterland von Albenga. Entsprechend gut ist der angebotene Wein.

Do–Di 13–14.30, 19.30–22.30 Uhr, Viale Italia 35, Albenga (SV), Tel. 01 82 534 58.

Mood. Trendige Lounge-Bar auf der Terrasse des Fortino Genovese. Mo–So 11–2 oder 3 Uhr. Piazza Italia, Albenga (SV), Handy 366 139 07 61, www.moodloungebar.it

Osteria dei Leoni. Fischrestaurant in den früheren Räumen eines Klosters aus dem 15. Jahrhundert, das später als Volksschule diente, mit Innenhof für schöne Sommerabende. Mi–Mo 12.30–14, 19.30–23 Uhr, Vico Avarenna 1, Tel. 01 82 519 37, www.osteriadeileoni.it

Rosetta. Bar-Osteria im historischen Zentrum mit Hausmannskost, speziell Meeresküche, aber auch Pizza, Fr–Mi 12.30–14, 19–22.30 Uhr, im Sommer Mo–So. Via Medaglie d' Oro 60, Albenga (SV), Tel. 01 82 509 44

ÜBERNACHTEN

Agriturismo Punta San Martino. B&B in Teilen des aufgelassenen Klosters San Martino auf dem Hügel südlich des Centa-Flusses in herrlicher Panoramalage und mit viel Auslauf auf dem parkähnlichen Grundstück, an das Albengas römisches Amphitheater angrenzt sowie das Grabmahl Il Pilone. Regione Abbazia San Martino 3, Albenga (SV), Tel. 01 82 512 25, www.agriturismopuntasanmartino.it

B&B al Palazzo del Mare. Übernachtung mit Frühstück im obersten Stockwerk des Adelspalasts Oddo. Die »Lounge-Bar Mood« hat denselben Besitzer. Via Roma 56/Eingang Vico Santa Eulalia 5, Handy 366 139 07 61. www.moodloungebar.it

Ca' di Berta. Palmen und Oliven schmücken das Areal des eleganten Ambiente mit nur zehn Suiten und Juniorsuiten. Località Ca'di Berta, Salea 5 Kilometer nordwestlich von Albenga (SV), Tel. 01 82 55 99 30, www.hoteldiberta.it

Sole Mare. Familiär und sehr freundlich geführtes Haus an der Meerespromenade, 24 einfache, aber funktionelle Zimmer, Abendrestaurant nur Juli/-August für Hausgäste. Lungomare Cristoforo Colombo 15, Savona /SV), Tel. 01 82 527 52, www.albergosolemare.it

FESTKALENDER

In Albenga wird gerne gefeiert, speziell im Sommer, wenn die meisten Gäste zu erwarten sind.

Mai
Zucchino d' Oro zweiter Do–So im Mai an San Giorgio, ein kulinarisches Fest mit Beiprogramm

Juni–September
Jeden Freitag um 9.30 Uhr eine Führung der besonderen Art zu den weniger bekannten Sehenswürdigkeiten im historischen Zentrum

Juli
i 4 di Albenga, großer Markt im Vorort Campochiesa am ersten Fr–So mit den vier wichtigsten landwirtschaftlichen Produkten Albengas (lila Spargel, Artischocken, Trombetti–Zucchini und Ochsenherztomaten)

Palio dei Rioni an vier Tagen Mitte Juli mit mittelalterlichen Spielen und Wettbewerben, offenen Weinkellern und Umzügen

Carneval estate, ein Sommer-Karneval am letzten Samstag im Juli für Kinder jeden Alters mit fröhlichen Spielen und viel Musik

August
Zahlreiche musikalische Veranstaltungen, darunter:

Albenga in Jazz etwa Mitte August

Sagra du burgu im Vorort Bástia Ende August/Anfang September mit viel Wein im dafür bekannten Winzerort

INFORMATIONEN

I.A.T. Albenga. Piazza del Popolo 11, 17031 Albenga (SV), Tel. 01 82 55 84 44, www.visitrivera.it

37 Von Albenga ins Weinland des Pigato

Entlang der Salzstraße

Ligurien hat einige Weine, die es nur in dieser Region gibt, dazu zählt der weiße Pigato, der so heißt, weil die reifen Trauben bräunliche Flecken aufweisen, die im Dialekt pigati heißen. Am besten gedeiht der Pigato in Val d'Arroscia, dem Tal, das sich westlich von Albenga entlang der historischen Salzstraße bis ins Piemont hinzieht. Ein Weindorf folgt dem anderen.

Die kleinen Dörfer liegen verstreut mal nördlich, mal südlich der Salzstraße; die besten Pigato-Weine kommen von der Nordseite, weil dann die Weinbergterrassen nach Süden gerichtet und so den ganzen Tag sonnenbeschienen sind. Ganz oben im Arroscia-Tal aber gedeihen ganz andere Pflanzen: Edelkastanien und Haselsträucher inmitten dichter Wälder. Auf Rodungsflächen hat man Gemüsefelder angelegt, unter anderem mit dem berühmten Knoblauch von Vessálico. Der Knoblauchanbau ist nicht ohne Mühe zu bewerkstelligen, in Handarbeit wird Zehe für Zehe in den Boden gedrückt, der vorher ordentlich aufgelockert werden muss.

Villanova d'Albenga

Der Zufall wollte es, dass wir jenseits der Autobahn doch nicht der Straße folgend den Ort umfahren haben, sondern darin haltmachten. Genauer am Rande, denn drinnen ist wie so oft in Ligurien das kleine, noch befestigte Villanova d'Albenga den Fußgängern vorbehalten. Vom Süden kommend findet man gleich am bequemen Parkplatz das runde Oratorio der Bruderschaft

Oben: Weinberge soweit das Auge reicht – so sieht es im Hinterland von Albenga aus, wo der berühmte Pigato angebaut wird.
Unten: Die Bogengänge von Pieve di Teco weiter nördlich laden zu einer geruhsamen Schlemmerpause ein.

Nostra Signora del Rosario, kurz La Rotonda genannt. Innen gibt es nur einen Hauptaltar mit einer Madonna mit Kind und sonst ringsum kleine leere Nischen. Der Festungscharakter des Kirchleins hat wohl nicht genug abgeschreckt? Zwei- oder dreihundert Meter weiter geht man schon durch das mit einer Wohnung überbaute Südtor des befestigten Dorfes und schaut die ganze Via Garibaldi durch bis zum nächsten Tor im Norden. Ein paar Nebengassen queren die Hauptachse, alle mit Kopfsteinpflaster belegt und mit Blumentöpfen geschmückt. In der Mitte das Schmuckstück von Villanova, dessen Name verrät, dass es tatsächlich als »Neue Villa« für Albenga errichtet wurde, ein Brunnen mit seinen zwei originalen mittelalterlichen Schöpfkellen, die wie Fischerboote aussehen – ein hübsches Fotomotiv. Hier befinden sich auch Lebensmittelladen, Bäcker und die Lokale, die meist nur zur Saison, am Wochenende oder abends öffnen.

Ranzo und die Weinbergterrassen

Das Tal wird eng, das Tal öffnet sich, es ist ein schönes Hin und Her, Weinterrassen wechseln sich ab mit Mischwäldern. Ranzo ist bekannt für seine diversen kleinen Weinkellereien, die Winzer sind stolz darauf, ihren Wein selbst und nicht in großen Kellereigenossenschaften zu erzeugen. Wie etwa der jugendliche Massimo Alessandrini, der das Familiengut von seinem Vater überlassen bekommen hat, um durchaus »neumodische« Methoden anzuwenden. Aber bitte immer nach der Tradition schielen! Also hat Massimo den Pigato, aber auch Grannaccio und Syrah behalten, neu angepflanzt wurden inzwischen Merlot, Viosnier und Roussanne. Und natürlich wird wie fast überall in Italien, wo Wein produziert wird, auch Olivenöl aus Eigenbau gepresst.

AUTORENTIPP!

MARCO FERRARIS EINGELEGTES

Gazzo ist ein gottverlassenes Nest in den Bergen nördlich von Borghetto d'Arroscia, man fährt sieben oder acht Kilometer in immer engeren Kurven bis auf rund 1100 Meter Höhe. Die Ölbaumterrassen auf gepflegten Terrassen in Trockenmauerwerk gehören zu den schönsten Liguriens, und die Wälder ringsum garantieren gute Pilzerträge. Wo sie gerodet sind, hat sicher Marco Ferrari seine Finger im Spiel, denn er braucht jungfräulichen, möglichst seit Jahrhunderten nicht beackerten Boden, um sein Gemüse anzubauen: u. a. Ochsenherz- und Datteltomaten, Trombetti, Vessálico-Knoblauch, Basilikum und andere Würzkräuter. Alles legt er sorgfältig ein in Olivenöl oder Essig in seinem geradezu antiseptischen Laboratorio und vermarktet es als biologische Produkte. – Marco Ferrari ist kein Unbekannter in der kulinarischen Szene Liguriens: Er hat bis vor Kurzem die »Trattoria La Baita« geführt, die sich am Wochenende mit Gästen von weither füllte, um Marcos Kochkünste zu genießen.

Azienda Agricola La Baita. Borgo Gazzo 19, 18020 Borghetto d'Arroscia (IM), Tel. 01 83 310 83, www.labaitagazzo.com

Dörfertour bis Pieve de Teco

Eine angenehme Rundtour führt von Albenga entlang des fruchtbaren und von Weinbergterrassen geprägten Arroscia-Tales bis Pieve di Teco, das seit dem Mittelalter als Zentrum des Tauschhandels galt. Man fährt dabei ein Stück der Salzstraße, die das Piemont mit dem ligurischen Meer verband. Zurück geht es auf der südlicheren Parallelstraße direkt nach Alassio.

A **Albenga** – Der historisch interessanteste Ort des ganzen Gebietes (s. S. 200)

B **Bástia** – Dörflicher Weinort und Anbaugebiet von Würzkräutern (s. Autorentipp S. 206).

C **Villanova d' Albenga** – Mittelalterliche Neugründung von Albenga aus, mit Mauerring und schön mittelalterlichem Ambiente (s. S. 210).

D **Garlenda** – Abstecher zum Golfer-, Reiter- und Biker-Paradies mit einer 300 Jahre alten Eiche, einem Naturmonument mit 24,5 Meter Höhe, und 4,61 Meter Umfang vor der Kapelle des Heiligen Rochus, des Schutzpatrons der Pestkranken, mit kleiner Außenkanzel (s. Autorentipp S. 205).

E **Ranzo** – Bester Weinort für den weißen Pigato-Wein (s. S. 211).

F **Borghetto d' Arroscia** – Abstecher nach Gazzo mit den schönsten Olivenbaumterrassen in Trockenmauerwerk (s. auch Autorentipp S. 211).

G **Vessálico** – Von hier stammt der berühmte, kräftige Knoblauch Liguriens.

H **Pieve di Teco** – Wichtiger Ort an der Salzstraße für den Tauschhandel zwischen dem Piemont und dem ligurischen Meer mit langen Bogengängen und netten Lokalen (s. S. 213).

I **Colle di San Bartolomeo** – Der 620 Meter hohe Pass bildet den Beginn einer wundervollen Nebenstrecke durch hohen Mischwald Richtung Alassio, mit mehreren Aussichtspunkten nach Norden in die Berge sowie nach Süden bis ans Meer.

J **Alassio** – Der Badeort der Superlative an der Baia del Sole, der Sonnenbucht, die ihren Namen zu Recht trägt (S. S. 214).

Sehr nördlich – Pieve di Teco

Zwar haben viele ligurische Orte Bogengänge, doch solche wie in Pieve di Teco im Knotenpunkt zwischen der Nord-Süd- und der Ostverbindung im Arroscia-Tal sind doch erstaunlich. Irgendwie wirken sie, vielleicht wegen ihrer Höhe und der leicht gotischen Zuspitzung, als stammten sie von nördlich der Alpen. Pieve di Teco, heute gut 1400 Einwohner klein, war ein wichtiger Umschlagplatz für Waren zwischen Nord und Süd an der Salzstraße, die Läden unter den Bogengängen besaßen tiefe Keller als Wein- und Warenlager, die von außen zugänglich waren, und zwar direkt an der Straße. Der Tradition des wichtigen Marktortes folgend finden noch heute jeden letzten Sonntag des Monats gut besuchte Antiquitätenmärkte statt, dann ist die Hauptstraße, der Corso Mario Ponzoni, in der gesamten Länge unter und außerhalb der Bogengänge voller Stände. Sich seiner interessanten Geschichte bewusst, bietet das Rathaus an den Marktsonntagen von 16.30 bis 18.30 Uhr geführte Touren zu den Schätzen von Pieve di Teco, darunter ins winzige Teatro Salvini mit seinen zwei Logenreihen an der Via Rambaldi 20, das nach seiner wohltuenden Restaurierung seit 2004 wieder benutzt wird und auch gesondert auf Anfrage zu besichtigen ist.

Auch das Rathaus steht an der Hauptachse (Palazzo Borelli, Hausnummer 137), und man darf während der Amtsstunden sogar bis in den Ratsherrensaal vordringen, während der Bürgermeister seine Sitzung hinter einem Paravan hält! Es lohnt sich: Eine so heitere Ausmalung des Saales mit fröhlichen Menschen etwa bei einer Polonnaise oder einem Rendevouz im Park dürfte ziemlich einmalig sein. – Unter den Bogengängen haben sich nette Lokale etabliert, denn trotz seiner Lage weitab von der Küste ist Pieve di Teco ein beliebtes Ausflugsziel.

Infos und Adressen

SEHENSWÜRDIGKEITEN

Teatro Salvini. Theater aus dem 17./18. Jahrhundert, zu besichtigen So/Fei Okt.–Mai 15.30–17.30 Uhr, Juni–Sept. 16.30–18.30 Uhr. Via Rambaldi 20, Pieve di Teco (IM), Anmeldung im Rathaus, Tel. 01 83 363 13.

ESSEN UND TRINKEN

Il Ritrovo. Uriges Lokal mit lokalen Spezialitäten. Mo–So ca. 20 Uhr bis die Letzten gehen. Corso Ponzoni 123, Pieve di Teco (IM), Tel. 01 83 364 67

La Spelonga nelle Mura. Die »Spelunke in der Stadtmauer« also, aber in hellem Ambiente und mit offener Küche. Meist Mo–Sa 19–23 Uhr, So auch mittags und mit festen Menüs, Via Giuseppe Garibaldi 59, Villanova d'Albenga (SV), Tel. 01 82 58 50 46.

Osteria di Si. Von der Accademia Italiana della Cucina empfohlenes Abendlokal. So/Fei auch mittags 12.30–14 Uhr, sonst Do–Di 20–22.30 Uhr, Vico Ponte 9, Villanova d' Albenga (SV), Tel. 01 82 58 50 06.

Trattoria del Borgo Antico. Gemütliche Trattoria mit schönem Gewölbekeller, preiswertes Mittagsmenü. So Vier-Gang-Menü; Di–So 12–14, 19–22.30 Uhr. Corso Ponzoni 49, Pieve di Teco (IM), Tel. 01 83 362 36

EINKAUFEN

Azienda Agricola Alessandri. Wein und Olivenöl aus Eigenbau. Via Costa Parrocchia 22, 18028 Ranzo (IM), Tel. 01 82 534 58, www.massimoalessandrini.it

38 Alassio und Laiguélia

Ist dies der schönste Strand im ganzen Land?

Alassio dürfte der Klassiker unter den Badeorten der italienischen Riviera sein. Nicht nur, weil ihn die Schönen und Reichen und Berühmten liebten und sich auf dem Muretto verewigen durften, sondern weil es dort Hotels und Pensionen für jeden Geldbeutel gibt. Mehr als ein Anhängsel ist das per Promenade angebundene, pittoreske Laiguélia mit seinem engen und stimmungsvollen Budello.

Baia del Sole, »Sonnenbucht«, nennt man die lange Bucht mit feinem Sandstrand zwischen Capo Santa Croce mit dem Jachthafen Alassios im Norden und dem Capo Mele südlich von Laiguélia, dieser ist etwa sechs Kilometer lang und flach abfallend – ideal für Familien mit kleinen Kindern und für Nichtschwimmer, die richtige Bucht für Familienferien. Das eher mondäne Alassio und das volkstümlichere Laiguélia ergänzen sich da wunderbar. Nach dem nicht allzu frühen Frühstück füllen sich im Juli/August die Strandbäder vor den Hotels, mittags leeren sie sich vorübergehend wieder. Und abends geht es in die beliebten Abendlokale, die hier sehr lange aufbleiben.

Mit rund 12 000 Einwohnern ist Alassio eine rege Verwaltungsstadt. Ihre Gründung hat sie Menschen zu verdanken, die im 6./7. Jahrhundert vor den Langobarden aus der Po-Ebene, der heutigen Lombardei, an die Küste geflohen waren und hier zu Fischern wurden. Ab 1303 war der Ort im Besitz von Albenga und erst ab dem 16. Jahrhundert eigenständig. Ende des 19. Jahrhunderts entdeckten Engländer Alassio in der sonnigen Bucht, bau-

Oben: Der Carúggio von Alassio, woanders in Westligurien Budello genannt, ist die reinste Verführungsmeile für Mode und Kulinaria.
Unten: Belächelt und berühmt – das Muretto von Alassio

Der Strand von Alassio – nicht allzu voll am Saisonende

ten hier hübsche Villen in ausgedehnten Gärten und ließen es sich gut gehen. Parco Fuor del Vento (»Park abseits des Windes«) nannten sie ihre windstille Ecke. Auch ihren Tennisclub hatten sie. Man darf auch als Nicht-Mitglied hinein. Doch auch die Reichen oder Vornehmen aus dem nahen Turin besaßen in den Hügeln ihre Sommervillen, so die Familie von Carlo Levi (s. Autorentipp).

Alassio – eine Bummelstadt

Den Jachthafen im Norden begrenzt der kleine Hügel mit einer Votiv-Kapelle, die einen großartigen Blick über die gesamte Baia del Sole bietet und zum Sonnenuntergang ein Stelldichein nicht nur von Liebespärchen ist. Danach ist der lange Sandstrand zweigeteilt: erster und breiterer Teil bis zum wunderbar wuchtigen Verteidigungsturm gegen die Sarazenen aus dem 16. Jahrhundert (privat), zweiter und etwas schmalerer vor dem historischen Zentrum mit dem Charlie Chaplin gewidmeten Stadtpark, dem Muretto, auf dem die berühmtesten Gäste der Stadt verewigt sind, und der langen Mole. Dahinter erstreckt sich sehr lang das alte Alassio, das dem Muster der ligurischen Fischerdörfer folgt und vom Budello, hier lieber als Carúggio bezeichnet, durchzogen wird und hintereinander mehrere Namen trägt. Begrenzt

AUTORENTIPP!

CARLO LEVI UND SEINE ALASSIO-BILDER

Der Maler-Dichter Carlo Levi (1902–1975) aus Turin wurde wegen seiner jüdischen Abstammung von den Faschisten verfolgt und lebte eine Weile versteckt im nahen Frankreich. Schon seine Mutter liebte Alassio und hatte eine Villa auf dem Hügel darüber bauen lassen. Hier verbrachte Levi seine Ferien und malte Alassio, 22 seiner Bilder sind in der ihm gewidmeten Pinacoteca Levi im Palazzo Morteo unweit des Torrione, des Sarazenenturms, ausgestellt, zusammen mit Dokumenten und Büchern. Berühmt wurde Carlo Levi durch sein Buch *Christus kam nur bis Eboli* (1943/1944).

Pinacoteca Levi. Palazzo Morteo, Via Gramsci 58, Alassio (SV), Juni–14. Sept. Do 17.30–19.30, Fr 21–23, Sa/So 17–19.30, 21–23 Uhr, 15. Sept.– Mai Fr–So 15–18 Uhr, Tel. 01 82 47 06 76, außerhalb der Öffnungszeiten, Tel. 01 82 64 80 78, biblioteca@comune.alassio.sv.it

von an sich einfachen Häusern, aber gespickt mit kleinen bis winzigen Läden für Mode, Schmuck, Uhren, kostbare Einrichtungsideen – und vielen Cafés. Sogar ein historisches ist darunter, das nachweislich, per Zertifikat, die inzwischen berühmten, schokoladenschweren Baci d´Alassio erfunden hat: das Balzola (seit 1902).

Laiguélia – langer Budello

Alassios Strandpromenade setzt sich fort bis nach Laiguélia, zur ungleichen Schwester, zur schlichteren und nicht nur deshalb charmanteren. Ihr Budello mit seinen Stützbögen in luftiger Höhe ist viel schmaler, sodass kaum ein Wagen durchpassen würde, wenn er denn hinein dürfte, denn hier herrscht absolute Vorfahrt für Fußgänger. Die Häuser sind, anders als an Alassios Carúggio, noch von Einheimischen bewohnt, aber die kleinen Läden sind nicht minder verlockend für einen Einkaufsbummel. Eine Folge erstaunlich großer Plätze entlang des Budello wie die Piazza Musso oder die Piazza della Libertà bestimmt das Bild, sie sind umringt von Cafés und öffnen sich zum feinen Sandstrand. Hier treffen sich auch die Einheimischen zu einem *caffè* nach dem Einkauf, mit vollen Tüten beladen, zum Austausch von Nachrichten und Gedanken. Dann wieder Bummeln entweder entlang des Budello oder entlang der Meerespromenade, die, gepflastert und zum Teil mit einem Mäuerchen versehen, bei jedem Wetter dazu einlädt. Aus dem Häusergewirr Richtung Aurelia und Hügel ragen die beiden verspielten Türme der Kirche San Matteo heraus. Sie zeugt vom Reichtum, den die Korallenfischer von Laiguélia im 17. und 18. Jahrhundert anhäufen konnten. Wie in Alassio erhebt sich auch hier ein klobiger Verteidigungsturm, der direkt am Meer im 16. Jahrhundert gegen die Sarazenen errichtet wurde.

Oben: Bei Balzola wurden die echten Baci di Alassio schon 1902 erdacht.
Unten: Schlichter, ruhiger, alles in allem besonders angenehm ist Alassios Nachbarin Laiguélia.

Infos und Adressen

SEHENSWÜRDIGKEIT

siehe Autorentipp S. 215

ESSEN UND TRINKEN

Acquapazza. Schmales Restaurant, innen alles in Hellblau und Weiß gehalten, mit wenigen Tischen auf der Veranda an der Meerespromenade (man sitzt auf alten französischen Eisenbahnbänken; tolle Stimmung am Abend), sehr gute Fischgerichte, Riesenportionen Miesmuscheln und Pasta; Do–Di 12.30–14, 19–23 Uhr. Via Gramsci 30, Alassio (SV), Tel. 01 82 66 07 56, www.ristorante-acquapazza.eu

Balzola. Historisches Café von 1902, Geburtsort der Baci d' Alassio, mit Bar und Restaurant, Mo–So 8–20 Uhr, im Sommer viel länger, Piazza Matteotti 26, Alassio (SV), Tel. 01 82 64 02 09, www.balzola1902.com

Caffè Roma. Das In-Lokal ganz in Weiß nahe Muretto und Strand mit berühmten Cocktails und noch berühmteren Gästen (zumindest früher), Mo–So 16/17–2 Uhr. Corso Dante Alighieri 312, Alassio (SV), Tell. 01 82 64 66 19.

Hanbury Tennis Club. Im Clubhaus zur *Tea Time*, (auch sechs einfache Zimmer). Via Michelangelo 12, Alassio (SV), Tel. 01 82 64 01 74, www.hanburytennisclub.it

Ristorante del Re Minore. Nettes kleines Restaurant mit Tischen auf der Piazzetta/Ecke Meerespromenade, Di–So 12–14.30, 19.15–22.30 Uhr, Piazzetta Maglione 1, Laiguélia (SV), Tel. 01 82 69 84 49

ÜBERNACHTEN

Baia del Sole. Residence mit Restaurant und eigenem Strand im Zentrum, Piazza Cavour 8/Ecke Strandpromenade, Laiguélia (SV), Tel. 01 82 69 00 19, www.baiadelsole.eu

Giannina. Freundliches, familiäres Hotel aus den 1950er-Jahren am Beginn des Budello, also auch mit dem Wagen gut erreichbar. Corso Libero Badarò 4, Laiguélia (SV),Tel. 01 82 69 00 23, www.hotelgiannina.it

Grand Hotel Diana. Zugegeben, das Hotel hat schon bessere Zeiten gesehen, aber seinen Charme hat es bewahrt – und die großartige Lage an der (den Fußgängern vorbehaltenen) Strandpromenade mit dem eigenen Strandbad direkt davor. Durch die großzügigen Zimmer ideal auch für Familien mit Kindern; sehr gutes Restaurant. Ganzjährig (!) geöffnet. Via Garibaldi 110, Alassio (IM), Tel. 01 82 64 27 01, www.hoteldianaalassio.it

Villa della Pergola. Nur acht Zimmer in wunderbarer Hügellage in zwei Villen aus dem Ende des 19. Jahrhunderts in einem mit Springbrunnen, Statuen und Teichen dekorierten, blühenden Park, Restaurant nur für die Hausgäste, alles sehr privat und sehr fein im viktorianischen Stil eingerichtet; März–Okt. geöffnet. Via privata Montagù 9/1, Alassio (SV), Tel. 01 82 64 61 30, www.villadellapergola.com

INFORMATIONEN

I.A.T. Alassio. Via Mazzini 68 (am Stadtpark), Alassio (IM), Tel. 01 82 64 70 27, www.visitriviera.it

I.A.T. Laiguélia. Via Roma 2, Laiguélia (SV), Tel. 01 82 69 00 59, www.visitriviera.it

Die Gäste des Re Minore dürfen gerne am Strand Platz nehmen.

RIVIERE DEI FIORI

Oben: Cervo thront wie ein Adlerhorst über der Aurelia und lockt manchmal allzu viele Besucher in seine engen Gassen.
Unten: Wirt Mauro vom »Caffè Mediterraneo« ist jedenfalls immer und für jeden ein perfekter Gastgeber.

39 Cervo

Eine Festung hoch oben, einem Adlerhorst gleich

Ihren Namen Blumenriviera verdient die Küste zwischen Imperia und Ventimiglia an der französischen Grenze sicher. Doch zu ihrer Schönheit trägt die Blumenzucht nicht gerade bei – allzu viele Treibhäuser verstellen die Landschaft bis tief in die Seitentäler hinauf. Doch vor der Kulisse der Seealpen bleibt noch viel unberührte Natur übrig und entlang der Küste reihen sich sehenswerte Ort aneinander an wie Cervo auf hohem Felsen.

Hinter dem Capo Mele, dem südlichen Ende der schönen Baia del Sole mit Alassio und Laiguélia, den bekannt schönen Strandorten, geht es der Küste entlang. Nach der Marina di Andora, in der immer zahlreiche kleinere Jachten schaukeln, taucht schon das Capo Cervo auf. Hoch darüber thront das einzigartige Dorf. Es ist ein schöner Einstieg in die Riviera dei Fiori. Man kann direkt von der Aurelia in den Ort hinauffahren oder einen großen Bogen über die Zufahrtsstraße vom Süden her schlagen. An Sonn- und Feiertagen, aber auch am Markttag (Donnerstag) findet man oben allerdings garantiert keinen Parkplatz und anschließend keinen freien Tisch in einem Café oder Restaurant.

Eintritt ins Mittelalter

Von dem alles überragenden Castello aus dem 13. Jahrhundert mit dem Museo Etnografico kommt man schnell ins mittelalterliche Dorf mit seinen engen Gassen und den verbindenden Treppenstiegen. Auf halber Höhe öffnet sich wieder ein Platz, wie man ihn hier gar nicht vermuten würde. Eine Terrasse breitet sich vor der barocken Pfarrkirche San Giovanni Battista (ab 1686) aus, die an ihrer hohen, geschwungenen Fassade ganz weit oben das Wappen mit einem Hirschen und einer Koralle in Form eines Hirschgeweihs schmückt – »Hirsch« heißt auf Italienisch *cervo*. Die Koralle zeigt, dass es die Korallenfischer waren, die den Kirchenbau hauptsächlich finanzierten. Daher trägt die Kirche auch den Beinamen Chiesa dei Corallini. Innen wurde sie im 18. Jahrhundert etwas übermäßig stuckiert. - Im Hochsommer finden auf der Piazza in der wunderschönen Lage und auf der kleineren Terrasse darüber Kammerkonzerte statt, für die man sich lange im Voraus Karten besorgen muss. Die Konzerte des Festival Internazionale di Musica da Camera di Cervo sind einer Initiative des ungarischen Musikers Sándor Végh (1912–1997) im Jahre 1964 zu verdanken, der viele Freunde und musikalische Größen ins mittelalterliche Nest hoch über der ligurischen Küste gebracht hatte.

Wegen seiner Schönheit und Gepflegtheit ist Cervo leider sehr von Ausflüglern überlaufen. Mehrere Ölmühlen bieten das bekannt gute Olivenöl West-Liguriens zum Kauf an – zusammen mit lokalem Wein (Vermentino) und den süßen *Baci di Cervo*. Man sieht, in Ligurien dürfen viele Orte ihre eigenen »Küsse« produzieren.

Hirsch und Koralle – symbolischer Kirchenschmuck

Infos und Adressen

SEHENSWÜRDIGKEITEN

Museo Etnografico Franco Ferreo. Kleines Volkskundemuseum (vor allem zum Handwerk und zur Seefahrt des Ortes) im früheren Castello aus dem 13. Jahrhundert, Di–So im Sommer 10–13, 18–23 Uhr, im Winter 10–13, 14–18 Uhr. Piazza Santa Caterina, Cervo (IM), www.cervo.com

San Giovanni Battista. Cervos barocke Pfarrkirche, Mo–So 8–19 Uhr, Piazza San Giovanni Battista, Cervo (IM), Tel. 01 83 408 95, www.sangiovannicervo.org

ESSEN UND TRINKEN

San Giorgio. Luxuriöses Restaurant im Zentrum. Mi-So 12.30–14.40, 19.30–23 Uhr, Juli/August Di Abend–Mo, Via Alessandro Volta 19, Tel. 01 83 40 01 75, www.ristorantesangiorgio.net

ÜBERNACHTEN

Camera con Vista. Drei Zimmer und ein Mini-Apartment mit Garten, Frühstücksterrasse in toller Panoramalage. Via Silvio Pellico 11, Cervo (IM), Handy 339 547 94 55, www.cameraconvista-cervo.com

I Gabbiani. Zwei Zimmer mit Bad und gemeinsamem Frühstücksraum mit Kochnische in ruhiger Lage am oberen Dorfrand. Via Solitario delle Alpi 32, Cervo (IM), Handy 331 642 60 59, www.igabbiani.eu

INFORMATIONEN

I.A.T. Cervo. Piazza Santa Caterina im früheren Castello, Cervo (IM), Tel. 01 83 40 81 97, www.rivieradeifiori.it und www.cervo.com

40 Impéria

Zweigeteilt und niemals eins

Die Provinzhauptstadt wurde auf Anordnung Mussolinis im Jahr 1923 u. a. aus den beiden Gemeinden Oneglia und Porto Maurizio geschaffen. Die Zweiteilung der Stadt ist bis heute sichtbar: klassisch kühl ist Oneglia, eng und bunt Porto Maurizio mit einem herrlichen Auf und Ab der steilen Gassen.

Da in Oneglia der Seeadmiral Andrea Doria geboren wurde, erstaunt in Impéria (fast 43 000 Einwohner) das Museo Navale Internazionale natürlich nicht – vielleicht nur, dass es erst 1980 gegründet wurde. Schiffsmodelle, Ex Voti von Seeleuten, Uniformen, Meereskartografie und Navigationsinstrumente etc. stammen zum Teil aus Privatsammlungen. In Arbeit ist gegenwärtig eine Sektion über Meeresarchäologie.

Ein weiteres Museum widmet sich dem wichtigsten Anbau und Exportgut der Stadt, dem Olivenöl. Aus einer früher kleinen, fast muffigen Sammlung hat die Familie Carli, wohl die größte Olivenölproduzentin der Gegend, in den letzten Jahren ein wunderbares Museum geschaffen, das sich mit der Entwicklung des Olivenbaumanbaus ebenso beschäftigt wie mit der Herstellung des Olivenöls. Ergänzt wird das alles mit auserlesenen historischen Stücken aus dem Familienbesitz, etwa römische Phiolen oder Jugendstilgefäße.

Die ganze historische Oberstadt, die Parasio genannt wird, wurde in den letzten Jahren saniert, sodass sie nun eine Augenweide ist. Nur der riesige Duomo di San Maurizio, in neoklassischem Stil 1781 errichtet und größtes Gotteshaus der Regi-

Oben: In Porto Maurizio schaukeln immer mehr touristische Segel- und Motorboote.
Unten: Im privaten Museo dell' Olivo von Oneglia erfährt man alles über den Anbau der Olivenbäume und das Olivenöl.

on, ist sicher noch für eine ganze Weile eingerüstet. Hier findet man jedoch Hinweise zu den Logge di Santa Chiara . So kommt man auch zum Geburtshaus von San Bernardo, dem Schutzpatron Impérias, an das eine kleine, schwarz-weiß gestreifte Kapelle angebaut ist. Doch zurück zur heiligen Chiara, der Begründerin des Klarissinenklosters. Das hiesige Kloster wurde über den Resten des Kastells von Porto Maurizio gebaut, das bereits von Petrarca erwähnt wurde. In großartiger Lage mit Blick auf das Meer.

Vom Domplatz ist es nicht weit zu den schönsten mittelalterlichen Gassen und Winkeln wie das sogenannte Archivolto della Tina (14. Jahrhundert), ein Durchgang, der unter einem Palazzo hindurch weiter in die Carúggi führt.

Borgo Marina heißt der ursprüngliche Fischerhafen, der, nachdem er zwei Jahrhunderte der Verschiffung von Olivenöl und Pasta diente, nun immer mehr vor allem als Marina für Segelboote und Motorjachten fungiert. Früher hat man die Waren mit bloßen Händen aus den Booten geholt und auf von Pferden gezogenen Karren entlang der heutigen Via Pirinoli, damals *muntà di càr* (Aufgang der Karren) genannt, hochgeschoben.

Dolcedo und die Oliven

Kein Wunder, dass Dolcedo, nur acht Kilometer landeinwärts gelegen, mit den kleinen umgebenden Gemeindeteilen den Olivenbaum im Stadtwappen trägt. Von nichts anderem lebte die Bevölkerung des vom Mittelalter geprägten Dorfes. Inzwischen ergänzt der Agriturismus das örtliche Wirtschaftsleben. Ein betäubender Duft erfüllt zwischen Dezember und Februar die Luft, wenn die reifen Oliven gepresst, das kostbare Olivenöl produziert wird. Dann sollte man dabei sein!

Infos und Adressen

SEHENSWÜRDIGKEITEN

Museo dell' Olivo. Interessantes Museum zur Geschichte der Olive und des Olivenöls, Mo–Sa 9–12.30, 15–18.30, Aug. 10–13, 14–19 Uhr. Ortsteil Oneglia, Via Garessio 11, Impéria, Tel. 01 83 29 57 62, www.museodellolivo.com

Museo Navale Internazionale di Impéria. Im Sommer Mi, Sa 21–23, im Winter Mi 15.30–19.30, Sa 16.30–19.30 Uhr. Piazza Duomo 11, Impéria, Tel. 01 83 65 15 41

ESSEN UND TRINKEN

Porto Vecchio. Einladende Pizzeria in historischem Palazzo in der Altstadt mit Tischen auf der kleinen Piazza davor, Di–So 19–23 Uhr. Via Acquarone 32, Ortsteil Porto Maurizio, Impéria, Tel. 01 83 65 41 89, www.pizzeriaportovecchio.it

ÜBERNACHTEN

Croce di Malta. Geradliniges Hotel nahe dem Meer mit Privatparkplatz (wichtig in Impéria und daher gerne von Geschäftsleuten gebucht), Restaurant für die Hausgäste. Via Scarincio 148, Ortsteil Porto Maurizio, Impéria, Tel. 01 83 66 70 20, www.hotelcrocedimalta.com

Rossini al Teatro. Design-Hotel über dem alten Theater mit komfortablen Zimmern und gutem Preis-Leistungs-Verhältnis. Piazza Rossini 14, Ortsteil Oneglia, Impéria, Tel. 01 83 740 00, www.hotel-rossini.it

INFORMATIONEN

I.A.T. Impéria. Piazza Dante 4, Impéria, Tel. 01 83 27 49 82, www.visitrivieradeifiori.it

Oben: Die mittelalterliche Brücke von Tággia über den Argentina-Fluss ist wahrlich majestätisch. **Unten:** Die einladende und doch wenig bekannte Altstadt von Tággia

41 Tággia

Über 15 Bögen musst du gehen

Die 300 Meter lange Brücke über dem Argentina-Fluss wird von 15 Bögen getragen, sie ist die längste mittelalterliche Liguriens, wenn nicht ganz Italiens. Jedenfalls ist es eine Bilderbuchbrücke, die wunderbar zur schönen, wenn auch durch den dunklen Baustein etwas düster wirkenden Stadt passt. Dabei hat Tággia viele Besonderheiten zu bieten, allen voran die Schieferportale der Adelspaläste.

Es ist ein wahres Vergnügen, über die mittelalterliche Argentina-Brücke zu gehen, die, den verschieden hohen Stützbögen folgend, ein unerwartetes Auf und Ab des unregelmäßigen Steinpflasters bietet. Die in der Renaissance erweiterte Stadt breitet sich auf der westlichen Seite des Argentina-Flusses aus, der im Vorort Arma di Tággia ins Meer mündet. Jeden dritten Sonntag des Monats findet traditionell der Antiquitätenmarkt *Cose d'altri tempi* (»Dinge aus anderen Zeiten«) statt und füllt Tággia auch mit Fremden, die in der Stadt sonst eher wenig zu sehen sind. Organisiert wird der Markt in Zusammenarbeit mit der *Associazione Belle Époque*, was man den meisten Ständen ansieht: Sie verkaufen vor allem Antiquitäten aus der Zeit des Jugendstils. Von 8 bis 19 Uhr »tobt« das Marktgeschehen rings um Via Soleri, Piazza Cavour und dem Viale Rimembranze. Wenn man kein Antiquitäten-Fan ist, könnte es also sinnvoll sein, an einem anderen Tag zu kommen.

Knapp 14 000 Einwohner zählt Tággia, das kaum über Meereshöhe liegt, und die Gemeinde war einst sicher bedeutender als heute, da sie vom

Olivenöl, dem Anbau von Obst und Gemüse sowie von der Blumenzucht lebt. Der Tourismus spielt eher in den Vororten eine wichtige Rolle. Auf glorreichere Zeit verweist die solide Bausubstanz der Palazzi, die so hoch sind, dass sie kaum einen Lichtstrahl in die engen Gassen lassen. Zeugnisse früher Besiedlung gibt es aus der Zeit zwischen dem 10. und 7. Jahrhundert v. Chr., richtig aufgeblüht ist der Ort jedoch zur Zeit des römischen Kaiserreichs als Militärposten und Hafen. Durch Barbareneinfälle wurde er später zum großen Teil zerstört, 889 waren es in verheerender Weise die Sarazenen, die alle Männer ermordet und Frauen und Kinder als Sklaven mitgenommen haben sollen. Nach dem Wiederaufbau wurde Tággia 1153 Sitz der Feudalherren Clavesana, kam aber bald unter die Fittiche der Republik Genua. Zwischen 1273 und 1381 erstarkte Tággia und begann sich unter lokalen Stadthaltern, mit eigenen Statuten und Gerichtsbarkeit zu verselbstständigen. Jetzt näherte man sich wieder gerne als Gleichberechtigte der Republik Genua an und durchlebte fortan das gleiche Schicksal: 1797 Übernahme durch Napoleon Bonaparte und Gründung der ligurischen Republik, Teil des Königreichs Sardinien ab 1815 und ab 1861 des Königreichs Italien.

Bummeln von Tür zu Tür

Die Via San Dalmazio in Zentrumsnähe (hinter der Porta del Colletto) ist bemerkenswert, weil sie die dichteste Ansammlung von fein skulpierten Portalen aufweist. Sie zieren die Eingänge zu den Palästen, die entweder in der Renaissance entstanden oder zu dieser Blütezeit der Stadt verändert wurden. Haus Nummer 103 zeigt ein Basrelief mit dem Wappen der Familie Porro von 1473, Haus Nummer 147 etwa einhundert Meter weiter über dem Portal des Familienpalastes das der Capponi aus dem 14. Jahrhundert. Den Hinweisen *Centro*

AUTORENTIPP!

SCHNECKEN BEI DEN HEXEN

Am zweiten Septembersonntag wird in Molini di Triora die Sagra della Lumaca, das »Fest der Schnecke«, begangen. Denn das urige Dorf ist zumindest in West-Ligurien bekannt für seine guten Lokale, die echte Hausmannskost bieten. Im September muss man also unbedingt reservieren. Im an sich bescheidenen Bergnest an drei Bächen gab es früher 23 Mühlen, heute sind nur noch zwei in Betrieb, die allerdings ordentlich zu tun haben. Die bereits mehrfach preisgekrönte »Schneckenkönigin« Zuchetto steht in der Küche des Restaurants »Santo Spirito«, das seit 1897 im Familienbesitz ist, Tochter Maria Chiara mit der tiefen Stimme kümmert sich um die Gäste und die wenigen Zimmer, die sie haben. Und erzählt, sobald sie Interesse verspürt, gerne auch über die Hexen vom befestigten Triora ein paar Kurven weiter oben.

Ristorante Santo Spirito. Do–Di 12–14.30, 19–22.30 Uhr. Piazza Roma 23, Molini di Triora (IM), Tel. 01 84 940 19

Alles in Triora hat etwas mit den Hexen zu tun, das zeigt das Hexenmuseum.

Von Tággia nach Triora

Diese schöne Tour führt zu Hexen und Schnecken. Von Arma di Tággia oder Tággia geht es die S.P. 548 das Argentina-Tal hoch, über Molini di Triora ins mittelalterlich-finstere Triora, das zu den schönsten Dörfern Italiens zählt. Zurück geht es Richtung Ventimiglia auf der S.P. 65, die am Langan-Pass ihren höchsten Punkt erreicht (1130 Meter). Es folgen Kastanienwälder und Hänge mit schwarzem Schiefer bis Pigna, wo es auf der S.P. 64 weiter geht.

Ⓐ **Tággia** – s. S. 228

Ⓑ **Bádalucco** – Das vielleicht hübscheste Motiv des Tales ist die spätmittelalterliche Brücke Santa Lucia (um 1550) mit kleiner Kapelle von Badalucco (179 Meter Höhe). Steinpilze und Schnecken stammen aus den dichten Wäldern ringsum mit ihren vielen Bachläufen, die für Feuchtigkeit sorgen, das richtige Klima für die großen Weinbergschnecken.

Ⓒ **Montalto** – Schon 315 Meter hoch und in strategisch wichtiger Lage zwischen den Wasserläufen Argentina und Carpasina befindet sich das befestigte Dorf mit seinen vielen Treppen und überwölbten Gassen. Die Gründungsgeschichte erzählt von einem Liebespaar, das hierher geflohen war, um sich dem »Recht der ersten Nacht« des Herrn von Badalucco zu entziehen.

Ⓓ **Molini di Triora** – Ein uriges Schlemmernest (460 Meter hoch gelegen), Spezialität Schnecken und andere deftige Kost am Zusammenfluss dreier Quellbäche des Argentina (s. Autorentipp S. 229).

Ⓔ **Triora** – Ein kurzer kurviger Abstecher (S.P. 52) führt weiter hinauf ins mittelalterliche Triora, das zuerst eine Festung der Ventimiglia war und später eine genuesische und so schön weit weg, dass man hier gerne alle wegsperrte, die einem unangenehm waren. So die vermeintlichen Hexen, gleich vorne im Castello, wo heute ein Hexenmuseum eher belustigt denn gruselt (s. S. 231).

Ⓕ **Colle Langan** – Weithin offener Pass in 1130 Meter Höhe, heute perfekte Weideflächen; dass es einmal anders war, bezeugen die Bunker ringsum. Abwärts geht es durch dichte Kastanienwälder die S.P. 65 nach Süden, das letzte Stück am Nervia-Fluss entlang.

Ⓖ **Pigna** – Ein Thermalort mit vielen Lokalen und einem Thermenhotel am Ortsrand. Auf der Talseite erhebt sich die imposante Ruine der Kirche San Tommaso (12. Jahrhundert), wo der ursprüngliche Ortskern war. Wegen der Nähe zu Dolceácqua (s. S. 246) ein beliebtes Ausflugsziel.

Ⓗ **Isolabona** – Noch näher dran und vor Wochenendausflüglern nicht sicher ist das folgende Isolabona, dessen Name wohl von seiner Lage im Zusammenfluss von Nervia und Merdanzo abgeleitet wurde. Hier stand einst eine Doria-Festung.

Und runter nach Dolceácqua (s. S. 246).

Storico itinerario consigliato kann man gerne folgen, wenn man in die interessanten Ecken der Altstadt schauen möchte.

San Domenico, eine wahre Pinakothek

Es lohnt sich, das Dominikanerkloster am Rande der Stadt aufzusuchen – man kann davor gut parken. Denn darin verbirgt sich eine der wichtigsten Sammlungen der Malerei West-Liguriens. Das Kloster wurde 1460-1490 errichtet und von Bildhauern aus dem lombardischen Como, den sogar namentlich bekannten Comacini Gasperino da Lancia (keine Lebensdaten, nur Notizen über Aktivitäten 1467 und 1474) und Filippo da Carlono (keine Lebensdaten überliefert), verziert. Die Kirche schmücken allein zwölf Altäre und unzählige Gemälde bedeutender Künstler. Darunter eine *Anbetung*, die Parmigianino (1503–1540) zugeschrieben wird, eine geradezu höfische Szene in kostbaren Gewändern. Ein großartiges Polyptychon von Giovanni Canavesio (1450–1500) zeigt auf sechs Tafeln den heiligen Dominikus, den Patron der Klosterkirche also, mit den vier Doktoren der Kirche und Heilige (1472).

Großartige Architektur und eine wunderbare Bildergalerie – San Domenico

Infos und Adressen

SEHENSWÜRDIGKEITEN

Museo Etnografico e della Stregoneria. Hexenmuseum im Hexendorf, Okt.–März Mo–Fr 14.30–18 Uhr, Sa/So/Fei auch 10.30–12 Uhr, April–Juni 15–18.30 Uhr, Sa/So/Fei auch 10.30–12 Uhr, Juli–Sept. Mo–So 10.30–12, 15–18.30 Uhr. Corso Italia 1, Triora (IM), Tel. 01 84 944 77, www.museotriora.it

San Domenico. Kloster mit einer der bedeutendsten Bildersammlungen West-Liguriens, Di–So 9–11.30, 15–17.30 Uhr. Piazza Beato Cristoforo 6, Tággia (IM), Tel. 01 84 47 72 78.

ESSEN UND TRINKEN

Azienda Agricola Gli Ausenda. Landgut mit Zimmern und Trattoria, ganzjährig Sa/So/Fei, Juni–Sept. auch Mo–Fr 12.30–14.30, 19–22 Uhr; wer sichergehen will, sollte reservieren. Frazione Glori, Molini di Triora (IM), Handy 340 230 71 99, www.gliausenda.it

La Conchiglia. Von Michelin »besterntes« Restaurant, auf Fisch spezialisiert. Do Abend– Di 12.30–14.30, 19.30–23 Uhr. Lungomare 33, Arma di Tággia (IM), Tel. 01 84 431 69, www.la-conchiglia.it

ÜBERNACHTEN

San Domenico. 50 Betten in Zimmern mit Dusche oder Bad im Gästehaus des Klosters, Garten und Parkplatz (s. o.)

INFORMATIONEN

Pro Loco Triora. Corso Italia 7, 18010 Triora (IM), Tel. 01 84 944 77, http://nuke.triorando.it

42 Bussana Vecchia

Noch nicht ganz auferstanden

Seit dem frühen Morgen des 23. Februar 1887 gibt es Bussana Vecchia, wie es heute wegen des Aufbaus des neuen Bussana am Meer heißt, nicht mehr. Damals hatte ein verheerendes Erdbeben ganz West-Ligurien getroffen, doch Bussana machte es fast dem Erdboden gleich. Seit Ende der 1960er-Jahre begann der Ruinenort ein Künstlerdorf zu werden, nicht nur mit Ateliers, sondern auch mit Wohnungen für das ganze Jahr.

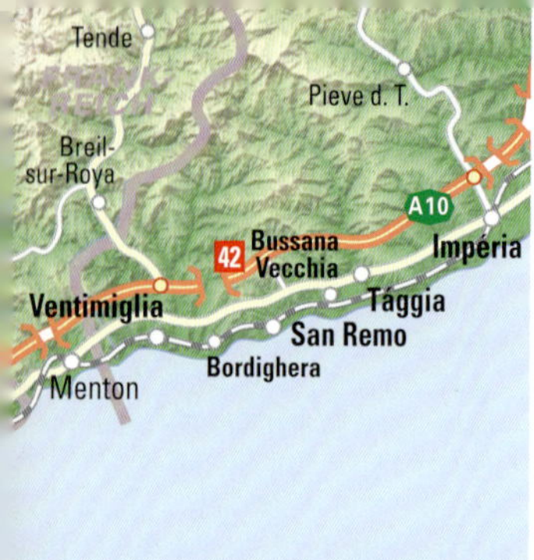

Oben: Bussana Vecchia, noch nicht ganz auferstanden aus den Ruinen, …
Unten: … aber bereits ein sehr romantisches und beliebtes Ausflugsziel. Der Ort ist von der Küste schnell zu erreichen.

55 Menschen starben damals unter den Trümmern des Dorfes, kaum ein Haus blieb stehen – außer dem Glockenturm der Kirche Santa Maria, der den Naturgewalten trotzte. Als sich Flüchtlinge aus Süditalien nach dem Zweiten Weltkrieg im Ort einzunisten begannen, wurden sie noch vertrieben. Ende der 1960er-Jahre aber hatte sich eine Gruppe internationaler Künstler zusammengetan und mit der Besetzung Bussanas begonnen, indem sie mühsam einige Ruinen wieder aufbauten. Ein italienisches Gesetz machte es damals möglich, eine Art Gewohnheitsrecht für diejenigen, die ein Haus mit Schloss und Riegel versahen und darin auch wohnen blieben. So ganz unumstritten war es wohl nicht, aber die Behörden hofften auf eine positive Entwicklung und ließen die Künstler gewähren.

Lockende Lokale

Schon vor dem Dorf lockt das erste Lokal (»La Casaccia«.) in zwei gemütlichen Räumen auf der Bergseite nahe der großen Gärtnerei, die sich auf Bonsai spezialisiert hat, und mit Tischen auf der

Die Modelleisenbahn – eine Liebe von vier alten Männern

Talseite mit Blick – na ja – auf die Treibhäuser, dem nicht gerade attraktiven Kennzeichen der Blumenriviera. Am Eingang des zerstörten Dorfkerns liegt links ein Gartenlokal (»Piazzetta Golosa«,) und ihm gegenüber wieder eines, diesmal mit Galerie und daher »Osteria degli Artisti« genannt. Die Öffnungszeiten richten sich nach den Touristenströmen, am Wochenende ist daher gewiss Betrieb.

Garten zwischen Ruinen, Jazz und Modelleisenbahn

Ab hier kann man einfach mit dem Herumschlendern beginnen, vielleicht den Hinweisen zum *Museo-Galleria Il Cuore di Bussana* folgend. So kommt man gegenüber der Kirchenruine zum Giardino tra i ruderi, dem Garten zwischen den Ruinen mit dem sogenannten Museo Storico, das nicht mehr als ein Raum mit Erinnerungsstücken und ein paar Fotos von Bussana ist, wie es einmal war. Aber der Garten auf diversen Mini-Terrassen ringsum hat Charme und man kann die hier gezogenen Kakteen sogar erstehen. Die Besitzerin Luisa Bistolfi wohnt zwischen diesen Ruinen und ihren Pflanzen, für den Besuch entrichtet man einen kleinen Obolus.

AUTORENTIPP!

ROMANTISCHES ABENDESSEN

Herrliche Lage am Meer, romantische Beleuchtung, tolles Essen – was will man mehr für einen gelungenen Abend am Mittelmeer? Innen ist das Lokal rustikal mit rauen weißen Wänden und dunklen Holzbalken, doch das »Kambusa« vollzieht einen gelungenen Spagat zwischen verfeinerter Meeresküche und bodenständiger Fleischküche. Vor allem mit Fisch kann die Küche wunderbar umgehen, er wird zart gegart wie üblich in Ligurien mit Salzartoffeln, Pinienkernen und Tággia-Oliven. Man sollte auf jeden Fall beim hausgemachten Nachtisch zugreifen. Was immer man auch wählen mag, einen Pigato Terre Rosse sollte man dazu bestellen. – Erstaunlich sind übrigens die für die Nähe zu San Remo günstigen Preise.

La Kambusa. Abendlokal Do–Di ab 20 Uhr. Via al Mare 87, Bussana (IM), Tel. 01 84 51 45 37

Auch in Bussana Vecchia kann man wunderbar einkehren wie im »La Casaccia« in schöner Panoramalage vor dem Dorf.

Oben: Einen weiten Blick in die Bucht von San Remo genießt man von der Punta d'Arma gleich westlich von Bussana am Meer.
Unten: Frisches Grün sprießt in Bussana Vecchia aus alten Ritzen.

Es folgt der Buzzan Jazz Club und daneben schon wieder ein Museum mit Kunstwerkstatt, gegenüber das »Ristorante Naturale« mit biologischer Küche und B&B. Schließlich ist noch etwas Besonderes zu entdecken: Vier gestandene Männer aus Spedaletti und San Remo haben sich hier ihren Traum von einer, nein mehreren Modelleisenbahnanlagen erfüllt. Sie wechseln sich in der Betreuung ab (es ist harte Arbeit!) und präsentieren die Anlagen gerne in drei voll gestopften Räumen einer einstigen Ruine den Besuchern.

Bussana am Meer

Bussana Nuova, Bussana Marina, es ist immer der neue Ort gemeint, den die alten Bewohner des vom Erdbeben zerstörten Bussana Vecchia drei Kilometer unterhalb ihres Dorfes am Meer gründeten. Inzwischen ist Bussana zum größten Vorort von San Remo angewachsen. Seiner guten Lage direkt an der Küste am Ausgang des fruchtbaren Armea-Tales ist dies zu verdanken, wo die meisten und produktivsten Industrieansiedlungen der Gemeinde San Remo zu finden sind. Hinzu kam 1988 der Umzug des Blumenmarktes in diese Ecke, wo 1990 sogar – ausnahmsweise – das weltberühmte *Festival della Canzone Italiana di San Remo* stattfand, weil es zum 40. Jubiläum keinen größeren Raum weit und breit gab. Immerhin ist dieses Festival die größte Musikveranstaltung Italiens, die als Eurovisionssendung in ganz Europa live übertragen wird.

Bussana zeichnet sich aber auch durch nette Strandbäder und die Panoramalage der Punta d' Arma, mit Blick auf die Bucht von San Remo aus, zu dessen Gemeindegebiet Bussana ja mittlerweile gehört. Über die schmale Straße, die sich bald in die Hügel hinauf schlängelt, kann man San Remo sozusagen oben herum erreichen und genießt dabei die schönsten Aussichten darauf und aufs Meer hinaus.

MAL EHRLICH

NACH BUSSANA VECCHIA MIT DEM WAGEN?

Drei Kilometer von der Küste entfernt und inmitten von Gemüsegärten und Treibhäusern für die Blumenzucht gelegen, ist das Ruinendorf Bussana Vecchia ein Magnet für Ligurien-Urlauber. Am Wochenende und im Hochsommer ist Verkehrschaos angesagt, spätestens am Eingang des Ortes, wo der angekündigte Wendeplatz keinesfalls ausreicht. Es ist besser weiter vom Ort entfernt zu parken oder gleich per Rad oder zu Fuß das inzwischen zum Künstlerort, aber auch zum kulinarischen Ausflugsziel avancierte Bussana Vecchia anzupeilen.

Infos und Adressen

SEHENSWÜRDIGKEITEN

Giardino tra i ruderi. Kleines Privatmuseum. Mo–So 9–21 Uhr, Bussana Vecchia (IM), kein Telefon

Plastico ferroviario di Bussana. Modelleisenbahnen mitten im Dorf. Mo–So ca. 12–17/18 Uhr. Bussana Vecchia (IM), kein Telefon

ESSEN UND TRINKEN

La Casaccia. Einladendes Grill-Restaurant. Fr–So 12–15, 19.30–23.45 Uhr.. Bussana Vecchia 102, Tel. 01 84 51 61 85.

Osteria degli Artisti. Gartenlokal mit Kunstwerken. Do–Di im Sommer 11–24 Uhr, Bussana Vecchia (IM), Tel. 01 84 51 32 35.

Piazzetta Golosa. Cafeteria für Kleinigkeiten im schattigen Garten. Mo–So 8–19 Uhr, im Sommer länger, Bussana Vecchia (IM), Handy 333 576 68 67.

Ristorante Naturale Apriti Sesamo. Kleines Lokal mit biologisch-veganer Küche; Mo–So 12–15 Uhr, abends nur auf Vorbestellung 17–22 Uhr. Mit ein paar netten Zimmern für B&B. Bussana Vecchia (IM), Handy 335 23 17 94, www.ristorantenaturale.it

ÜBERNACHTEN

Colins B&B. Collin Sidney Wilmot ist einer der ersten Bewohner von Bussana Vecchia. Bussana Vecchia (IM), Tel. 01 84 51 01 14, colinwilmot@gmail.com

INFORMATIONEN

Am besten über das Internet z.B. unter www.bussana-vecchia.it – mit virtuellem Stadtplan zu den Ateliers

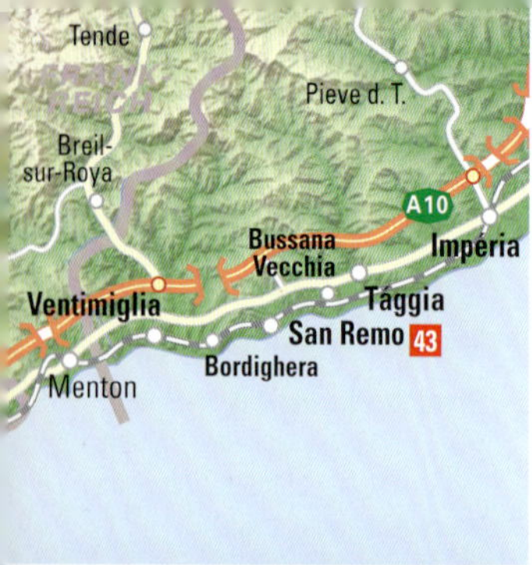

43 San Remo

Klassisch-schöne Ferienstadt

Die bevölkerungsreichste Gemeinde der Provinz Imperia hat sich ihren Charakter einer Stadt mit viel Grün bewahren können. Ihre Tradition als geradezu aristokratischer Ferienort, begründet durch die Vorliebe der russischen Zarin Maria Alexandrowa für San Remo, lebt. Musik-Festival, Casinò, Nobel-Villen und eine orthodoxe Kirche sind Highlights, die den Tourismus befördern – und die langen, gut ausgestatteten Strände sind ein Traum.

Mehr als 54 000 Einwohner zählt San Remo selbst, die Stadt der Blumen, wie sie gerne genannt wird, das gesamte Gemeindegebiet ist Heimstatt für um die 85 000 Menschen. Wer in San Remo geboren und aufgewachsen ist, darf sich traditionell *Sanremasco* nennen, wer nur zugezogen ist »nur« *Sanremeso.* Tradition ist eben Tradition!

San Remo in Fiore, der Blumencorso hat Tradition ebenso wie das Radrennen Mailand–San Remo. Die Stadt ist zudem italienische Etappe der Europäischen Poker Tour und beherbergt ein Spielcasino (in Italien gibt es nur vier davon). An erster Stelle steht allerdings das Fes*tival della Canzone Italiana* (»des italienischen Liedes«). Das Klima ist ein weiterer Trumpf, von den nahen Bergen der Seealpen beschützt, dennoch im Winter der Sonne ausgesetzt, im Sommer vom Meer her ordentlich durchlüftet, das ist angenehm.

Das Casinò, wie das Spielcasino von San Remo italienisch korrekt heißt, ist bis heute ein gesellschaftlicher Treffpunkt, man kann hier auch nur zum Kaffee- oder Teetrinken oder zu einem Aperi-

Oben: San Remo und seine Aushängeschilder – das weltberühmte Casinò …
Unten: … und der Samstagmarkt, der für den totalen Verkehrsinfarkt in der Stadt sorgt.

Santo Stefano an der Piazza Casini

tif einkehren, ohne der Spielsucht verfallen zu sein. Und ins Kino geht man noch immer ins Aristion, das schön am Meer gelegen und ebenfalls ein beliebter Treffpunkt ist.

San Remos Strände gehören zu den gepflegtesten der Region, man weiß, was man seinem Namen schuldig ist. Dort, wo die nun ins Hinterland verlegte Eisenbahnlinie Strand und Stadt trennte, ist ein herrlicher Radweg entstanden, der bald große Teile West-Liguriens miteinander verbinden soll.

Villen und Parks und La Pigna

Schon bei der Einfahrt in die Stadt fallen die vielen Grünflächen auf, genauer die Parks, in denen sich einst private Villen mehr oder weniger verstecken. Heute sind sie meist im Besitz von Stiftungen oder der öffentlichen Hand – wie die mit ihren oktogonalen Ecktürmen etwas kitschig geratene Villa des Nobelpreisstifters (und Erfinders des Dynamits!) Alfred Nobel, die man besichtigen kann. Umgeben von einem wundervoll gepflegten Garten mit hohen Palmen, grenzt sie an den Park, der ebenfalls Nobels Namen trägt. Gegenüber schließt sich jenseits der Aurelia ein weiterer Park mit der Villa Ormondo mittendrin an – zwei Hek-

AUTORENTIPP!

FESTIVAL DELLA CANZONE ITALIANA DI SAN REMO

Das ist der Titel des wohl wichtigsten Ereignisses im Kulturkalender der Stadt. Seit 1953 werden u. a. noch unveröffentlichte oder im vergangenen Jahr publizierte Lieder in mehreren Kategorien prämiert: Klassik, Frauen, Männer und Gruppen. Lohn ist der »Löwe von San Remo«. Aber auch andere Preise werden vergeben für Film, Fernsehregie und Theater. Das Geburtsjahr der Veranstaltung ist 1951, Ort der Veranstaltung bis 1976 das Casinò, seither das Teatro Ariston. Nur 1990 zum 40. Geburtsjahr fand die Veranstaltung wegen der größeren Halle im neuen Blumenmarkt von Bussana statt.

Festival della Canzone Italiana. Ticketverkauf durch das staatliche italienische Fernsehen Raiuno, Tel. 06 323 10 00, Fax 06 321 99 31 für alle Abende des Festivals; Resttickets, falls es sie gibt, an der Theaterkasse

Oben: Typisch San Remo: Sommerbäder locken.
Mitte: Alfred Nobel überließ seine Villa der Stadt, man kann sie als Museum besichtigen.
Unten: Das bekannteste Gebäude der Stadt ist die russisch-orthodoxe Kirche mit ihren Zwiebeltürmchen.

tar Park mit exotischen und endemischen, also nur hier heimischen Pflanzen. Das sind bei Weitem nicht die einzigen Parks der grünen Stadt, aber wohl ihre bekanntesten und angenehm für eine Promenade in wohltuendem Schatten.

Dann wäre noch die russisch-orthodoxe Kirche mit ihren sehr hübschen Zwiebeltürmchen zu erwähnen. Und die Altstadt La Pigna, eine der größten Liguriens und eine, die leider noch auf ihre Sanierung wartet. Auf uraltem Siedlungsgebiet der Steinzeit entstanden, doch richtig wichtig erst unter den Römern entlang der Via Julia Augusta, der Fortsetzung der Via Aurelia. Im Mittelalter wurde sie nachweislich an die mächtigen Doria verkauft (1297), später unter dem Schutz Genuas relativ selbstständig und bald Zentrum einer florierenden Wirtschaft mit Zitrusfrüchten, die hier wegen des milden Klimas früher als woanders im nördlichen Mittelmeerraum reifen.

Erste Touristen und neuer Hafen

1864 entdeckte die Zarin Maria Alexandrowa San Remo als Ort, um dem kalten russischen Winter zu entfliehen, ihr folgte der russische Adel, aber nicht nur er: 1870–1890 reiste die österreichische Kaiserin Sissi mehrmals durch Europa und sehr gerne nach San Remo. Es war die Zeit, in der die schönsten Villen im italienischen Liberty-Stil errichtet wurden, der im übrigen Europa als Jugendstil bezeichnet wird. Gefolgt von der französisch angehauchten Belle Époque, als Bauten wie das Casinò und die Pendelbahn San Remo–Monte Bignone, damals die längste der Welt, entstanden. Es folgten die großen Hotels, und die Blumenzucht erreichte industrielle Ausmaße. Mit dem Zweiten Weltkrieg wurde das Aus für den Tourismus der Eliten eingeläutet, es begann der Massentourismus, man kam nicht mehr im Winter, sondern im Sommer. Jetzt brauchte man mehr Personal, und das kam zum größten Teil aus Süditalien. Das war der Auftakt für einen wirtschaftlichen Erfolg, der bis heute anhält. Eine kontrollierte Entwicklung der Stadt war damit aber nicht verbunden, sodass sie sich in ihren Außenbezirken etwas chaotisch zeigt. Verkehrsinfarkt inbegriffen.

Ende der 1970er-Jahre entstand der neue Jachthafen Portosole und mit ihm wuchs der Wunsch, die Stadtentwicklung positiv zu beeinflussen – weg von planloser Zuzementierung, hin zu kulturell wertvoller Entfaltung und zum Schutz der Umwelt. Dazu zählen der Ausbau der langen Meerespromenade und des Radweges entlang der alten Eisenbahnlinie. Die Sanierung der Altstadt La Pigna wird hoffentlich folgen!

Eine kleine Pause im Straßencafé kann niemals schaden.

Infos und Adressen

SEHENSWÜRDIGKEITEN

Villa Nobel. Letztes Wohnhaus von Alfred Nobel. Di–So 10–12.30 Uhr, Fr, Sa, So auch 15–18 Uhr, Corso Cavallotti, San Remo (IM), Tel. 01 84 50 73 80.

ESSEN UND TRINKEN

Paolo e Barbara. Von Michelin mit einem Stern bedachtes Restaurant. Außer Sa/So/Fei nur 20–23 Uhr. Via Roma 47, San Remo (IM), Tel. 01 84 53 16 53, www.paolobarbara.it

Permare. Großes, aber dennoch nettes Lokal mit langer Veranda in einem früheren Lagerhaus, ideal beim Sonnenuntergang. Über Öffnungszeiten sollte man sich am besten im Internet infomieren. Porto Vecchio, Via Nazario Sauro 42/44, San Remo (IM), Tel. 01 84 50 37 55, www.caffepermare.it

ÜBERNACHTEN

Eveline-Portosole. Villa mit Stilmöbeln und englischer Bettwäsche. Corso Cavallotti 111, San Remo (IM), Tel. 01 84 50 34 30, www.evelineportosole.com

Royal Hotel. Eines der traditionellen Grandhotels der Stadt, mit beheizbarem Meerwasserpool in Panoramalage, Tennis; sehr gutes Restaurant, auf der Bergseite jenseits der Aurelia. Corso Imperiatrice 80, San Remo (IM), Tel. 01 84 53 91, www.royalhotelsanremo.com

INFORMATIONEN

I.A.T. San Remo. Largo Nuvolini 1, San Remo (IM), Tel. 01 84 590 59, www.visitrivieradeifiori.it

Oben: Bordighera gehört zu den schönen Städten West-Liguriens, das zeigt auch der herrliche Blick von der Villa Regina Margherita aus. **Unten:** Schöne Plätze und enge Gassen in der Altstadt auf eigenem Hügel

44 Bordighera
Palmwedel für den Vatikan

Diese Stadt ist auf altmodische Art elegant geblieben, auch wenn viele ihrer Liberty-Villen, einst begehrte Hotels, in den letzten Jahren in Apartments aufgeteilt wurden. Die ummauerte Altstadt auf engem Hügel ist saniert worden, und der lange Strand ist trotz vorbeifahrender Züge beliebt.

Da in Bordighera (gut 11 000 Einwohner) die angeblich nördlichsten Palmen Europas gedeihen, ist es Tradition, dass die Stadt zu Ostern den Vatikan mit Palmwedeln beliefert. Auf jeden Fall ist es eine von mildem Klima begünstigte Stadt, die Ende des 19./Anfang des 20. Jahrhunderts mit zahllosen Villen geschmückt wurde und damit eine der größten Ansammlungen von Liberty- oder Jugendstil-Villen besitzt. In ihnen verbrachten früher Adlige und wohlhabendes Bürgertum aus Russland, England und Deutschland ihre – meist wochenlangen – Ferien.

Die direkt neben der Strandpromenade führende Eisenbahnlinie störte sie nicht – ganz im Gegenteil, denn mit der Bahn reiste man seit ihrer Einweihung 1871 besonders gerne an, damals war die Strecke Genua–Ventimiglia fertiggestellt worden.

Strand und Altstadt

Der Strand unterhalb der leicht erhöhten Promenade ist an die zwei Kilometer lang und mit wenigen, aber netten Strandbädern bestückt, die teilweise auch außerhalb der Saison mit ihren einladenden Restaurants locken.

Im Gegensatz zum benachbarten San Remo oder der Regionalhauptstadt Genua ist die Altstadt von Bordighera geradezu mustergültig saniert worden. Sie wurde schnell zum absoluten In-Treff der Einheimischen wie der Touristen. An den Wochenenden und im Hochsommer am Abend einen Tisch in einem der netten Restaurants und Trattorien zu erhaschen, ist ohne Reservierung geradezu unmöglich. Kein Wunder! Zieht sich doch der ummauerte alte Kern mit seinen engen, überwölbten Gassen fast von Meereshöhe den eigenen Hügel hinauf bis zur zentralen Piazza und bietet sowohl auf ihr als auch in den Gassen einfach das, was man sich unter Mittelalter-Atmosphäre vorstellt. Dazu die netten Lokale und das zumeist gute Essen, das man in ihnen serviert bekommt. Die Nähe sowohl zum Meer als auch zu den meisten Villen auf den Hügeln ist außerdem attraktiv.

Kulturtreff der Nordeuropäer

Trotz aller Reisenden, die in Bordighera gerne länger verweilten, haben nur die Engländer eine eigene sogenannte Kolonie gegründet. So kam auch der englische Botaniker Clarence Bicknell (1842–1918) hierher und hat 1888 sein eigenes Museum in Form einer anglikanischen Kirche bauen lassen. Weil er in England neben seiner Promotion in Naturkunde in Cambridge tatsächlich die Priesterwürde erworben hatte, ist das vielleicht nachvollziehbar. Botaniker, Biologe und auch Erforscher von Felsinschriften wurde er erst richtig in Bordighera, nachdem er das Predigen aufgegeben hatte. Sein Haus wurde bald zum Treff der europäischen »Nordlichter«, und so wurde hier der Grundstein gelegt für das Internationale Institut für Ligurische Forschungen. Auch wer sich nicht allzu sehr für Biologie interessiert, sollte sich zumindest die fantastische Schmetterlingssammlung

AUTORENTIPP!

VILLA REGINA MARGHERITA

Die neueste Attraktion Bordigheras ist die großartig restaurierte Villa der Königin Margherita, die hier gerne weilte. Das Gebäude wurde 2011 dank einer Stiftung als Museum der Öffentlichkeit zugänglich gemacht. Die Königin selbst soll gesagt haben, wenn sie an etwas Angenehmes denken und sich richtig wohlfühlen wolle, sei ihr sofort das Bild ihrer geliebten Villa in Bordighera vor Augen getreten. Das wird verstehen, wer diese Villa in ihrem gepflegten Park in wunderschöner Panoramalage besucht hat. 1913 wurde sie erbaut und ab 1916 von Königin Margherita bis zu ihrem Tod 1926 immer häufiger aufgesucht. Zwar herrschte damals auch in der Architektur der Jugendstil, doch die Königin liebte den Barock, und so wurde der Bau mit neubarocken Elementen versehen. Er ist mit der unfassbar kostbaren Kunst- und Bildersammlung der Terruzzi ausgestattet, an die 1200 Ausstellungsstücke harren der Entdeckung.

Villa Regina Margherita/Fondazione Terruzzi. April–Juni, Sept. Fr–So 10–18 Uhr, Juli/August Mi–So 15.30–23 Uhr. Via Romana 34/36, Bordighera (IM), Tel. 01 84 27 61 11, www.fondazionetwrruzzivilla margherita.it

Oben und Mitte: Nicht nur etwas für Schmetterlingssammler ist das Museo Bicknell, in dessen Garten ein paar uralte Gummibäume mit dicken Luftwurzeln gedeihen. **Unten:** Richtig geordnet wirkt dagegen alles an der Villa Regina Margherita – auch der Park.

anschauen, genau 2462 dieser Schmuckstücke sind zu sehen. Nicht alle Exemplare hat Bicknell selber gefangen und konserviert, viele von ihnen sind von Freunden in Großbritannien für ihn ersteigert worden. An die 2000 Zeichnungen hat Bicknell jedoch selbst angefertigt.

Und Bicknells Haus ist wirklich etwas Besonderes. Eine riesige Glyzinie, die Monet in mehreren Bildern festgehalten hat, verdeckt die Hausfront mit ihrer hübschen Veranda fast bis unter den Giebel. Den Eingang zum Grundstück markierte anfangs noch ein eisernes Tor, doch das kann man schon lange nicht mehr schließen, nachdem sich Baumriesen darübergestülpt haben. Ihre Luftwurzeln, die wie dicke Vorhänge von den Ästen bis auf den Boden hängen, lassen vermuten, es handle sich um Gummibäume, und tatsächlich sind sie Verwandte: *Ficus magnolioides Borzi* – benannt nach dem Botaniker Antonino Borzì, Direktor des Botanischen Gartens von Palermo, der diese Art 1897 genauer beschrieben hat.

MAL EHRLICH

SIND DEUTSCHE TOURISTEN NICHT GEFRAGT?

Kaum ein Museum in Ligurien besitzt Erläuterungen in deutscher Sprache. Immer wieder bekommen wir auf Nachfrage die Antwort, alle Deutschen könnten ja Englisch. Erstens stimmt es leider nicht und zweitens finden sich auch selten Beschriftungen in englischer Sprache. Eine der großen Ausnahmen fanden wir im Botanischen Garten der Villa Hanbury bei Ventimiglia (s. S. 248). Alle Wege und Abteilungen und einzelne Pflanzenarten sind perfekt ausgeschildert, es gibt einen Führer sogar in deutscher Sprache, der nicht nur den Garten genau beschreibt, sondern auch noch Monat für Monat angibt, welche Pflanzen dann jeweils blühen oder Früchte tragen.

Infos und Adressen

SEHENSWÜRDIGKEITEN

Giardino Esotico Pallanca. Mehr als 3000 Pflanzenarten, mediterrane und exotische, gewöhnliche und rare wie diejenigen aus Süd- und Mittelamerika, darunter eine riesige Sammlung von Kakteen. Alles zu besichtigen und manches auch vor Ort zu kaufen; Via Madonna della Ruota 1 (gleich nach dem Tunnelausgang Richtung San Remo), Bordighera (IM), Tel. 01 84 26 63 47

Museo Biblioteca Clarence Bicknell. Der einstige Kulturtreff der Nordeuropäer, heute bescheidenes (botanisches) Museum mit Bibliothek und Sitz des Internationalen Institutes für Ligurische Studien Nino Lamboglia Zentrum, Mo 8.30–13, 13.30–16.45 Uhr, Di–Do 9–13 Uhr, Sa Juli/August 17.30–22 Uhr, Via Romana 39, Birdighera (IM), Tel. 01 84 26 36 94, www.iisl.it

ESSEN UND TRINKEN

La Piazzetta. Familiäres, preiswertes und doch gepflegtes Restaurant mit Pizzeria, Do–Di 12.30–14, 19–22.30 Uhr, Piazza del Popolo 13, Centrio Storico, Bordighera (IM), Tel. 01 84 26 04 74.

Lido. Terrassenlokal des Strandbades Lido, besonders schön am Abend; Mo Abend–So 12.30–15, 19–22.30 Uhr. Lungomare Argentina 5, Bordighera (IM), Tel. 01 84 26 29 09, www.bagnilido.it

Magiargè Vini e Cucina. Uriges Gewölbelokal mit echt ligurischer Küche und guter Weinkarte; Di Mittag–So 12.30–14, 19–22.30 Uhr, Piazza Giacomo Viale, Centro Storico, Bordighera (IM), Tel. 01 84 26 29 46, www.magiarge.it

ÜBERNACHTEN

Piccolo Lido. Nettes freundliches Hotel an der Strandpromenade mit großer Terrasse, Restaurant für die Hausgäste; Weihnachten bis September geöffnet. Lungomare Argentina 2, Brodighera (IM), Tel. 01 84 26 12 97, www.hotelpiccololido.it

Villa Elisa. Familiäres Hotel in einer Jugendstil-Villa in Hanglage nahe der Villa Regina Margherita, geführt von der deutschen Besitzerin, mit stimmungsvollem Restaurant »L' Aranceto« nach den Orangenbäumen im Garten, Pool und Parkplatz; Jan.–Okt. geöffnet. Via Romana 70, Bordighera (IM), Tel. 01 84 26 13 13, www.villaelisa.com

INFORMATIONEN

I.A.T. Bordighera. Via Vittorio Emanuele II 172, 19012 Bordighera (IM), Tel. 01 84 26 23 22, www.visitrivieradeifiori.it

Kakteen wohin man schaut, kleine und große, schlanke und dicke im privaten Pallanca-Garten

45 Ventimiglia und das Nérvia-Tal

Grenzort und doch noch echt ligurisch

Nichts in der Stadt deutet auf die Nähe zu Frankreich hin, sie ist ganz und gar ligurisch. Zweigeteilt ist der große Ort: sehr markant die historische, ummauerte Altstadt auf einem großen Hügel, den sie vollkommen einnimmt, flach am Meer und ordentlich in Rechtecke gegliedert die Neustadt mit den Hotels und Cafés am Lungomare entlang des grauen, kieseligen Strandes.

Fast 24 000 Einwohner zählt Ventimiglia, wie viele davon in der Altstadt ist schwer zu ermitteln, 3000 bis 4000 etwa. Der aus Frankreich kommende Fluss Roia trennt die Stadt: das mittelalterliche Ventimiglia Alta auf einem Hügel im Westen, nach Genua die zweitgrößte Altstadt Liguriens – und die neuere Stadt im Osten, die ab dem 19. Jahrhundert entstanden ist. Nach dem Zweiten Weltkrieg, an dessen Ende 1944 die Stadt heftig bombardiert wurde, lebten hier gerade noch an die 9000 Einwohner, die Stadt musste sozusagen wieder aufgefüllt werden – u. a. mit Arbeitskräften für die Blumenzucht, die man aus Italiens Süden holte. Später kamen die Arbeitskräfte für den aufblühenden Tourismus hauptsächlich aus der Lombardei und dem Piemont.

Oben: Bunter geht fast nicht mehr wie an den Hausfassenden in der Altstadt von Ventimiglia
Unten: Das wichtigste Ziel landeinwärts ist natürlich das wunderhübsche Dolceácqua mit der von Claude Monet gemalten Brücke.

Römisches Ventimiglia

Den östlichen Rand der neuen Stadt markieren die Ausgrabungen der römischen Stadt *Albintimilium* im Mündungsgebiet des Nérvia, wohin sie von den nahen Hügeln um 160 v. Chr. versetzt wurde. Das war eine günstigere Lage für den Handel über das Mittelmeer. Zerstört, dann wiederaufgebaut, wurde die Stadt im 2. Jahrhundert mit einem großen Theater ausgestattet. Es ist das größte erhaltene Monument der Römerzeit. Ab 1877 wurde es ausgegraben. Bereits damals konnten auch einige Gräber sowie die Thermen ans Tageslicht gebracht werden. Die Ausgrabungen gehen bis heute weiter, bislang sind Teile der historischen Villa Julia entdeckt worden, der Stadtmauer und weitere Gräber. - Ein kleines Informationszentrum informiert über den Fortgang der Arbeiten. Leider befindet sich das ganze Areal inmitten von Eisenbahnschienen.

Oasi del Nérvia

Seit 1992 ist die Flussmündung des Nérvia zwischen Ventimiglia und Camporosso Naturschutzgebiet, seit 1999 unter WWF-Schutz. Seit 2005 ist nun auch der Nérvia selbst auf einer Fläche von 44 Hektar geschützt. Insgesamt hat man in diesem an sich kleinen, geschützten Bereich inzwischen fast 160 Pflanzenarten registriert, darunter eine erstaunliche Menge von Schilfarten. Es gibt Schilfinseln, die vor allem für die Wasservögel als Brut- und Schutzplätze wichtig sind. Unter den 140 bereits katalogisierten Vogelarten sind Enten und Reiher, Möwen und Zwergtaucher, unter den Säugetieren Fuchs und Igel, Ostschermäuse und die sehr kleine Etruskerspitzmaus.

Des Baptisteriums wegen in die Altstadt

Oben in der ummauerten mittelalterlichen Altstadt sucht man fast vergebens nach einem Parkplatz, aber im nordwestlichen Bereich direkt vor dem Stadttor vor dem Piazzale Funtanin gibt es Parkmöglichkeiten. Oder entlang der nach oben

AUTORENTIPP!

RÖMISCHES REISEBESTECK UND GLASSCHALE

Erst einmal muss man Thomas Hanbury danken, der 1900 u. a. seine Skulpturen- und Sarkophagsammlung der Stadt vermachte. Dank geht auch an Clarence Bicknell für seine Keramiksammlung, und auch der Archäologe Girolamo Rossi (1830–1919) sorgte für die Bereicherung des Archäologischen Museums von Ventimiglia, das nach mehreren Umzügen nun eine großartige Bleibe in der aufgelassenen Savoyer Annunziata-Festung hoch über dem neuen Hafenrund gefunden hat. Aus den Grabungen am römischen Theater (Grab Nummer 142) stammt ein einmaliges Reisebesteck aus Silber mit Gabel, Löffel, einer Klinge und einem Messerchen sowie zwei Schnitzmessern. Auf eine zweite Attraktion ist die Museumsleitung besonders stolz: auf eine wunderbar präsentierte kleine Glasschale, die sehr an den *piatto blu* aus Albenga (s. S. 211) erinnert, diesmal aber eine Art (Meeres-)Zentaur zeigt, halb (bärtiger) Mensch, halb Pferd, von Fischen umgeben. Sie ist kleiner und heller als die Glasplatte von Albenga und leider zerbrochen, aber zusammengesetzt. In der Technik entspricht sie der von Albenga und stammt aus der 1. Hälfte des 3. Jahrhunderts. Sie soll in Rom gefertigt worden sein.

Museo Archeologico Girolamo Rossi. Di–Sa 9–12,30, 15–17 Uhr, So nur 10–12.30 Uhr. Via Verdi 41, Ventimiglia (IM),
Tel. 01 84 35 11 81

Tour: Vom Recht der ersten Nacht

Eine Tour rund um den küstennahen, 1299 Meter hohen Monte Bignone.

Ⓐ **Ventimiglia** – s. S. 240

Ⓑ **Oasi del Nérvia** – s. S. 241

Ⓒ **Camporosso** – Die rote Erde hat dem Ort seinen Namen gegeben.

Ⓓ **Dolceácqua** In diesem Ort mit seiner mittelalterlichen Altstadt hat der Doria-Herrscher dem Recht der letzten Nacht abschwören müssen.

Ⓔ **Rochetta Nervina** – Im Zusammenfluss zweier Wildbäche, die sich bald in den Nérvia ergießen, hat das hübsche Dorf eine Y-Form.

Ⓕ **Isolabona** – Von Bächen umflossenes Bergdorf.

Ⓖ **Apricale** – Mittelalterliches Zentrum um Castello und Pfarrkirche.

Ⓗ **Bajardo** – Elf Kurvenkilometer bis zum noch grandioser gelegenen mittelalterlichen Festungsort in 900 Meter Höhe. Weiter Blick von der Pfarrkirche San Nicolò über die Seealpen.

Ⓘ **Ceriana** – Die Häuser des vom Armea durchflossenen Dorfes wirken wie aus den Felsen gehauen, auf denen sie stehen.

Ⓙ **Bussana Mare** – Neugründung nach dem großen Beben von 1887 (s. S. 230)

Ⓚ **Monte Bignone** – Von 1936–1981 verband eine 7688 Meter lange Seilbahn San Remo mit dem 1299 Meter hohen Berg, auf dem man im Winter Ski laufen konnte.

Ⓛ **San Remo** – Die schöne Stadt des italienischen Liederfestivals (s. S. 232)

auf den Stadthügel führenden Via Verdi. Von oben gelangt man durch das Stadttor direkt auf die Hauptstraße, heute Via Garibaldi genannt und von mit Wappen und Basreliefs über den Portalen geschmückten Adelspalästen gesäumt. Hinter ihnen breiten sich oftmals hängende Gärten aus. Die dunkel gepflasterte Straße führt leicht absteigend direkt auf die Kathedrale Santa Maria Assunta zu. Sie wurde im 12./13. Jahrhundert errichtet und besticht durch die einfachen Formen innen wie außen, die sie ihrer Restaurierung und Wiederherstellung 1967–1970 verdankt. Ein besonderer Schatz wird in der rechten Chorapsis hinter Glas geschützt, eine Madonna mit Kind von Barnaba da Modena (1328–1386), ein Tafelbild aus der zweiten Hälfte des 14. Jahrhunderts in schönen Erdfarben.

Das Baptisterium ist über eine Wendeltreppe zugänglich. Dessen Mitte nimmt ein oktogonales Taufbecken aus der Mitte des 8. Jahrhunderts ein. Rings um das Becken sind Fundstücke von den Ausgrabungen 1967–1970 ausgestellt sowie solche, die bereits während einer früheren Restaurierung gemacht wurden.

Abstecher zu San Michele

Zurück zur Via Garibaldi folgt man den Hinweisen zur Chiesa di San Michele in die engen, schön mit Kieseln und Backsteinstreifen belegten Gassen der Altstadt hinein. Vorbei geht es am erst 2011 wunderbar restaurierten Oratorio dei Neri, dessen Türen tagsüber offen stehen und wo im Altarraum ein *Cristo morto* auf einer Seidenbahre liegt, ein in Süditalien sehr beliebtes Motiv. Bald geht es abwärts zur weiten Piazza Colletta mit der Kirche San Michele und man befindet sich an der oberen mittelalterlichen, von Zinnen bekrönten Stadtmauer, durch die ein Tor mit hinreißend schönem

Oben: Die anrührende Pietà in schönen Erdfarben der Kathedrale Santa Maria Assunta in der Altstadt von Ventimiglia …
Mitte: … und deren Baptisterium
Unten: Das Portal zeigt feine Kapitelle.

Oben: Schon wieder ein Ausflugsziel bester Güte, das nicht nur Botaniker-Herzen erfreut: der Hanbury-Garten in Mortola.
Mitte: Dort sonnen sich auch Schildkröten.
Unten: Und Pflanzenfreunde finden Rares und Schönes.

Blick ins Freie führt: die Porta di Piemonte. San Micheles Portal erinnert mit seiner Abtreppung und den hübschen Kapitellen an die Kathedrale. Die Entstehung der Kirche wird ab dem 11. bis ins 13. Jahrhundert datiert, für ihren Bau wurden noch ältere Steine verwendet, etwa drei von der römischen Via Julia Augusta, und wie ihre Inschriften beweisen, waren es Grabmonumente. Und: San Michele steht auf den Fundamenten eines römischen Heiligtums, die Krypta zeigt Fresken aus der toskanischen Cimabue-Schule.

Der Botanische Garten der Villa Hanbury

Der Engländer Thomas Hanbury (1832–1907), der im chinesischen Shanghai zu großem Reichtum gekommen war, hat sich in Ligurien verschiedentlich verewigt, doch sein größtes oder sagen wir schönstes Vermächtnis ist auf dem Weg zur französischen Grenze der Botanische Garten der nach ihm benannten Villa. Er zieht sich in vielen Stufen über die Via Julia Augusta hinweg abwärts bis zum Meer. Mehr als 3500 verschiedene Pflanzen, von exotischen Bäumen bis zu mediterranen Kräutern, gedeihen im milden Klima West-Liguriens prächtig. Zur Austattung des Gartens gehören Brunnen, ein maurisches Mausoleum und kleine Tempel. Der 1867 eingerichtete Garten bedeckt die gesamte Halbinsel oder das Kap von Mortola auf einer Fläche von rund 18 Hektar, wobei eine Hälfte in ihrer natürlichen Vegetation belassen wurde. Das bedeutet: mit sehr vielen Aleppokiefern und duftender Macchia. Seit 1987 ist die Universität von Genau mit der Pflege betraut, die hier auch wissenschaftlich arbeiten lässt. Um die Hanbury-Gärten intensiv zu genießen, sollte man mindestens einen halben Tag einplanen, vielleicht in Verbindung mit dem Besuch der Balzi Rossi. Man sollte aber gut zu Fuß sein, denn in die hübschesten Ecken kommt man oft nur über Treppen (für Behinderte gibt es einen speziellen Weg durch die Gärten). Und ein Picknickplatz ist vorhanden – also den Rucksack entsprechend füllen.

Balzi Rossi und die Kavernen

Auch das 1898 gegründete Museum für die Funde an den Balzi Rossi (»Rote Felsen) hat man Hanbury zu verdanken. 1953 zog das Museum in ein Gebäude nahe der Kavernen um und wird nun langsam fertig. Immerhin gelten die an den Balzi Rossi vom 19. Jahrhundert an gemachten Funde als die wichtigsten ihrer Art in Europa. In den Grotten direkt dahinter fand man u. a. dreifache Gräber mit den Resten des Cro-Magnon-Menschen in der Grotta Barma Grande (1892), in der Grotta del Principe Steinwerkzeuge der ersten Menschen und Tierskelette aus dem Quartär. Die Felsenritzungen hatte man erst 1971 entdeckt, die nun den Besuchern als Zeichnungen gezeigt werden. – Leider ist der Besuch der Grotten selber fast nie möglich, trotz des Versprechens, dass sich dies bald ändern würde.

MAL EHRLICH

BLOSS NICHT FREITAGS NACH VENTIMIGLIA!
Dann herrscht hier Markttag und der Verkehr staut sich schrecklich, speziell am Vormittag. Der wohl größte Markt ganz Oberitaliens dehnt sich von der Brücke zwischen der Altstadt und der Neustadt in diese hinein fast die ganze Meerespromenade entlang und in ihre Parallelstraßen. Parken geht an diesem Tag gar nicht, nirgendwo, sogar unter der Zubringerhochstraße sind Autos eingequetscht, und diese selbst wird von der Polizei auch noch gesperrt, wenn alles dicht ist. Einkaufen kann man als Urlauber sicher auch woanders und gemütlicher.

Infos und Adressen

SEHENSWÜRDIGKEITEN

Giardini Botanici Hanbury. März–15. Juni, 16. Sept.–15. Okt. 9.30–17 Uhr, 16. Juni–15. Sept. bis 18 Uhr, 16. Okt.–28. Febr. 9–16 Uhr. Corso Montecarlo 43, Località Mortola, Ventimiglia (IM), Tel. 01 84 22 95 07, www.giardinihanbury.com oder www.cooperativa-omnia.com

Museo Preistorico Nazionale dei Balzi Rossi. Di–So 8.30/9–19/19.30 Uhr. Via Balzi Rossi 9, Ponte San Ludovico, Ventimiglia (IM), Tel. 01 84 381 13, sba-lig.museo balzirossi@beniculturali.it

San Michele. Sehenswerte romanische Kirche. Nur So 10.30–12, 16–18.30 Uhr. Piazza San Michele, Ventimiglia (IM), Tel. 01 84 28 01.

ESSEN UND TRINKEN

Marco Polo. Elegantes Fischrestaurant auf Pfählen über dem Strand. Di–So, August Mo–So 12.30–14, 19–22.30 Uhr, Passeggiata Cavallotti 2, Ventimiglia (IM), Tel. 01 84 35 26 78.

ÜBERNACHTEN

La Terrazza dei Palagoni. Ferienwohnung mit B&B im obersten Stock eines mittelalterlichen Hauses. Via Giuseppe Garibaldi 24, Ventimiglia (IM), Handy 347 260 89 08, www.laterrazzadeipelargoni.it

Sole Mare. Am Strand gelegenes kleineres Hotel mit Restaurant. Via Marconi 22, Ventimiglia (IM), Tel. 01 84 35 18 54, www.hotelsolemare.it

INFORMATIONEN

I.A.T. Ventimiglia. Lungo Roja Rossi s/n, 18039 Ventimiglia (IM), Tel. 01 84 35 11 83, www.visitrivieradeifiori.it

AUSFLÜGE

Seiten 250/251: Funkelndes Wasser: Trébbia
Oben: Die alte Funicolare verbindet aufs Angenehmste Ober- und Unterstadt von Mondovì.
Unten: Die Wallfahrtskirche im nahen Vicoforte

46 Mondovì und Vicoforte

Zwei Schätze jenseits der Seealpen

Eine herrlich gewundene Bergstrecke führt – kurz hinter der Grenze zum Piemont – ab Garéssio nach ca. 40 Kilometer mitten durch die Seealpen nach Vicoforte bei Mondovì, einem unglaublich reich ausgestatteten Wallfahrtsort nicht weit von der piemontesischen Provinzhauptstadt Cúneo. Mondovì zählt zu den weniger bekannten Schönheiten der Nachbarregion Piemont. Vor allem die Altstadt ist ein Schmuckstück.

Eigentlich ist es schade, dass Mondovì meist nur wegen des nahen Wallfahrtsortes besucht wird. Nachdem die Oberstadt in den letzten Jahrhunderten fast verlassen war, weil der Handel in der Unterstadt florierte, entdeckten die Mondovesi selbst vor wenigen Jahrzehnten ihre Altstadt auf dem Hügel wieder und begannen, sie zu restaurieren. Vor allem aber entwickelten sie zukunftsträchtige Idee – etwa Restaurierungswerkstätten, die sich entlang der Via Vico mit schmucken Läden bereits erfolgreich etabliert haben. Der riesige Palazzo Fauzone (Anfang 13. Jahrhundert) hat nach seiner Restaurierung Ausstellungsräume aufgenommen, u.a. für das Museo della Ceramica, das sich der *Pizzi Blu*, »blaue Spitzen«, genannten Keramik des Städtchens widmet. Der Palast steht am so beherrschenden Hauptplatz, dass das ganze historische Zentrum einfach Piazza genannt wird. Viele der gotischen Paläste wurden im Barock aufgestockt. – Mit der Unterstadt, Breo genannt, ist die Altstadt wieder mit der Funicolare von 1886 verbunden. Auch diese wurde restauriert.

Mondovì und Vicoforte

Kunstkenner kommen nach Mondovì, um die Werke von Francesco Gallo (1672–1750) anzusehen, der hier oben geboren wurde und lange in Mondovì tätig war. Er hat die Kathedrale San Donato (1743–1763) mit der großartigen barocken Fassade an enger Stelle geplant, aber nicht vollendet.

Weil Mondovì im 16. Jahrhundert nach Turin, das von Frankreich besetzt war, eine der bevölkerungsreichsten Städte des Piemont war, wurde hier eine Universität (1560–1719) im früheren Palazzo del Vescovado etabliert. Dieses frühere Bischofsgebäude wirkt sehr gepflegt und besitzt eine kostbare Ausstattung an Bildern sowie vier flämische Gobelins nach Motiven von Rubens.

Die Wallfahrtskirche von Vicoforte

Der Bau wurde 1596 an der Stelle begonnen, an der ein Wunder geschehen war: Ein Jäger hatte ein Madonnenbild in einem Tempelchen mit seinem Pfeil getroffen, das daraufhin zu bluten begann. Sofort setzte eine rege Pilgerbewegung ein. Francesco Gallo überbaute den wundertätigen Ort 1733 mit einer hohen elliptischen Kuppel, die innen mit dem größten bekannten monothematischen Fresko dekoriert wurde: Auf einer Fläche von genau 6032 Quadratmeter wird die Verherrlichung Mariä dargestellt. – Die so kompakt und einheitlich wirkende Kirche wurde mit der Westfassade und den vier Türmen erst im 19. Jahrhundert vollendet. – Den schönen Platz mit dem Bronzedenkmal von Carlo Alberto vor der Kirche schließt im Halbrund die sogenannte Palazzata ab, einst mit Krankenhaus und königlichen Apartments versehen, um die hohen Gäste des Ducato angemessen zu beherbergen. Man kann es ihnen heute als Hotelgast nachmachen.

Infos und Adressen

SEHENSWÜRDIGKEITEN

Museo della Ceramica. Keramikmuseum der für ihre blaue zarte Keramik berühmten Stadt; im Winter Fr/Sa 15–18, So 10–18 Uhr, im Sommer Di–So. Palazzo Fauzone di Germagnano, Piazza Maggiore 1, Mondovì (CN), Tel. 01 74 48 15 19, www.museoceramicamondovi.it

Santuario Basilica Regina del Monte Regale. Wallfahrtskirche, Mo-So 6.45–12, 14.30–19 Uhr (man kann auch mittags durch ein Fenster hineinschauen), Piazza del Santuario, Mondovi (CN), Tel. 01 74 56 55 55, www.santuariodivicoforte.com

ESSEN UND TRINKEN

Caffè Portici. Angenehmes Café mit eigener Patisserie, berühmte hausgemachte Pralinen; im Hotel Portici (s. u.)

ÜBERNACHTEN

Hotel Portici. Freundlich geführtes Hotel in historischen Räumen unter dem Bogengang gegenüber der Wallfahrtskirche, mit 25 Zimmern und 4 Suiten z. T. mit Stilmöbeln oder Antiquitäten eingerichtet. Piazza Carlo Emanuele 57, Località Vicoforte, Mondovì (CN), Tel. 01 74 56 39 80, www.hotelportici.com

Casa Regina Montis Regalis. Neuausbau der historischen Klosterräume mit 40 gepflegten Zimmern und Restaurant. Piazza Carlo Emanuele I 4, Tel. 01 74 56 53 00, www.santuariodivicoforte.com

INFORMATIONEN

Ufficio Turistico. Via Vico 2, Mondovì (CN), Tel. 01 74 403 89, www.monregaltour.it

Die alte buckelige Brücke verband Bóbbio mit den früheren Salinen und Öfen auf der anderen Seite des Flusses.

47 Der Trébbia flussabwärts

Zwischen Seealpen und Po

Der Parco dell'Antola an der verwirrend zackigen Grenze mit der Emilia-Romagna nördlich von Rapallo versteckt das Quellgebiet des wilden Trébbia-Flusses, der auf seiner langen Reise bis nach Piacenza, wo er sich in den breiten Po ergießt, eine herrlich wilde Landschaft durchfließt. Mit trutzigen Burgen auf steilen Felsen, vielen Kapellen und kleinen Dörfern.

Bis zum Po, dem längsten Fluss Italiens sind es 65 oder 70 Kilometer, je nachdem, wo man im Naturpark losfährt. Der Weg begleitet dabei fast durchwegs die Staatsstraße 45. Der Trébbia hat es nicht einfach gehabt auf seinem Weg nach Norden, von den Seealpen an hat er sich durch unterschiedliche Felslandschaften graben müssen, was man seinem unruhigen und deshalb so schönen Lauf ansieht. Das ist eine Fahrt für alle, die gerne öfter anhalten, über Brücken in den Fluss schauen und sich daran freuen können, wie das Wasser die Felsbrocken in seinem Bett umspielt. Der Trébbia beginnt, fast schon in Piacenza, sich total auszufransen, er teilt sich in mehrere Arme auf, um später wieder einen richtig breiten Lauf zu bilden, wohl um nicht allzu mickrig in den Po zu fließen.

Was machte ein irischer Mönch in Bóbbio?

Er gründete ein Kloster. Und so überrascht Bóbbio mitten auf der Strecke mit der großen Abtei San Colombano, die der irische Mönch Columbanus (540 oder 550–615) hier 614 ein Jahr vor seinem Tod gegründet hatte; allerdings wurde der heutige

Klosterbau erst ab dem 11. Jahrhundert in Angriff genommen. Er bildet erstaunlicherweise das Zentrum des Ortes, der Dom dagegen erhebt sich im Südwesten an dessen Rand.

Dahinter beginnt die elfbogige gotische Brücke über den hier breiten Fluss, die Ponte Vecchio. Die Brücke ist seit 1196 dokumentiert, aber sie stand sicher schon vorher, weil es auf der anderen Flussseite eit dem 5. Jahrhundert Salinen und Öfen gab, die man ja erreichen musste. Die Verlängerung der Brücke auf dann elf Bögen wurde erst im 17. Jahrhundert vorgenommen. Der Sage nach habe der Teufel den Brückenbau mit seinen Gehilfen in nur einer Nacht geschafft. Dass sie so unterschiedlich hohe Bögen aufweise, sei mit den verschieden großen Teufelshelfern zu erklären ...

Zwei großartige Kastelle

Nach Travo passiert man das trutzige Castello di Montichiaro, das man meistens nur von außen bewundern darf. In Rivergaro jedoch sollte man weiter dem Fluss folgen, also von der Hauptstraße nach links auf die Parallelstrecke fahren, um nach Rivalta zu gelangen. Und dort ist das Castello nicht zu übersehen, in dem man auch einkehren kann. Der Piacentiner Adel pflegte sich im Sommer auf seine Ländereien zurückzuziehen, und diese befanden sich meist rings um ein Landschloss. Wenige konnten diese Tradition bis heute fortsetzen, der Familie Landi, die auch noch ihren Stadtpalast in Piacenza bewohnt, ist es gelungen. Sie besitzt noch immer die große Burganlage Rivalta über dem Fluss, mit einem Burgfried etwa aus dem Jahre 1000. Ab dem 14. Jahrhundert wurde die Anlage immer mehr zu einem Festungsdorf ausgebaut. Um das Ganze erhalten zu können, wurden zwei Lokale eingerichtet, was ja nicht zum Schaden auch der Reisenden ist.

Infos und Adressen

SEHENSWÜRDIGKEITEN

Abbaza di San Colombano. Mit Museo della Città. Nov.–März Sa 15–17, So/Fei auch 10.30–12.30, April–Juni, Sept., Okt. Sa 16.30–18.30, So/Fei auch 10.30–12.30, Juli/Aug. Mi–Sa 16.30–18.30, So/Fei auch 10.30–12.30 Uhr, 29022 Bóbbio (PC), Tel, 05 23 93 62 19

Castello di Rivalta. Burg in Privatbesitz, weshalb es nur geführte Besuche gibt. 29010 Rivalta (PC), Tel. 05 23 95 81 04, Handy 339 298 78 92, www.castellorivalta.blogspot.it,

ESSEN UND TRINKEN

Antica Locanda del Falco. Gemütliche und geschmackvoll eingerichtete Trattoria. Mi–Mo 12.30–14, 19–22 Uhr, aber lieber vorher anmelden, weil das Lokal doch ganz schön abseits liegt. Castello di Rivalta, 29010 Rivalta (PC), Tel. 05 23 97 81 01, sapiazz@libero.it

La Rocchetta. Restaurant in einem der früheren Ställe des Burgdorfes. April–September Di, Mi, Fr–So, Oktober–März Di–So Mittag 12.30–14, 19.30–22.30 Uhr. Castello di Rivalta, 29010 Rivalta (PC), Tel. 05 23 97 81 00.

Piacentino. Einladendes Restaurant im netten Hotel. Piazza San Francesco 19/A, Bóbbio (PC), Tel. 05 23 93 62 66, www.hotelpiacentino.it

INFORMATIONEN

I.A.T. Bóbbio. Piazza San Francesco, Bóbbio (PC), Tel. 05 23 96 28 15, iat.bobbio@sintranet.it

Oben: Pontrémoli lohnt allein schon wegen der hübschen Lage einen Stopp.
Unten: In Pieve di Sorano kurz vor Pontrémoli sollte man auf solche Details im Gemäuer achten.

48 Pontrémoli und die Lunigiana

Ausflug in die Geschichte der Ur-Ligurer

Das nördliche Magra-Tal an der Ostgrenze Liguriens mit der Toskana führt in die Lunigiana, das von Luni und dem Magra-Fluss geprägte Land, jetzt im großen nördlichen Teil toskanisch, im südlichen ligurisch. Dort hat man die bedeutendsten Funde für die Geschichte der Region entdeckt, die »mundlosen« Statuenstelen. In Pontrémoli haben viele von ihnen ein adäquates Zuhause gefunden.

In Vezzano fließt der Magra-Fluss mit dem Vara zusammen, nach Süden eilen sie gemeinsam als Magra der breiten Mündung zu, die mit ihren langen und sauberen Stränden wirklich prahlen kann. Ab Santo Stefano di Magra, das bereits im Toskanischen liegt, beginnt der schönste Teil der Lunigiana, das Ursprungsgebiet der Ligurer. Erstaunlicherweise haben diese sich von dort nur nach Westen hin verbreitet – auf dem Gebiet, das man nach ihnen Liguria, zu Deutsch Ligurien, nennt. Auf der Westseite der Lunigiana führt die Autobahn A 15 nach Norden, parallel – aber jenseits des Flusses – die Landstraße Nummer 62, die zum größten Teil dem Lauf des Magra folgt. Kein Gebirgsbach, aber ein schnell fließendes Gewässer, das bei Aulla jedoch ziemlich breit wird und richtige Kiesinseln aufweist.

Links die ligurischen Seealpen, rechts der Tosko-Emilianische Apennin, beide Seiten ragen ziemlich bald bis in Höhen von eintausend Metern und mehr, auf beiden Seiten hocken kleine Ortschaften auf Hügelkuppen. Relativ flach liegt da Aulla

Die Kirche von Pieve di Sorano vom Friedhof aus

(gut 11 300 Einwohner), das am 25. Oktober 2011 (wie mancher Ort in den Cinque Terre) erleben musste, wie der Magra zu einem reißenden Fluss wurde, der die Stadt überschwemmte, ja für mehrere Tage lahmlegte und zwei Todesopfer forderte. Dabei wurde auch die Stadtbibliothek zerstört und damit gingen fast alle Dokumente zur Stadtgeschichte verloren.

Einsam schöne Pieve di Sorano

Nach dem Durchfahren des kleinen Ortes Filattiera veranlasst ein Kirchenbau zum Anhalten. Es ist die Pieve di Sorano, ganz aus gleichmäßigen Flusssteinen gebaut, wie man erst seit den jüngsten Restaurierungsarbeiten erkennen kann. Aus der Ferne wirkt die Außenhaut wie akkurat aus Ziegeln geschaffen, so genau wurde Stein auf Stein gesetzt. Besonders schön ist die Chorpartie mit ihren Lisenen und Blendarkaden an den drei Rundapsiden, die man nur betrachten kann, wenn man in den kleinen Friedhof dahinter geht. Kein Wunder, dass diese Kirche als die eleganteste der an Kirchen so reichen Lunigiana gilt. Kein Wunder, war doch Filattiera die Hauptstadt der Malaspina, die das ganze Gebiet beherrschten und in dem sie zahlreiche Burgen hinterließen. Die dreischiffige, ab dem 10. Jahrhundert errichtete Pieve di Santo

AUTORENTIPP!

PONTRÉMOLI, DIE FESTUNG DER STELEN

Den mittelalterlichen Ortskern überragt das Castello Piagnaro, das seine Wurzeln im 10. Jahrhundert haben dürfte und zu den größten Festungen des Gebietes gehört. Mehrmals im Laufe der Jahrhunderte wurde sie zerstört und wieder aufgebaut, zuletzt verstärkt mit den Bastionen im 16. und 17. Jahrhundert. Militär und eine Grundschule waren dort untergebracht, doch bereits seit 1875 ist sie Sitz des Museums der Stelen. Die ersten wurden im Vara-Tal im Jahr 1827 gefunden, aber ihnen folgen bis heute immer wieder und jedes Mal aufregende Funde dieser Art. Schließlich wurden die anthromorphen, also in menschenähnlicher Gestalt gehauenen Steine vor mehr als 5000 Jahren gefertigt. Dabei lassen sich weibliche (mit Brüsten) und männliche Stelen erkennen, wobei man sich nicht sicher ist, ob sie Gottheiten darstellen, etwa Mutter-Göttinnen als Symbol für Leben und Fruchtbarkeit, oder ob es Krieger waren, die sich für die Ewigkeit darstellen ließen, weil an manchen von ihnen Kriegsgerät zu erkennen ist. Die Stelen werden in drei Gruppen eingeteilt: A für die ältesten, B für die zahlenmäßig größte und am besten ausgearbeitete Gruppe und C für die jüngeren Stelen, die eher als Statuen bezeichnet werden können.

Museo Statue Stele Lunigianesi. Di–So Mai–Sept. 9–12.30, 15–18 Uhr, Okt.–April 9–12.30, 14.30–17.30 Uhr. Castello Piagnaro, Pontrémoli (MS), Tel. 01 87 83 14 39, www.statuestele.org

Oben: Auf der Festung von Pontrémoli muss man ganz schön viele Stufen steigen, um alles zu erkunden.
Unten: Bequemer ist es in der historischen Stadt darunter, die zwischen zwei Flussläufen eingeklemmt ist.

Stefano, wie die Kirche an der wichtigen Verbindungsstraße zwischen Luni und der Po-Ebene, der Frankenstraße, heißt, bleibt den ganzen Tag über geöffnet, sodass man sie problemlos auch innen bewundern kann. Auch hier fast alles blanker Stein mit Ausnahme der linken Seite, wo Haupt- und Seitenschiff durch drei hohe Bögen mit einem fast palladianischen Motiv (ein rundes Loch zwischen zwei Rundbögen) getrennt werden. Ein kleines Museum ist diese Pieve auch: Links unter dem ersten Bogen steht *Il Guerriero di Sorano*, eine Stele, die man während der Restaurierungsarbeiten unter dem Glockenturm gefunden hat, als Sorano 5 bezeichnet (der Reihenfolge, in der man die Stelen entdeckt hat).

Pontrémoli, die Buchstadt

Die Römer nannten den Ort in 250 Meter Höhe Apua, das mittelalterliche Pontrémoli entwickelte sich zu Füßen des Castello del Piagnaro. Obwohl früh eine freie Kommune, lag der Ort in Zwist mit den nach Besitzungen gierenden Malaspina. Im Laufe der Geschichte gierten fast alle Herrscher aus dem nördlichen Italien nach der Stadt – die Della Scala aus Verona, die Visconti und die Sforza aus Mailand oder die Fieschi aus Genua. 1647 übernahm die Republik Genua Pontrémoli, doch schon 1650 trat es dem Herzogtum Toskana bei.

Heute mit 8000 Einwohnern geradezu beschaulich, ist es ein gutes Einkaufsstädtchen für die zahlreichen kulinarischen Spezialitäten der Lunigiana. Seit 1953 wird jeweils im Juli ein Buchpreis namens *Premio Bancarella* vergeben. Erster Preisträger: Ernest Hemingway mit *Der alte Mann und das Meer. Bancarellino* heißt der Jugendliteraturpreis, *Bancarella Sport* der Sportbuchpreis. Mit Recht trägt Pontrémoli also den Beinamen »Stadt des Buches« (*La città del libro*).

Infos und Adressen

SEHENSWÜRDIGKEITEN

Pieve di Sorano. Eine der schönsten romanischen Kirchen der Lunigiana. Mo-So normalerweise ganztags geöffnet

ESSEN UND TRINKEN

Appennino. Für seine gute Lunigiana-Küche bekanntes Hotel-Restaurant mit Verkauf von lokalen Produkten, viele davon hausgemacht etwa die Marmeladen. Via Montelungo 12, Località Montelungo, Pontrémoli (MS), Tel. 01 87 43 61 31, www.ristoranteappennino.it

Norina. Richtig urige Trattoria in einem historischen Palazzo mit einer schmalen Terrasse am Fluss. Spezialitäten sind Wildschwein und Steinpilze, Kräuterkuchen und *testaroli*. Überhaupt steht gute Hausmannskost der Lunigiana, eine Mischung ligurischer und toskanischer Einflüsse, im Vordergrund; Do–Di oder Fr–Mi 10.30–15/16, 18 Uhr bis spät in der Nacht. Via Garibaldi 16, Pontrémoli (MS), Tel. 01 87 46 06 28

ÜBERNACHTEN

s. o. Appennino

Caveau del Teatro. Sieben Apartments über dem Restaurant in einem Turmhaus aus dem 17. Jahrhundert im Zentrum, super ausgestattet, prominente italienische Schauspieler, Sportler und Sänger waren schon zu Gast. Piazzetta Santa Cristina s/n, Tel. 01 87 83 33 28, www.caveaudelteatro.it

La Locanda degli Aceri. Nette Bleibe vor dem Pass zwischen Toscana und Emilia-Romagna, Passo della Cisa, Località La Borella 5, 54027 Montelungo Superiore (MS), Tel. 01 87 83 64 21-

Podere Bramapane. B&B auf dem Lande, Case Sparse 24, Località Cargalla, Pontrémoli (MS), Tel. 01 87 83 64 07, www.poderebramapane.it

INFORMATIONEN

I.A.T. Pontrémoli. Piazza della Repùbblica 33, 54027 Pontrémoli (MS), Tel. 01 87 83 20 00, www.turismomassacarrara.it

Die schönsten Statuen der Frühligurer sind im Castello del Piagnaro ausgestellt.

Die Marmorbrüche von Carrara nutzten schon die Etrusker. Die Römer und später Michelangelo machten sie berühmt, und interessierte Reisende dürfen sie nun genauer anschauen.

49 Marmortour in die Toskana

Hinein in die Marmorbrüche von Carrara

Michelangelo und vor ihm bereits die Römer ließen in der nordöstlichen Toskana im Grenzgebiet zu Ligurien den weißesten Marmor der Welt für ihre Skulpturen und Paläste abbauen, und es wird in den Bergen von Carrara noch immer der wunderbar weiße Stein gehauen. Beherzte können eine Tour entlang der alten Transportwege unternehmen, die mitten hinein ins Herz der Marmorberge führt.

Hinweisschilder führen von Carrara ins Marmorbergarbeiterdorf Colonnata, das auch für den weißesten Speck berühmt ist (*Lardo di Colonnata*), der in Marmorbehältern, kleinen Sarkophagen ähnlich, reift und gelagert wird. Auf diesem Weg kommt man auch zur Via Cave, also zur Marmortour. Schon die Landschaft ist eine ganz besondere, die zerfressenen Marmorberge, die auch im Sommer aussehen, als wären sie verschneit, sind ein faszinierender Anblick. Man folgt einem dicken roten Pfeil und kommt vorbei an zahllosen Werkstätten, in denen Marmorskulpturen, Platten und andere Gegenstände aus Marmor produziert werden, die mehr oder weniger künstlerisch wertvoll sind. Weiter geht es Richtung Fantiscritti.

Ferrovia Marmifera

Rund zehn Kilometer lang ist die abenteuerliche Marmortour, die durch 15 Tunnel sowie über 16 Brücken entlang einer aufgelassenen Bahnlinie führt. Zwischen 1876 und 1964 fuhr hier noch die dampfbetriebene Eisenbahn mit tonnenschweren

Marmorblöcken hinunter ins Tal beziehungsweise ans Meer. Eine Strecke, die von einer Gruppe junger Architekten und Städteplaner wiederbelebt werden soll, allerdings nicht für Bahnfahrten. Eine begrünte Trasse – wie es sie bei manchen Hochbahnabschnitten in New York City gibt – wäre eine der Möglichkeiten.

Die Arbeit war hart und mehr als gefährlich. Um die wertvollen Steine auf die Waggons zu hieven, mussten sie zuerst auf steilen Holzrutschen über die Berghänge abwärts bewegt werden. Nach 1964 übernahmen riesige Lastwagen auf der alten Trasse den Transport, bei deren Anblick man noch heute Angst bekommt, wenn sie, auch noch so langsam, die Straßen Richtung Meer befahren. Am eindrucksvollsten sind hier der Tunnel zwischen Fantiscritti und Ravaccione, die Brücke von Vara, die Eisenbrücken von Vezzala und Ravaccione, vor allem aber die auf hohen Pfeilern und Bögen ruhenden Viadukte von Miseglia.

Ravaccione und das Marmormuseum

Zwei Stationen sollte man in die auch landschaftlich interessante Tour einbeziehen. Einmal das skurrile, aber dennoch interessante private Cava Museo, dessen Markenzeichen ein lebensgroßes marmornes Ochsengespann ist, das einen hölzernen Karren zieht. Den Besuchern wird gerne die Geschichte des Marmorabbaus erklärt und man hofft, dass sie anschließend eines der kleinen und größeren Marmorandenken kaufen, denn der Eintritt ist frei.

Gegenüber befindet sich die interessante Cava di Ravaccione, die man bei einer geführten Besichtigung erleben darf, was richtig aufregend sein kann. Man wird mit einem klapprigen VW-Bus

AUTORENTIPP!

AUF DEN SPUREN DER MALASPINA

Castrum nennt sich eine Initiative, die zu den Kastellen der Toskana führen will. Im Bereich von Massa beziehungsweise der nördlichen toskanischen Küste bietet es sich geradezu an, auf den Spuren der hier einst so bedeutenden Herrscherfamilie Malaspina zu reisen. Diese Malaspina stammten von den Otbertinern ab, italienisch Obertenghi, als ihr Stammvater gilt Otbert I. (Mitte des 10. Jahrhunderts), eln italienischer Pfalzgraf, ab 951 Markgraf von Mailand und Fürst von Luni. Womit wir bereits in der Lunigiana wären, wo die Malaspina seit dem 14. Jahrhundert die Markgrafschaft Massa und Carrara beherrschten.

Ein Faltblatt, das auf den einzelnen Kastellen kostenlos erhältlich ist, zeigt eine nachvollziehbare Route: entlang des sogenannten Spino Fiorito östlich des Magra die sechs Kastelle Anghiolfi di Montignoso, Malaspina di Massa, Malaspina di Fosdinovo, Fortezza della Brunella di Aulla, Malaspina di Terrarossa sowie Malgrate; entlang des Spino Secco westlich des Magra ganz im Nordwesten der Region die beiden Kastelle Piagnaro di Pontrémoli (mit dem Stelen-Museum) und Lusuolo.

Informationen bei:
www.castellidilunigiana.it
und www.comune.massa.ms.it

Oben: Colonnata war früher das Bergarbeiterdorf inmitten der Marmorsteinbrüche.
Unten: Auf der Marmortour sind besonders die hohen Brücken der früheren Bahnlinie für den Abtransport des Marmors beieindruckend, heute fahren dort Autos.

hineingefahren, muss sich einen Helm aufsetzen und darf der polyglotten Führerin tief ins Bergwerk folgen. Das Tolle daran ist, dass man den Arbeitern bei ihrem harten Handwerk zuschauen darf, während von der Decke herabtropfendes Wasser die Besucher erfrischt – oder zusammenzucken lassen mag. Die Cava di Ravaccione ist der angeblich weltweit einzige Marmorbruch mitten im Berg und auf einer jeweils 600 m langen Trasse von zwei Seiten erreichbar, einer alten Bahnstrecke mitten durch den Berg folgend. Als die Bahn eingestellt wurde, bekamen die Betreiber die Erlaubnis, hier tief im Berg Marmor abzubauen. Die hohen Kosten dieses Abbaus machen sich bezahlt, denn es handelt sich hier um einen besonders dichten und damit besonders kostbaren Marmor, weil das ganze Gewicht des schweren Gebirges bei dessen Entstehung darauf lastete.Neben aller atemberaubenden Faszination über das Ambiente erfährt man zudem viel über die Arbeit im Steinbruch: Wie das für das Schneiden beziehungsweise Fräsen notwendige Wasser vor Ort gesammelt wird, wie viele Zentimeter die Säge in der Minute schafft, nämlich fünf – und warum sich dieser Aufwand mitten im Berg nur bei wirklich hochwertigem Marmor lohnt. Die Marmorblöcke, die hier abgebaut werden können, erreichen eine Höhe von sieben bis 15 Meter, außen schafft man höchstens Blöcke von sechs Meter Höhe, weil sie nur in Terrassen am Berg herausgeholt werden können.

Die Rundtour durch Tunnel und über Brücken macht im engen beziehungsweise interessantesten Bereich rund fünf Kilometer aus, kommt man von Carrara, muss man etwa zehn Kilometer Anfahrt hinzurechnen. Der – auch kulinarisch lohnende – Abstecher nach Colonnata verlängert die Strecke nochmals um vier Kilometer, zwei fährt oder geht man hin und zwei zurück.

Infos und Adressen

SEHENSWÜRDIGKEITEN

Bergwerk von Ravaccione. Marmortour ins Bergwerk Mai–Aug. 11–18.30 Uhr, April, Sept., Okt. 11–17 Uhr (alle 30 Min.), Località Miseglia, Carrara (MS), www.marmotour.com

Cava Museo Walter Danesi. Marmor-Freilichtmuseum gegenüber dem Bergwerk von Ravaccione, Mo–So (Eintritt frei), Località Miseglia, Carrara (MS), Tel. 05 85 709 81, www.cavamuseo.com

Das Siegel zeichnet den berühmten Speck aus.

ESSEN UND TRINKEN

Da Venanzio. Kleines, aber feines Restaurant mitten im Marmorbergarbeiterdorf; Mo–Mi, Fr–So Mittag 12.30–14, 19.30–22.30 Uhr, Piazza Palestro 3, 54033 Colonnata (MS), Tel. 05 85 75 80 33, www.ristorantevenanzio.com

Locanda Apuana. Viel gelobte Trattoria in angenehmem Ambiente am Ortsrand, Colonnata-Speck aus Eigenproduktion, gute Hausweine; Di-So Mittag 12.30–14.30, 19–22.30 Uhr. Via Comunale 1, 54033 Colonnata (MS), Tel. 05 85 76 80 17, www.locandaapuana.com

L'Incanto. Urige Marmorarbeiterkneipe, mit Kleinigkeiten zu essen und interessanten Bildern sowie Literatur über die Marmorarbeiter und den gefährlichen Abbau des »weißen Goldes« von Carrara; Mo–So 8–17 Uhr, im Sommer bis 20 Uhr. Via Fantiscritti, 54033 Carrara (MS), Tel. 05 85 752 37.

ÜBERNACHTEN

Effe. Familiär geführtes B&B in einem hübsch restaurierten Stadthaus, nur drei Doppelzimmer, zwei davon mit Terrasse, Frühstückszimmer mit Leseecke. Via Garibaldi 27, 54033 Carrara (MS), Handy 335 681 82 99, va.endriz@tin.it

Michelangelo. Nettes Hotel an der Hauptstraße, schöne, großzügige Zimmer, Dachterrasse mit Bar und Blick über Carrara in die Berge und zum Hafen. Corso Filli Rosselli 3, 54033 Carrara (MS), Tel. 05 85 77 71 61, hm.carrara@tin.it

Originalgroßes Gespann aus Marmor im Cava Museo von Walter Danesi

Geschützt durch Glas schauen Groß und Klein fasziniert den praktisch frei lebenden Wölfen im Alpha-Parc beim Fressen zu. **Rechts oben:** Kein Wunder, dass Grasse seinen Parfümeuren ein Denkmal gesetzt hat.

50 In den Seealpen der Provence

Zu Wölfen, Urpferden und riesigen Bisons

Im Nordosten der Provence, also an der Grenze zu Ligurien, ist es gelungen, zwei besondere Parks mit Tieren zu beleben, die vor dem Aussterben bedroht sind oder waren: einmal den Apenninwolf, zum anderen die Przewalski-Pferde und Bisons. Der Wolfspark liegt in den französischen Alpes Maritimes (»Seealpen«) auf dem Mercantour-Massiv in 1500 Meter Höhe, der Park von Thorenc 1250 Meter hoch – also warm anziehen.

60 oder 70 Kilometer von Ventimiglia entfernt, auf diversen, immer aber landschaftlich faszinierenden Wegen ist der Alpha Wolfspark erreichbar. Man stößt zuerst auf zwei große Kuhställe, durch die früher der Bergbach geleitet wurde, um sie zu reinigen. Vor den Ställen stehen heute oftmals Kinder und streicheln Schafe. Wölfe aber reißen Schafe, deshalb sträubten sich die Bergbauern lange Zeit gegen den Park, denn sie ziehen auch wild lebende Wölfe durch ihr Geheul an, was ja von den Naturschützern gewollt ist. Nur die etwa 40 Wölfe des Parks leben hinter einem Zaun, allerdings mit genügend Raum für die Freiheit, die sie brauchen. Man kann sich daher nicht ganz sicher sein, bei seinem Besuch tatsächlich einem Wolf zu begegnen.

Der Fütterung zuschauen

Am ehesten funktioniert das hier: Einem dunklen Stall ähnelt vor dem Gehege das Chalet de la Forêt, von wo aus man der Fütterung zuschauen

kann. Wolfsgeheul sagt dem Menschen, dass er sich ab sofort in den Gefilden von Meister Isegrim befindet (*isen* = Eisen, *grinen* = knurren). Die Spannung steigt, wo lauern die Raubtiere? Von drei Beobachtungsstationen, für Kinder bequem erhöht, ist die Fütterung ein beeindruckendes Erlebnis. Die Pfleger stehen in respektvollem Abstand, sie haben keine Angst, doch beim Füttern soll man das Alphatier Thor (nach dem starken und doch gutmütigen Germanengott benannt) und seine Familie nicht stören. Man kann lange auf einem sanften Waldweg durch den Park gehen, nur das Rauschen des Bergbachs ist zu hören, man folgt Station auf Station, um den französischen grauen und den italienischen, kleineren, gelblichen Wölfen auf die Spur zu kommen.

Über das Leben der Wölfe und mit ihnen berichten Filme in einem der früheren Schafställe. Zum Abschluss wird ein fantastischer, technisch raffinierter 3D-Film mit imaginärer Bühne gezeigt. So fühlt man sich wie mitten im Geschehen und versteht die Sorgen und Ängste der Schäfer, die nun wieder wie früher mit den Wölfen leben müssen. Denn außerhalb des umzäunten Geheges, auf den Almen, leben immer noch (oder schon wieder) mindestens 150 Graugesichter, die sich in hungri-

AUTORENTIPP!

DIE PARFUMSTADT GRASSE

Schon mal in der Provence, ist es nicht weit nach Grasse (von Cannes rund 20 Kilometer), der Stadt, die in Patrick Süskinds (geboren 1949) Bestseller *Das Parfum – Die Geschichte eines Mörders* (1985) Handlungsort war. Die Faszination von Parfum wird man spätestens dann verstehen, wenn man in Grasse das Parfum-Museum besucht hat, das nicht nur Ausstellungsgebäude ist zur Geschichte der Düfte, sondern auch sinnliche Eindrücke vermittelt. Natürlich mittels Düften. Doch ganz Grasse wird umduftet, überall in der schön auf einem Hügel thronenden Stadt werden alle erdenklichen Essenzen und fertigen Parfums hergestellt und zum Verkauf angeboten.

Musée International de la Parfumerie. Mai–Sept. Mo–So 10–19, Okt.–März Mi–Mo 11–18 Uhr. Boulevard Jeu de Ballon 2, 06130 Grasse, Tel. 04 97 05 58 00, www.museesdegrasse.com

gen Zeiten schon mal ein Lamm zum Abendessen schnappen. Dann würden die Bauern allerdings unbürokratisch entschädigt, heißt es.

Zottelige Büffel und wilde Przewalski-Pferde

Nordwestlich von Nizza, Antibes und Cannes ist das Naturerlebnis perfekt, besonders geheimnisvoll bei Nebel, den es hier sogar im Sommer geben kann: Langsam nähert man sich zu Fuß oder mit der von den Kaltblütern Katar und Sarah gezogenen Kalesche einer Senke, alles ist still. Plötzlich lösen sich zottelige, dickköpfige Bisons aus der Nebelwand. Und gleich daneben erkennt man friedlich grasend eine ganze Herde hellbeiger Przewalski-Pferde, einer Rasse mit dem unaussprechlichen Namen, die fast ausgestorben war. Ein im Gras liegendes Bisonkalb wird schnuppernd begrüßt, auch von den Pferden. Zwei Bison-Machos messen ihre Kräfte, stoßen mit der breiten Stirn aufeinander, die Hörner klappern. Mit den Zugpferden kann man, oben auf der Kalesche, sehr nah an die friedlichen Tiere herankommen, man kennt sich ja. Atemlos verstreicht die Zeit. Dann Stopp am Waldesrand: Ein paar wilde Pferde stehen auf dem Weg, blockieren ihn, Katar und Sarah warten, die Przewalski-Pferde haben hier einfach Vorfahrt, das ist die einzige Verkehrsregel in dieser intakten Natur.

Eine wundervolle Idee ist es für Familien mit Kindern, aber auch ganz einfach für naturliebe Menschen, im Gutshof zu übernachten. Es gibt hier aber auch einsam gelegene Ecolodges, eine Art Zelt auf Stelzen. Wer darin übernachtet, erlebt außer den hier artgerecht gehaltenen und gezüchteten Tieren der Wildnis auch noch Hirsche und Rehe, Wildschweine, Gämsen und vielleicht sogar die scheuen Eurasischen Luchse.

Oben: Diesen Bisons sollte man möglichst nicht zu nahe kommen, wenn sie nicht bei Laune sind.
Mitte: Da ist es gut in einer der Pferdekutschen zu sitzen.
Unten: Die wild lebenden Przewalski-Pferde haben allerdings immer »Vorfahrt«.

Infos und Adressen

SEHENSWÜRDIGKEITEN

Parc Alpha. Wolfspark, April-Juni, Sept.–11. Nov., Weihnachten/Neujahr, Mitte Febr.–Mitte März 10–17 Uhr, Juli/Aug. 10–18 Uhr. Saint-Vésubie Le Boreon, Saint Martin-Vésubie, Frankreich, Tel. 04 93 02 33 69, www.alpha-loup.com

Reserve Biologique des Monts d'Azur. Naturreservat, April–Mitte Nov. Mi–So, Weihnachtsschulferien Mo–So 10–18 Uhr, 13. Dez.–März Fr–So 10–17 Uhr begleitete Safari zu Fuß oder mit Kalesche (je 1½ Std.), auch mit Picknick oder Mittagssnack möglich, beste Startzeit 9 und 16 Uhr, dann kommen die Tiere an die Tränken. Domaine du Haut-Thorenc, Thorenc, Frankreich, Tel. 04 93 60 00 78, www.haut-thorenc.com

ESSEN UND TRINKEN

Chalet d' Accueil du Boreon. Informationszentrum mit Ticketverkauf, Souvenirshop und Bar mit Sandwiches, lokalen Spezialitäten und Getränken; zu den Öffnungszeiten des Naturreservats während der Hochsaison 10–18, sonst 10–17 Uhr. Im Naturreservat finden Besucher sogar eine richtige Trattoria mit schmackhafter Küche aus lokalen, biologisch einwandfreien Produkten. Domaine du Haut-Thorenc, Thorenc, Frankreich, Tel. 04 93 60 00 78, www.haut-thorenc.com

Parc Alpha. Im Wolfspark gibt es eine einfache Cafeteria mit Kleinigkeiten zu essen. Saint-Vesubie Le Boreon, Saint Martin-Vésubie, Frankreich, Tel. 04 93 02 33 69, www.alpha-loup.com

ÜBERNACHTEN

Best Western Elixir Grasse. Angenehmes Hotel mit großzügigen Zimmern am Stadtrand in schöner Panoramalage nahe dem Kongresszentrum mit Schwimmbad und hoteleigenem Parkplatz. Rue Martine Carol, Quartier Saint-Claude, Grasse, Tel. 04 93 70 70 70, www.bestwestern-elixir-grasse.com

La Bastide Saint Antoine-Jacques Chibois. Ein Relais & Chateaux-Hotel im besten Sinne, fünf Sterne mit Spezialitätenrestaurant in einer Residence aus dem 18. Jahrhundert in einem fünf Hektar großen Olivenhain, mit Pool. Avenue Henri Dunant 48, Grasse, Tel. 04 93 70 94 94, www.jacques-chibois.com

Ein Paradies für Kinder, die frei laufende Schafe liebkosen dürfen

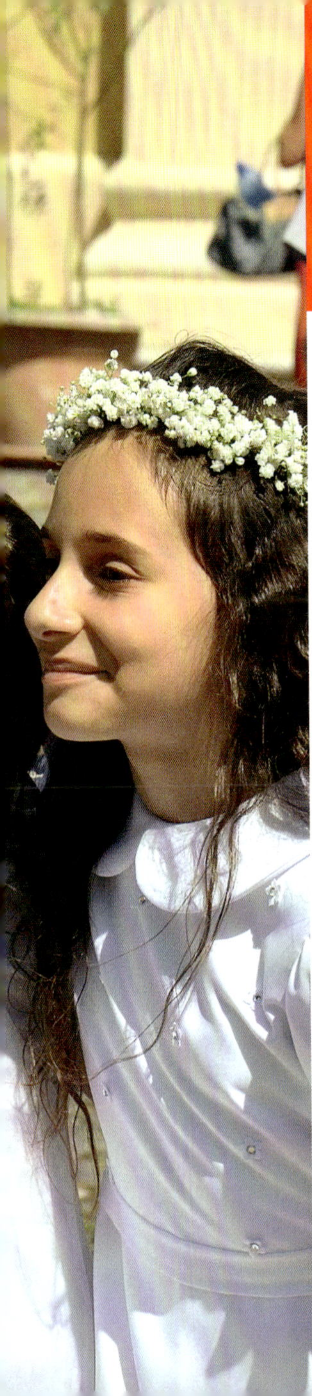

REISEINFOS

Oben: Das grüne Kreuz zeigt an, wo eine Apotheke ist.
Mitte: Entlang der gesamten Küste Liguriens verkehren Bahnen mit dichtem Fahrplan.
Unten: Die zentrumsnahe Stazione Principe in Genua. Einer der beiden Bahnhöfe der Stadt.

Ligurien von A-Z

Ärzte und Apotheken

Empfehlenswert ist die Mitnahme der Europäischen Krankenversicherungskarte EHIC bzw. der Abschluss einer Auslandsreisekrankenversicherung, mit der auch Pflichtversicherte wie Privatpatienten zum Arzt ihrer Wahl gehen können. Dann müssen sie zwar die Arztrechnung vor Ort zahlen, aber sie bekommen sie nach deren Einreichung bei der Versicherungsgesellschaft erstattet. Jede Hotelrezeption dürfte deutschsprachige Ärzte nennen können. Apotheken (*Farmacia*, plural *Farmacie*, am grünen Kreuz zu erkennen) gibt es in den meisten Orten.

Aufenthaltssteuer

Je nach Hotelkategorie müssen Touristen für die ersten fünf Tage eine zusätzliche Aufenthaltssteuer zahlen, ähnlich einer Kurtaxe. Höchstbetrag fünf Euro pro Person und Nacht in der Luxuskategorie. Der Beitrag für die bessere Erschließung der einzelnen Gemeinden in der Region für den Fremdenverkehr wird während der kurzen Nebensaison im Winter normalerweise halbiert. Es gibt aber auch Ortschaften, die aus Werbegründen, also um mehr Touristen anzulocken, ganz auf die Aufenthaltssteuer verzichten, es bleibt eine Entscheidung der örtlichen Behörden.

Autofahren in Ligurien

Die Autobahn A 12 durchläuft die gesamte Region von Ost nach West, teils auf hohen Viadukten mit weiten Ausblicken sowohl aufs Meer als auch auf die Seealpen im Norden. Die Regionalhauptstadt Genua in der Mitte ist vom Norden aus Richtung Mailand direkt über die A 7 erreichbar. Die Via

Aurelia durchzieht die gesamte Region küstennah, von Rom über die Toskana im Osten kommend bis zur französischen Grenze im Westen. In die Seealpen führen zahlreiche schmalere Landstraßen. Manche Ortschaften an der Steilküste dagegen sind wie die Cinque Terre nicht miteinander verbunden, sondern nur über Stichstraßen erreichbar. Hier benutzt man am besten die Bahn, die ebenfalls die Region in ihrer gesamten Länge durchfährt.

Wichtig: Wo ZTL angekündigt ist, also eine *Zona Traffico Limitato*, darf man zu den angegebenen Zeiten nicht in die Stadt/den Ort einfahren; Hotelgäste werden aber vorgelassen, so es die Straßenverhältnisse überhaupt erlauben, etwa in den Cinque Terre, wo zu Fuß gehen angesagt ist, und bei der Polizei als Hausgäste registriert. Sie dürfen

Oben: Auch in den Städten sollte man entweder zu Fuß gehen oder die öffentlichen Verkehrsmittel wie Busse benutzen.
Unten: Entlang der Wanderroute der Via Alta kann man an bestimmte Punkten einen Bus telefonisch bestellen.

Oben: Kirchliche Feste werden besonders ernst begangen, doch eine Kommunion wie hier in Vezzano Ligure scheint eher Spaß zu bereiten.
Unten: Anstehen für die Bootsüberfahrt von Portofino nach Santa Margherita Ligure

aber nur bis zum Hotel fahren und müssen den Wagen anschließend eventuell andernorts parken.

Feiertage

Gesetzliche Feiertage, an denen normalerweise Geschäfte und Büros geschlossen bleiben:

1. Januar	*Capodanno*, Neujahr
6. Januar	*Epifania*, Heilige Drei Könige, meist am Vorabend begangen
März/April	*Pasqua*, Ostern, und Pasquetta, Ostermontag
25. April	*Giorno della Liberazione*, Tag der Befreiung von den Deutschen, Nationalfeiertag
1. Mai	*Festa del lavoro*, Tag der Arbeit
2. Juni	*Festa della Repùbblica*, Nationalfeiertag
15. August	*Ferragosto*, Mariä Himmelfahrt
1. November	*Ognissanti*, Allerheiligen
8. Dezember	*Immacolata*, Mariä Empfängnis
25. Dezember	*Natale*, Weihnachten
26. Dezember	*Santo Stefano*

Es folgt eine Auswahl der in Ligurien begangenen lokalen Feste und Jahrmärkte, die auch für Touristen interessant sind und für die man sich als Einheimischer normalerweise frei nehmen muss, wenn man sie mitfeiern möchte:

Januar
- Blumencorso *I Carri Fioriti* in San Remo am letzten Sonntag, ein Highlight für Blumenfreunde

Februar
- Schlagerfestival in San Remo Ende Februar (Auskunft über Termine www.sanremo.rai.it)
- *Sagra della Mimosa* in Pieve Ligure am 1. oder 2. Sonntag (www.comune.pieveligure.ge.it Mimosen-Festzug mit kostümierten Kindern)

März/April

- Karfreitag: *Processione del Venerdi Santo* in Savona, holzgeschnitzte Passionsdarstellungen
- Karwoche: Barocke Skulpturen und traditionelle Gesänge in Ceriana, nördlich von San Remo, www.tere-ceriana.it

Mai

- *Sagra del Pesce* am 2. So in Camógli, Fischfest mit der größten Bratpfanne der Welt
- Segelregatten in Santa Margherita Ligure und Portofino

Mai/Juni

- Andersen-Festival am Strand von Sestri Levante, zauberhafte Darstellungen von Performancekünstlern und Theaterleuten, Termine über www.andersenpremio.it

Juni

- *Suq* in der ersten Hälfte des Monats in Genua am Porto Antico, ein Basar mit Händlern und Künstlern aus vielen Ländern, Musik und Theater, ein Spektakel, Informationen bei www.suqgenova.it
- Mitte Juni Blumenumzug mit Blumenschlacht *Battaglie di fiori* in Ventimiglia, genaue Termine über www.battagliadifiori.com

Juli

- Marienfeier *Madonna di Monte Allegro* Anfang Juli in Rapallo, Prozessionen, Märkte, Feuerwerk, nachts Lichtertanz auf dem Meer, Informationen bei www.festediluglio.it
- *Goa-Boa*-Festival mit Musik aus aller Welt an fünf verschiedenen Abenden, meist erste Hälfte Juli in Genua, seit 2013 auf der Piazza delle Feste, Informationen www.goaboa.it
- *Festa della Maddalena* am 3. Wochenende in Tággia, archaisches Fest mit schauerlichem Totentanz, Informationen über www.taggia.it und www.eventiesagre.it
- *Harpae-Festival Internazionale delle Arpe*, stimmungsvolles Harfenkonzert am letzten

Oben: Eine Katze auf der Fensterbank in Camógli, allerdings nur auf die Fassade gemalt
Unten: Historische Feste sind der Erinnerung gewidmet und werden daher mit originalgetreuen Kostümen begangen wie hier in Sarzana.

Wochenende in Isolabona (nördlich Ventimiglia/Dolceácqua), genaue Termine bei www.puntoventimiglia.it

Juli/August

- *Festival Internazionale di Musica da Camera*, traditionelles Kammermusikfestival an mehreren Tagen in Cervo, genaue Termine bei www.festivaloffestivals.org

August

- *Palio del Golfo*, Ruderwettkampf am 1. Sonntag in La Spezia, mit Umzügen, Konzerten, Schlemmerkiosks und Feuerwerk, www.paliodelgolfo.it
- *Festa della Stella Maris*, Bootsprozession am 1. Sonntag in Camógli zur Punta Chiáppa mit unzähligen Lichtern auf dem Meer, www.camogli.it
- An Mariä Himmelfahrt (*Ferragosto*, 15. August) am Urlaubsort nach Prozessionen und Straßenfesten fragen
- *Agosto Medievale* an mehreren Tagen in Ventimiglia; Ritterspiele, Paraden und Prozessionen lassen das Mittelalter wieder aufleben, die Einheimischen tragen oft historische Kostüme, Termine unter www.enteagostomedievale.it

September

- Beim *Festival Musicale del Mediterraneo* Anfang bis Mitte September in Genua tritt die Musikszene vieler Länder auf, genaue Termine bei www.echoart.org

Oktober

- *Salone Nautico* in der 1. Oktoberwoche in Genua, die größte Bootsmesse der Welt, Termine und Buchung bei www.genoaboatshow.com (da geht allerdings nichts mehr in der Stadt, also nur bei echtem Interesse anreisen und mit überhöhten Preisen rechnen)

Dezember

- *Confuego*, das traditionelle Fest des Feuers und des Lichtes in Genua, großes Straßenfest und

Oben: San Fruttuoso dürfte eines der beliebtesten (Boots-)Ausflugsziele der Halbinsel von Portofino sein.
Unten: Die Bimmelbahn ist an vielen Orten Liguriens ein Spaß für Kinder und Entspannung für Erwachsene.

Volkstänze, mindestens vierzig Krippen können besucht werden.
- In Manarola/Cinque Terre beleuchten mehr als 15 000 Lichter jeden Abend die über 300 Krippenfiguren.
- In Tellaro südöstlich von Lérici werden an Weihnachten 5000 kleine Lichter durch die engen Gassen getragen und am Strand auf das Wasser gesetzt.
- Beim *Cimento Invernale* können auch mutige Gäste mitmachen: In Ceriale, Varazze, San Remo und Alassio springen Männer und Frauen, auch Kinder, ins kühle Mittelmeer und wärmen sich danach mit heißen Getränken wieder auf.

Weitere Informationen zu Terminen bei den örtlichen Touristeninformationen oder bei www.turismoinliguria.it.

Fremdenverkehrsämter

Italienische Zentrale für Tourismus ENIT
Für die deutschsprachigen Länder, für Benelux und Mitteleuropa gibt es inzwischen nur noch eine einzige Gebietsdirektion in Deutschland: Barckhausstrasse 10, 60325 Frankfurt am Main,

Für Selbstversorger ein Segen – Märkte fast allerorten

Oben: Feinkostgeschäft in Genua
Unten: Motorroller sind in den engen Gassen passende Gefährte – wie hier in Genua.

Oben: Ein Hotel für Nostalgiker ist das Porto Rocca von Monterosso. **Mitte:** Der Zitronen-Likör Limoncello ist ein beliebtes Mitbringsel. **Unten:** In Campo Ligure (Stadtwappen) kann man wunderbaren Silberschmuck erstehen.

Tel. 069 23 74 34, frankfurt@enit.it, auch die Homepage ist vereinheitlicht – www.enit.it

Bei den einzelnen Kapiteln sind unter Informationsstelle die Fremdenverkehrsämter oder -büros der einzelnen Ortschaften genannt. Ob die örtlichen Pro Loco, Informazioni Turistiche oder I.A.T.

Fundbüros

Am Flughafen von Genua ist das *Ufficio Oggetti Smarriti* unter der Telefonnummer 010 601 54 07 erreichbar; in der Stadt wendet man sich an die *Polizia Municipale*, die städtische Polizei.

Klima

Ligurien wurde aufgrund der klimatischen Verhältnisse ein früher touristischer Hotspot. Im Winter mild, im Sommer vom Meer her erfrischt.

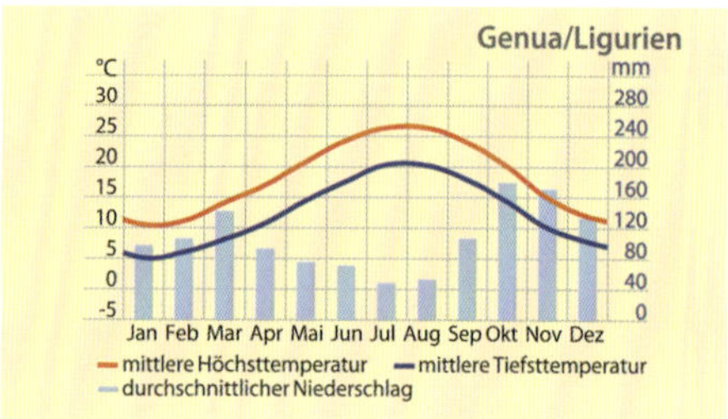

Notruf

Carabinieri, Polizei	112 und 113
Polizia Comunale	Die städtische Polizei ist in jedem Ort unter einer eigenen Nummer erreichbar.
Erste Hilfe	118
Pannenhilfe durch ACI	803116

Öffnungszeiten

Banken normalerweise Mo-Fr 8.30-13.30, 14.30-16 Uhr, Wechselstuben ganztags;
Geschäfte üblicherweise Mo-Sa 9/ 9.30-12.30/13, 15.30/16-19.30/20 Uhr, aber in den touristischen Zentren bleibt alles oftmals länger offen – ebenso an Sonn- und Feiertagen;
Restaurants, Trattorien und Osterien machen normalerweise nur zur Essenszeit auf, also mittags ca. 12.30-15 Uhr und abends ca. 19.30-23 Uhr. Viele Lokale bleiben sonntags oder montags geschlossen;
Cafés und Bars sind normalerweise durchgehend, dafür aber nur ca. 7.30-20 Uhr geöffnet.

Parken

Das ist in den Städten und den touristischen Zentren ein teures Vergnügen, wenn man überhaupt einen Parkplatz am Wunschplatz bekommt. Es lohnt sich bei größeren Städten wie Genua schon vor der Ankunft im Internet nach geeigneten Parkplätzen zu suchen. Die wenigsten Hotels verfügen über eigene Garagen, wo doch, ist dies auf den Webseiten der Hotels sicher erwähnt.

Rauchen

In Italien ist das Rauchen in Restaurants, Hotels und öffentlichen Einrichtungen verboten; viele Lokale bieten auf dem Bürgersteig, auf Vorplätzen

Oben: Sicheres Schwimmen im Meer unter Aufsicht wie hier am Strand von Varazze
Mitte: Die Bogengänge in vielen Städten Liguriens sind ideale Standorte für Cafés.
Unten: Nur hier gab es früher in Italien Salz und Tabak.

Die Barockkirche San Giovanni Battista von Cervo

oder Terrassen Plätze im Freien, dort kann dann geraucht werden, selten gibt es einen extra Raucher-Raum.

Reisen mit Kindern

Genua ist ein Pflichtbesuch auch für Kinder, nicht unbedingt, um die historischen Sehenswürdigkeiten zu besuchen, sondern schon wegen des Aquariums (s. S. 40) und des Kindermuseums ganz in der Nähe: La città dei Bambini e dei Ragazzi, Di–So 10–18 Uhr, Porto Antico, Magazzini del Cotone, 16128 Genua, Tel. 010 234 56 35, www.cittadeibambini.net

Kein Problem gibt es in Liguriens Ferienorten, die fast durchweg, vielleicht mit Ausnahme der Cinque Terre, auf Familienferien ausgerichtet sind. Im Westen locken speziell die flach abfallenden Sandstrände wie der von Alassio oder der preiswerteren Nachbarin Laiguélia. Bei der Wahl der Strände sollte man daran denken, dass nicht überall die Eisenbahnlinie ins Hinterland verlegt wurde und somit der Lärm der ratternden Bahnen als störend empfunden werden könnte. Italiener scheint dies nicht zu stören, wenn sie dafür weniger für die Ferien zahlen müssen. - Zu essen gibt es für Kinder überall Pizza, Pasta und große Varianten an Sandwiches, auch in den Bars und Restaurants der Strandbäder. Es sollte hier auch die Focaccia erwähnt werden, die nicht nur Kindern schmeckt. Es ist dies eine Art ligurisches Fladenbrot (manchmal einer Pizza nicht unähnlich).

Grotten sind etwas für Kinder, aber nicht für die ganz kleinen, denn es gibt normalerweise ordentliche Höhenunterschiede zu überwinden und es kann gruselig und kühl sein. Die schönsten Grotten sind die von Toirano (s. S. 194) und von Borgio Verezzi (s. S. 190).

Oben: Kinderunterhaltung findet sich mitunter auch auf der Straße.
Mitte: Spielplätze sorgen für Abwechslung.
Unten: Spannender ist aber sicher der Besuch der Grotten von Toirano.

Oben: Pizza. echt ligurische *Farinata* (Bild) oder *Focaccia* – nicht nur für Kinder immer richtig.
Mitte: Reiterferien im Hinterland
Unten: Wasser, Sand und Sonne
Rechts: Blick in eine der engen Gassen von Dolceácqua

Wasserparks bereiten der ganzen Familie viel Spaß. Vorreiter in Ligurien sind der Parko acquatico Le Caravelle (auch *il parco con la K* genannt wegen der für Italien seltsamen Schreibweise mit k); Juni-Sept. Mo-So 10-18.30 Uhr. Via San Eugenio 51, außerhalb von Ceriale, von dort gut ausgeschildert, Tel. 01 82 93 17 55, www.lecaravelle.com

Ein aktueller Familienreiseführer bringt auf 128 Seiten die besten Tipps für die ganze Familie. Gottfried Aigner: Familienreiseführer Italienische Riviera mit Genua, Verlag Companions 2014

Reitferien

Die Azienda Agricola Mulino Martino ist einmalig, zumindest in Italien: mitten in der wilden Natur der Seealpen und mit Buchungsmöglichkeit von passenden Unterkünften in der Nähe. Mit Reitkursen und Ausritten und vielen Programmen für Kinder während der deutschen Schulferien. Allein die Diaschau auf der Homepage anzuschauen, weckt schon den Wunsch sofort hinzufahren. Adresse: Arnulf Irßlinger und Amélie Bach, Località Martin, 18100 Dolcedo (IM), Tel. 01 83 28 07 82, www.mulinomartino.de

Strände

Die italienische Riviera westlich von Genua besitzt lange Sandstrände – oft flach abfallend, etwa im Parade-Seebad Alassio. Doch auch im Osten breiten sich lange und kürzere Strände aus und schließen Felsennasen romantische Buchten ein. Es dürfte also wirklich für jeden Geschmack ein passender Strand oder eine passende Badebucht zu finden sein. Immer mehr ligurische Strände erhalten jedes Jahr aus Neue die Blaue Europäische Flagge. Wo sie weht, kann man davon ausgehen,

B&B
L'ALCOVA
28
ALIMENTARI
IVANA
Pizze
Focacce
Michette
Olio d'oliva extra vergine
Prodotti tipici Dolceacqua
PANE FRESCO
BREAD
BROT

dass der Strand sauber ist, dass alle notwendige Infrastruktur wie Bar/Restaurant, Duschen, WC und Wechselkabinen ebenso vorhanden sind wie Strandwächter/Rettungsschwimmer und Erste Hilfe. Außerdem setzt die Vergabe der Blauen Europaflagge voraus, dass im dazugehörigen Ort Umweltschutz ernst genommen wird (u. a. mit Mülltrennung nicht nur am Strand).

Die Flagge wird nicht an den ganzen Ort verliehen, sondern nur an bestimmte Strandabschnitte beziehungsweise Strandbäder, wobei es durchaus Orte gibt, deren Strandbäder alle »blau-würdig« sind wie etwa Fiumaretta di Ameglia an der Magra-Mündung, hart an der toskanischen Grenze, mit immerhin zehn Strandbädern und freien Strandflächen dazwischen. Erstaunlicherweise hat der Super-Ort Alassio keine einzige Blaue Flagge, nur seine Marina. Angeblich aus politischen Gründen ...

Tatsächlich muss nicht jeder Strand, der keine Blaue Flagge hissen darf, schlecht sein, er erfüllt eventuell nur eines der vielen Kriterien nicht. Ein gutes Beispiel ist Sestri Levante und dort seine Baia del Silenzio, eine herrliche, mondsichelförmige Bucht mit hellem Sand und klarstem Wasser. Dass es an der notwendigen Infrastruktur fehlt, stört weder die Einheimischen noch die Touristen: die einen gehen nach Hause zum Essen und Duschen die anderen ins nahe Hotel; die Entfernungen sind im hübschen Städtchen ja nicht relevant.

Die ligurischen Orte mit Blauer Europaflagge findet man aktuell im Internet unter www.blueflag.org (englische Seiten, auf die Region Liguria klicken). 2013 erhielten in Ligurien insgesamt 20 Badeorte die Auszeichnung, genauer 35 Strände und 15 Marinas, also Jachthäfen.

Oben: Unter Aufsicht kann man ruhig ins ligurische Meer springen, erst recht, wenn über dem Strand die Blaue Europaflagge weht, die auch Sauberkeit verspricht.
Unten: *Baywatch* auf ligurisch

Trinkgeld

Üblich ist es, in Restaurants den Rechnungsbetrag um ca. 10% aufzurunden, sofern man zufrieden war; im Hotel pro Gepäckstück und für das Zimmermädchen pro Tag und Person je nach Kategorie mindestens 2 €.

Unterkunft

Dieser Band bemüht sich um eine ausgewogene Auswahl an Unterkünften in den beschriebenen Orten. In den Städten wird man sich normalerweise in einem Hotel oder einer Pension einquartieren, davon gibt es überall in allen Katagorien eine gute Auswahl.

Im Hinterland empfehlen sich eher Agriturismo-Betriebe, das können einfache Bauernhöfe, Landgüter, Weingüter oder auch ein Reiterhof sein. Hier findet sich für jeden Geschmack das Passende. Im Internet wird man auch in Sachen Ferienwohnung schnell fündig.

Nicht vergessen sollte man, dass es vielerorts Campingplätze gibt, sogar nicht unweit der Cinque Terre.

Bordighera ist bekannt für seine teils sehr feinen Villenhotels.

Oben: Auch wenn es hektisch ist, der Service ist meist herzlich.
Mitte: Pizza ist eine eher preiswerte Variante des Essens.
Unten: Und *Focaccia* ist ein schmackhafter und oftmals richtig leckerer Imbiss.

Kleiner Sprachführer

ALLGEMEIN

Guten Tag. Buongiorno
Hallo! Ciao!
Auf Wiedersehen. Arrividerci.
Wie geht es Ihnen/Dir? Come sta/stai?
Danke, gut. Bene, grazie.
Ja Sì
Nein No
Bitte ... Per favore ...
Danke Grazie
Gern. Con piacere.
Wie bitte? Come dice?
Ich verstehe nicht. Non capisco.
Ich heiße ... Mi chiamo ...
Ich spreche kein Italienisch. Non parlo l'italiano.
Sprechen Sie ...? Parla ...?
Wie viel Uhr ist es? Che ore sono?

UNTERWEGS

links a sinistra
rechts a destra
geradeaus diritto
nah vicino
fern lontano
Gibt es in der Nähe ...? C'è ... qui vicino?
Entschuldigung, wo ist ...? Scusi, dov'è ...?
geöffnet aperto/a
geschlossen chiuso/a
die Touristeninformation l'ufficio di turismo
der Hauptbahnhof la stazione centrale
die Bushaltestelle la fermata dell'autobus
der Flughafen l'aeroporto
das Museum il museo
die Kirche la chiesa
das Hotel l'albergo
Hilfe! Aiuto!
die Polizei la polizia
der Arzt il medico

ÜBERNACHTEN

Ich habe ein Zimmer reserviert. Ho riservato/a una camera.
Haben Sie ein freies Zimmer? C'è una camera libera?
Ich suche ein Zimmer für ... Personen. Cerco una camera per ... persone.
das Einzelzimmer la camera singola
das Doppelzimmer la camera doppia
mit Bad con bagno
mit Frühstück con prima colazione
mit Halbpension a mezza pensione
für eine Nacht per una notte
für eine Woche per una settimana
das Gepäck i bagagli

ESSEN UND TRINKEN

Haben Sie einen Tisch für ... Personen? Avete una tavola per ... persone?
Reservieren Sie bitte für 20 Uhr einen Tisch für 4 Personen. Per favore, ci riservi un tavolo per quattro persone per le ore venti.
Ist dieser Tisch noch frei? È libero questo tavolo?
Herr Ober! cameriere!
Fräulein! cameriera!
Die Speisekarte, bitte! La lista, per favore!
Ich bin Vegetarier. Sono vegetariano/a.
Ich möchte ... Desìdero ...
Guten Appetit! Buon appetito!
Die Rechnung bitte. Il conto, per favore.
Das ist für Sie. Questo è per Lei.
die Servicegebühr il servizio
das Tagesmenü il menu del giorno
das Frühstück la colazione
das Mittagessen il pranzo
das Abendessen la cena
die Vorspeise l'antipasto

der erste Gang il primo
die Hauptspeise il secondo
die Beilage il contorno
die Nachspeise il dolce
das Gedeck il coperto
die Weinkarte la lista dei vini
das Glas il bicchiere
die Flasche la bottiglia
die Tasse la tazza
das Messer il coltello
die Gabel la forchetta
der Löffel il cucchiaio
der Teller il piatto
die Serviette il tovagliolo
das Mineralwasser mit/ohne Kohlensäure l'aqua minerale gassata/naturale
der Orangen-/Zitronensaft il succo d'arancia/di limone
der Tee il tè
das Bier la birra
der Weißwein il vino bianco
der Rotwein il vino rosso
der Essig l'aceto
der Knoblauch l'aglio
gebacken al forno
gegrillt alla griglia
die Butter il burro
die Zwiebel la cipolla
die Bohnen i fagioli
der Käse il formaggio
die Erdbeere la fragola
das Obst la frutta
die Pilze i funghi
das Eis il gelato
der Salat l'insalata
die Milch il latte
die Suppe la zuppa
das Öl l'olio
das Brot il pane
der Pfeffer il pepe
das Salz il sale
das Fleisch la carne
das Steak la bistecca
das Huhn il pollo
das Kalb il vitello
die Leber il fegato
das Würstchen la salsiccia
gekochter/geräucherter Schinken prosciutto cotto/crudo
der Fisch il pesce
die Tintenfische i calamari
die Seezunge la sogliola
der Thunfisch il tonno
die Muscheln le vongole
die Garnelen i gamberi
die Meeresfrüchte i frutti di mare
der Spinat i spinaci
der Kuchen la torta
das Ei l'uovo
die Kartoffeln le patate
der Reis il riso
die Tomate il pomodoro
der Zucker lo zucchero
die Chilischote il peperoncino

EINKAUFEN

das Geschäft il negozio
der Markt il mercato
der Supermarkt il supermercato
die Bäckerei il panificio
die Apotheke la farmacia
Ich hätte gerne ... Vorrei ...
Wie viel kostet das? Quanto costa?
Das gefällt mir (nicht). (Non) mi piace.
Ich nehme es. Lo prendo.
teuer caro/a
billig a buon mercato
die Größe la taglia
bezahlen pagare
das Geld i soldi
die Kreditkarte la carta die credito
der Geldautomat il bancomat

ZAHLEN

0 uno
2 due
3 tre
4 quattro
5 cinque
6 sei
7 sette
8 otto
9 nove
10 dieci
100 cento
1000 mille
1/4 un quarto
1/2 un mezzo

IMPRESSUM

Verantwortlich: Claudia Hohdorf
Lektorat: imprint, Zusmarshausen
Korrektorat: Britta Mümmler, München
Layout: imprint, Zusmarshausen
Umschlaggestaltung: Fuchs-Design, Sabine Fuchs, München
Repro: Repro Ludwig, Zell am See
Kartografie: Kartographie Huber, Heike Block, München
Herstellung: Bettina Schippel
Printed in Slovenia by Korotan, Ljubljana

★★★★★

Sind Sie mit diesem Titel zufrieden? Dann würden wir uns über Ihre Weiterempfehlung freuen.

Erzählen Sie es im Freundeskreis, berichten Sie Ihrem Buchhändler, oder bewerten Sie bei Onlinekauf.

Und wenn Sie Kritik, Korrekturen Aktualisierungen haben, freuen wir uns über Ihre Nachricht an
Bruckmann Verlag,
Postfach 40 02 09,
D-80702 München
oder per E-Mail an
lektorat@verlagshaus.de.

Unser komplettes Programm finden Sie unter

www.bruckmann.de

Alle Angaben dieses Werkes wurden von den Autoren sorgfältig recherchiert und auf den neuesten Stand gebracht sowie vom Verlag geprüft. Für die Richtigkeit der Angaben kann jedoch keine Haftung übernommen werden.

Bildnachweis:
Alle Bilder des Innenteils und des Umschlags stammen von Daniel Schoenen, Freiburg, außer: Gottfried Aigner, S. 1, 4 o., 4 u., 5 M., 5 u., 8 M., 10 o., 12 M., 13 M., 19 u., 20 o.re., 23 o., 24, 25 o., 25 u., 26 u., 27 (3), 29 o., 29 M., 32, 36 u., 38 u., 40 u., 42 u., 43 o., 44, 45, 46 u., 49 M., 50 o., 56 M., 56 u., 57, 58 u., 60 u., 66 M., 66 u., 67, 70 o., 71, 72 (2), 73, 75, 84, 86 M., 87, 88 u., 89, 91, 92 u., 99 u., 100 u., 108 u., 110 (3), 112 u., 123 u., 124 o., 124 M., 129, 132 u., 133, 134 u., 142 o., 142 u., 146, 148 (3), 151, 152 u., 155, 157, 162 o., 163, 167, 171, 172 u., 173, 174, 175 (2), 176 M., 180, 181 (2), 182 o., 182 u., 186 (3), 187, 191 u.re., 191 u.li., 192 o., 193, 197, 201, 205 u., 206 (2), 207, 208 o., 208 u., 210, 211 o., 212, 214 (2), 215, 219, 220 o., 221, 225, 226 u., 229, 233 (2), 234 u., 240 o., 241, 242 M., 243, 247 (3), 256 u., 257, 258 o., 263 (2), 264 (2) 265, 266 (3), 267, 268, 270 M., 271 (2), 272 (2), 273 o., 274 (2), 275 u.li., 276 u., 277 o., 277 u., 278, 279 o., 279 M., 280 o., 280 M., 82 o., 283 o., 283 M., 283 u.re.; Beate Dreher, S. 192 u.; picture-alliance /DUMONT Bildar, S. 74 o.re., picture alliance/Bildagentur-o, S. 162 u., picture alliance/dpa, S. 237; Shutterstock (www.shutterstock.com): S. 13 o. (s74), 36 (maudanros), 38 o. (maudanros), 204 u. (Davide69), 250 (Minerva Studio), 252 o., (trossofoto), 252 u. (Pietro Basilico), 254 (m.bonotto), 258 u. (Claudio Giovanni Colombo), 273 u. (Maurizio Biso); Wikipedia/Davide Papalini, S. 49 o., Wikimedia Commons/Andrzej Otrebski, S. 64 u., Wikimedia Commons/Twice25 & Rinina25, S. 70 u., 74 (2), Wikimedia Commons/Davide Papalini, S. 103 u., Wiki Commons, S. 198 o., 199, Wiki Commons/Piccardo, S. 202

Umschlag: Vorderseite: Oben: Orange (age fotostock/LOOK-foto); Mitte links: Kellner im Gran Caffe Defilla in Chiavari (huber-images.de/Carassale Matteo); Mitte rechts: Käsestand in Dolceacqua (huber-images.de/Gräfenhain; unten: Felsenküste mit Blick auf Menton in Frankreich bei Ventimiglia (huber-images.de/Gräfenhain). Rückseite: Links: Kommunion in Vezzano Ligure (G. Aigner); Rechts: Corniglia, Cinque Terre

Die Deutsche Nationalbibliothek verzeichnet diese Publikation in der Deutschen Nationalbibliografie; detaillierte bibliografische Daten sind im Internet über http://dnb.d-nb.de abrufbar.

ISBN 978-3-7654-6184-2